Erdmute Partecke

Lernen in Spielprojekten

Liebe Leserin und lieber Leser

Nun ist es wieder so weit – wie zuletzt vor 30 Jahren: in der Öffentlichkeit wird vermehrt davon geredet, dass bereits Kindergartenkinder ganz viel lernen sollten. Dabei ist es doch eine Binsenweisheit, dass kleine Kinder ohnehin ganz viel lernen. Immerhin müssen Kinder ja groß werden, und das kostet durchaus Lernanstrengungen, die Kinder gutherzig in Kauf nehmen. Ist doch der Lohn für den Einsatz ganz natürlich das lustvolle Begreifen der Welt und die Freude an den eigenen Fähigkeiten.

Da nun liegt allerdings der Hase begraben: der Kindergarten von heute ist in der Regel herzlich wenig geeignet für ein Lernen in Eigeninitiative. Statt handelnder Neugier, Experimentierfreude und kreativem Gestalten beobachte ich all zu oft notdürftige Angepasstheit, störendes Fehlverhalten und tödliche Langeweile.

Damals vor 30 Jahren, zu der Zeit also, als die vielen Kindergärten gegründet wurden, die jetzt ihre Jubiläen feiern, damals als Begriffe wie „Chancengleichheit", „Vorschulerziehung", „soziales Lernen" und „Frühförderung" aufkamen, damals also, vor langer, langer Zeit, da flackerte ein gewisser Enthusiasmus auf: Kinder sollten gefördert werden, und zwar schon vor dem Eintritt in die Schule. Das war neu damals. Ich weiß nicht, ob die Ideen von seinerzeit verschlissen, aufgebraucht, oder vielleicht gar nicht mal die geeignetsten waren. Fakt ist jedenfalls: heute haben wir einen Bildungsnotstand, der neues pädagogisches Handeln auch im Kindergarten verlangt.

Wenn ich mich als Psychologin, Seminarleiterin und pädagogische Supervisorin in Kindergärten umsehe, dann stelle ich seit vielen Jahren fest: es fehlt an organisierter Lernzeit, an pragmatischen Methoden für die Entwicklung von Integration und an einem klaren Bewusstsein für den sinnvollen Umgang mit Freiheit, um Spaß am Lernen zu ermöglichen. Denn mit „Liebe" allein – was auch immer darunter gemeinhin im Kindergarten verstanden wird – ist es nicht getan. Im Gegenteil. Kinder werden viel zu viel auf dem Schoß gehalten und in Kuschel- und Wohlfühlecken, in „liebevoll" dekorierten Nischen und mit betulicher Gemütlichkeit an handelnder Neugier gehindert – oder zum Toben in die Wallachei geschickt. Dies sind nur einige von einer Vielzahl ungewollt verheerender Praktiken, die es in Zukunft zu vermeiden gilt. Die Herausforderung lautet: richte dein pädagogisches Handeln so aus, dass an die Stelle von geistig-seelischer und körperlicher Unterforderung der Kinder kraftvolle Auseinandersetzungen treten.

Davon handelt dieses Buch.

Meine Antwort auf die Bildungsmisere ist: Lernen in Spielprojekten.

Die Grundlagen hierfür habe ich in meinem Buch „Kommt, wir wollen schön spielen; Praxishandbuch zur Spielpädagogik im Kindergarten", das 2002 im Juventa Verlag erschienen ist, dargelegt. Ich vermittle darin theoretische Zusammenhänge und die pragmatische Umsetzung einer systemisch-konstruktivistischen Spielpädagogik und deren umfassende Bedeutung für Betreuung, Erziehung und Bildung im Kindergarten.

Das vorliegende Buch nun ist die Fortsetzung, aber auch aus sich selbst heraus lesbar. Ich stelle einen Bildungskanon vor, der eine weite Spannbreite von Bildungsgütern umfasst und im Rahmen von Spielprojekten verwirklicht wird.

Diese Buch wählt wieder das Spiel als Grundlage für jegliches Lernen im Kindergarten, um das zu beherzigen, was Psychologen und Pädagogen alle im Grunde schon lange erkannt haben, aber was jetzt erst durch die neurobiologische Forschungen belegt ist: Kinder brauchen Spaß am eignen Tun, verlässliche Bindungen, immer wieder neue Anregungen und desgleichen fortlaufend Gelegenheiten zu selbständigen Wiederholungen, um neue Erfahrungen zu festigen. In einem pädagogisch begleiteten Gruppenspiel ist in jeder Kindergruppe all dies zu verwirklichen. Das vorliegende Buch lädt ein, an den vielseitigen Lernerfahrungen, die im Kontext von Spielprojekten verwirklicht werden, teilzunehmen und sich zu einem solchen pädagogischem Handeln inspirieren zu lassen, das geeignet ist, Kindern die Wege zu öffnen, ihren Bildungsprozess in ihre eigenen Hände zu nehmen. Denn Kinder brauchen keine Unterweisungen und Belehrungen, sondern ein Lernfeld, das gut bestellt ist.

Alle drei Kapitel sind aus der Praxis heraus geschrieben und zeigen mit sechs verschiedenen Spielprojekten, wie Kinder miteinander und voneinander lernen, weil sie geeignete pädagogische Herausforderungen vorfinden. Dabei stehen die Lernanreize im Vordergrund der Betrachtung. Immer geht es aber auch darum, dass die Kinder erkennen sollen, was sie lernen und wie sie das eben Gelernte in ihrem Spiel verwenden können.

Ich möchte Erzieherinnen ansprechen, die Lust haben, frischen Wind durch den Kindergarten wehen zu lassen. Aber auch Eltern, die Spaß daran finden mitzumachen, damit ihre Kinder umfassend so gefördert werden, wie es diesen wirklich gefällt.

Ich danke allen Erzieherinnen, die an unseren Seminaren und Workshops in der „Praxis für Psychologie, Partecke und Sandtner" in Reinbek teilnehmen und mit ihrer Freude am Lernen in Spielprojekten ansteckend wirken, Bildung im Kindergarten zu verwirklichen.

Und Dank an alle lernbegierigen Kinder, die unsere Arbeit inspirieren.

Inhalt

1. Lernen ist Spiel

2. Lernen ist Anregung

3. Lernen ist Wiederholung

Lernen

Lernen ist Spiel

Bildung ist nur im Zusammenhang mit Lernen vorstellbar. Denn wie jeder weiß, hat ein gebildeter Mensch viel gelernt und lernt mit Begeisterung immer noch dazu – ein Leben lang. Sein Eifer hat nicht selten kindliche Züge: wo gibt es was Neues? Was passt zu dem, was ich schon weiß? Wie vervollständige ich meine Sammlungen: noch eine erlesene Kunstausstellung, ein Besuch in der Oper oder im Theater, das besondere Buch, der ganz und gar beachtliche Leitartikel in der renommierten Wochenzeitung. Dies alles ist ein schönes Spiel: der Akteur will zeigen, was er kann und was er weiß; er will Bewunderung und Anerkennung genießen; er will sich anregen lassen und selber Denkanstöße geben, sich mit Gleichgesinnten messen, seine Fähigkeiten und Kenntnisse erweitern und sich an dem Zugewinn seiner Bildung erfreuen. Das alles macht gebildeten Leuten einfach Spaß. Die Beweglichkeit des Geistes ist ganz offensichtlich mit Lustgefühlen verbunden, wie jeder bestätigen wird, der je einmal einen guten Gedanken, eine erfrischend eigene Idee gehabt oder die Lösung eines Problems plötzlich und unerwartet gefunden hat – und sei es auch nur das eine Wort, das im Kreuzworträtsel die letzte Lücke schließt. Menschen sind so. Sie genießen es ganz einfach, wenn sie ihre geistige Kraft erkennen, zumal wenn sie Geistesblitze haben. Neuerdings wird dies sogar durch Hirnforschungen belegt: wenn wir uns an unserem eigenem Wissen und Können berauschen, dann gehen doch tatsächlich „Glühbirnen" genau in solchen Arealen des Gehirns an, die auch für Lust beim Schokoladeessen oder für das Genießen schöner Musik, von Sex oder Drogen zuständig sind.[1] Solche Untersuchungen finde ich einfach genial, weil mit derartigen Erkenntnissen, die heute bereits in der Tagespresse[2] nachzulesen sind, wir die Chance haben, den Muff von Bildung und die Last des Lernens hinter uns zu lassen. An die Stelle von Strenge und Mühsal rückt eine heitere Leichtigkeit, die Prozesse des Lernens statt das Lernergebnis, das Hier und Jetzt statt das Gestern und das Morgen fokussiert. Für die Freude an eigenen Denk- und Handlungsleistungen wird mit einemmal ein gleichsam legitimer Raum erkennbar, den es zu besetzen gilt.

Denn was so natürlich ist, ist doch nicht selbstverständlich. Wer an seine eigene Schulzeit denkt, in der ja der Grundstock für einen lebenslangen Bildungsprozess gelegt werden sollte, der erinnert sich meistens nicht an prickelnde Lernereignisse im Unterricht, sondern vielmehr an mehr oder weniger geglückte Abenteuer hinter dem Rücken der sich mit dem Unterrichtsstoff plagenden Lehrkraft. Da kann man nur hoffen, dass die neue Bildungsdebat-

1 vgl. Manfred Spitzer, 2002
2 vgl. Die Zeit, Nr. 48, 2002

te das an die Oberfläche der Betrachtung spült, worauf es wirklich ankommt; nämlich auf den Spaß am Lernen, die Lust am Denken. Denn wann immer Kinder aus sich selbst heraus Erkenntnisse gewinnen, sind sie hell auf begeistert. Ihre zündenden Ideen führen sie ins Spiel und sie genießen es, Einfälle zu wiederholen, zu variieren, auszuweiten und zu vertiefen. Lernen ist Spiel und damit frei von eingleisigen Vorgaben und einengenden Verpflichtungen. Denn nicht der direkte Nutzeffekt, auch nicht der direkt messbare Leistungszugewinn stehen im Vordergrund, wenn junge Menschen sich geistig betätigen, sondern ein Denken, Fühlen und Handeln „just for fun". In solchen Zusammenhängen sprechen die Neurobiologen von der Aktivierung des „Belohnungssystems"[3] im Gehirn, das angenehme Empfindungen auslöst und deswegen den Akteur stark motiviert, sich wiederholt in gleicher oder ähnlicher Weise zu verhalten. Somit sind Kinder besonders hoch motiviert zu lernen, wenn sie spielen, und zwar ganz einfach deswegen, weil dann hirnorganisch das gesamte System aktiviert ist, das für angenehme Emotionen und gleichzeitig für tatkräftige Aktionen verantwortlich ist. Und dabei entstehen nun gleichsam unbeabsichtigt und wie von allein die außerordentlichen Leistungen, die wir mit Erstaunen zur Kenntnis nehmen, wenn wir Kinder wohl wollend beobachten. Kinder haben besonders dann etwas Wesentliches gelernt, wenn ihr Spiel noch schöner war, als sie es zu hoffen gewagt hätten. Denn dann haben sie wirklich etwas Neues erfahren. Somit haben Kinder alle Chance der Welt, in ihrem Spiel Bildungsgüter zu erwerben.

Allerdings müssen wir uns hüten, ihnen den Spaß zu verderben. Das passiert ganz schnell, wenn wir sie bevormunden, verniedlichen, missachten, einengen oder der berüchtigten Reizüberflutung aussetzen. Und noch eins: auch ein freundlicher Blick löst das Belohnungssystem in unseren Köpfen aus, so lässt uns die Forschung wissen. Vielen Dank auch für diese neurobiologisch fundierte Erkenntnis! Wer auf Kinder achtet, dem ist dies plausibel. Nicht umsonst spielen und lernen sie lieber mit einander als allein. Und sie genießen dabei als die Kleinen auch die wohl wollende Beachtung der Großen. Deswegen rege ich an, die Einheit von Lernen, Bildung und Spiel im Kindergarten zu kultivieren. Damit folgen wir dem „Königsweg des Lernens"[4], den Kinder mit ihrem Spiel einschlagen. Alle Kapitel dieses Buches handeln von solchen Inszenierungen, in denen Kindergruppen hoch motiviert in Begleitung ihrer Betreuerinnen und Betreuer das eigene Spiel gestalten und dabei die Chance auf eine ganzheitliche Bildung gewinnen.

3 vgl. Manfred Spitzer, 2002
4 vgl. Donata Elschenbroich, 2002

Ich sehe das so:
Kindergartenbildung ist gestaltete Vielfalt

Bevor ich Sie mitnehme in das bunte Leben von Spielprojekten, lade ich Sie ein, mit mir gemeinsam einen Bildungskanon anzustimmen, der geeignet ist, quasi mit rhythmisch wiederkehrenden Gesängen Kindergartenkinder durch eine Kindergartenzeit von mehreren Jahren zu begleiten. Für mich ist dies eine sehr angenehme Vorstellung. Denn zum einen verspricht ein solcher Kanon Genuss und Genießen für alle Beteiligten, nämlich für Kinder und Erwachsene, und zum anderen eine Sicherheit gebende Eingebundenheit in eine Form, die jeweils Neues mit Wiederholungen verbindet. Somit macht ein wohlklingender Bildungskanon Kindergartenbildung zum Vergnügen.

Denn für mich ist Kindergartenbildung gestaltete Vielfalt.

Das Gebot der Stunde heißt, die Fülle von möglichen Anreizen, Herausforderungen, Erfahrungen und Lerninhalten, denen Kinder ausgeliefert sind, übersichtlich zu bündeln. Wie jeder bestätigt, der mit Kindern lebt, bewirkt die Vielfalt unterschiedlicher Reize und die Unübersichtlichkeit von Ereignissen auf den so aufnahmebereiten kindlichen Geist eher irritierend, als dass daraus stabiles Wissen und Können erwächst.

Beliebigkeit tut Kindern nicht gut. Aber um dem zu entgehen, tauchen sofort die diffizilen Fragen auf: Welche Kriterien sind geeignet, um eine Auswahl zu treffen? Was brauchen Kinder, um sich wohl zu fühlen? Was benötigen Kinder für eine glückliche Gegenwart? Was ist wichtig für ihr Leben im Kindergarten, um auf den angesammelten Erfahrungen eine glückliche Zukunft aufbauen zu können? Welche Inhalte und welche geistigen Strukturen machen Kindergartenbildung aus? Was genau sollten Kinder im Kindergarten lernen?

Mit der Beantwortung solcher Fragen führt uns der gesunde Menschenverstand zu den Grundbedürfnissen der Kinder, die es zu berücksichtigen gilt. Ein Bildungskanon muss meines Erachtens dort Anschluss finden, wo Kinder aus sich selbst heraus versuchen, Durchblick über alles Wissenswerte zu bekommen und wo sie darüber philosophieren, was für sie Sinn macht im Leben. Deswegen folge ich den Kindern nach, werde Mitspielerin in ihrem Spiel und weite dieses zu Spielprojekten aus, indem ich meine Bildungsangebote mit dem Spiel verknüpfe. Auf diese Weise haben alle Kinder die Chance, neue Lerneindrücke in bereits bekannte Grunderfahrungen einzuordnen und im Rahmen ihrer eigenen Spielwirklichkeit als neue Erkenntnisse, Informationen und Handlungsmöglichkeiten anzuwenden. Das ist das grundlegende Programm. Nach meinen Erfahrungen kann der Kindergarten damit seinen Platz außerordentlich gut in der Bildungsdebatte behaupten, wie ich mit vielseitigen Praxisbeispielen belegen werde.

Denn mit einer solchen Orientierung, die die Kreativität des kindlichen Spiels in den Mittelpunkt pädagogischer Arbeit rückt, kann Bildung in vollem Umfang die Persönlichkeitsentwicklung eines Kindes bewirken. Solche Chancen sind nach meinen Beobachtungen in unseren Kindergärten viele Jahrzehnte lang sträflich vertan worden. Und so ist es auch nicht übertrieben, wenn nunmehr verlangt wird, die Kindergärten sollten endlich! Bildungseinrichtungen sein, ohne dabei bereits für Kleinkinder Schulunterricht zu veranstalten. Die Einlösung vom „Recht auf Bildung für die Drei- bis Vierjährigen"[5] ist überfällig und in der Tat Spiel-orientiert umsetzbar.

Da fragt es sich allerdings: Wie unterscheidet sich ein gebildetes Kindergartenkind von einem ungebildeten? Was macht denn Bildung im Kindergarten im Unterschied zur (jetzigen!) Schulbildung aus? Wenn gegenwärtig mit Eifer und in rasantem Tempo Curricula ausgearbeitet werden, die Lernvorgaben für die Kindergartenkinder auflisten, damit möglichst rasch peinliche Defizite der Kleinsten sofort und gründlich ausgemerzt werden – beispielsweise in den sprachlichen Fähigkeiten oder im mathematischen Grundverständnis –, dann bleibt zu hoffen, dass dies allen Beteiligten nicht den Spaß verdirbt. Denn mit Nachhilfeunterricht ist sicher keinem Kind geholfen, wenn nämlich dann Drill das Spiel ersetzt.

Ich habe den Eindruck, obwohl niemand so recht weiß, was Bildung eindeutig meint oder ausmacht – auch wenn neuerdings neben dem gebührenden Ernst auch der Spaß erlaubt ist –, so ist man doch einhellig der Meinung, dass Bildung notwendig ist. Der Staat schreibt Bildung geradezu vor, und zwar auch für den Kindergarten. Da heißt es im Gesetzestext: „Die Aufgabe umfasst, Betreuung, Bildung und Erziehung des Kindes".[6] Was selten thematisiert wird, geschweige denn nachhaltig zu stören scheint, ist die Eigenart, die drei Begriffe „Betreuung", „Erziehung", „Bildung" ganz lapidar in einem Atemzug zu nennen. Handelt es sich um Synonyme? Kann ich statt Erziehung genauso gut Bildung sagen? Was ist dann aber Betreuung? Ist Betreuung beispielsweise mit Erziehung austauschbar? Für mich macht das durchaus Sinn. Denn ein gut betreutes Kind ist gleichwohl gut erzogen und eröffnet sich selbst alle Chancen auf eine gute Bildung. Ein Doppelpack wäre mir persönlich lieber als die Aneinanderreihung von gleich drei schwer abgrenzbaren Ansprüchen. Im Englischen gibt es sogar nur einen Begriff: „Education", der sowohl mit „Erziehung" als auch mit „Bildung" und „Ausbildung" übersetzt wird. Das verstehe ich so: gute Bildung ist gleichzeitig gute Erziehung. Und ich stelle mir vor, wie ein gebildetes Kind als ein wohl erzogenes daher kommt. Es sagt artig „guten Tag" und bittet höflich darum, dass man ihm sein wertvolles Bilderbuch vorlesen möge.

5 Bundeskanzler Gerhard Schröder in Die Zeit Nr. 27/02
6 vgl. Kinder- und Jugendhilfegesetz (SGB VIII), § 22

Wie erfrischend, wenn wir im Deutschen mit zwei Begriffen auskommen könnten! Ich selbst nehme mir diese Freiheit und verwende die Begriffe „Betreuung" und „Bildung" (und spare „Erziehung" aus) und bin der Überzeugung, dass Betreuung die grundlegende Voraussetzung für Bildung ist. Denn ein Kind, das in verlässlichen Bindungen lebt, also nicht nur beaufsichtigt sondern auch geistig-seelisch gut gepflegt wird, kann sich selber bilden und solche Bildungsgüter, die ihm von seinen Vorbildern zur Verfügung gestellt und von ihm selbst in Bezug auf sein derzeitiges Weltbild als passend erkannt werden, aufnehmen. Es wird sich einleben in das Wertesystem seines Umfeldes und in seinem eigenen Interesse selbst ein angenehmer Zeitgenosse werden. Eben gebildet. Da wo allerdings Bezugspersonen von Kindern – nämlich in erster Linie Vater und Mutter, Erzieherinnen und Erzieher, Lehrer und Lehrerinnen – selber wegen der in ihrer eigenen Kindheit als mangelhaft erlebten Betreuung unzulänglich gebildet und ausgebildet sind, steht auch die Betreuung der ihnen anvertrauten Kinder auf wackeligen Füßen und das Ideal von Bildung bleibt diffus.

Der Begriff „Betreuung" muss meines Erachtens psychologisch fundiert sein und jedes Kind in seinen Grundbedürfnissen erfassen und in seiner Autonomie schützen. Nicht zuletzt gerade deswegen bin ich der Meinung, wir sollten uns den Begriff „Erziehung", unschön wie er oftmals verwendet wird, schenken. Denn wie jeder weiß: das Ziehen an den Kindern ist doch meistens vergebliche Mühe. Der Verweis auf Regeln und Normen als Daueranstrengung im Erziehungsprozess bringt meistens erst die Probleme hervor, die es anschließend mit Erziehung wieder zu bekämpfen gilt. Denn gezogene Kinder sind sehr schnell auch die ungezogenen, und wo der Kraftakt der „Erziehungsberechtigten" nachlässt, sind es besonders die verzogenen Kinder, die sich samt und sonders renitent gegenüber jeglicher Bildung zeigen. Das liegt sicher nicht zuletzt auch daran, dass ein Hineinwachsen in die Gesellschaft komplexere geistig-seelische Prozesse von den Kindern verlangt als die unreflektierte Übernahme von Vorgaben. Und Ermahnungen verderben den Spaß an selbstbestimmten Abenteuern des Lebens. Solange das Alltagsverständnis von Erziehung (auch in Kindergarten und Schule) ganz offen oder aber auch verdeckt mit Disziplinierung, Reglementierung, Anpassung und Gehorsam und damit mit Machtausübung gleichzusetzen ist, rückt ein Nachdenken über „Betreuung" in die zweite Reihe, verhindert notwendige Umstrukturierungen in den Köpfen ewig Gestriger und kleistert mit dem angeblichen „Erziehungsnotstand"[7] den viel dramatischeren „Bildungsnotstand" zu.

Somit schlage ich vor, die Begriffe Betreuung und Bildung in den Mittelpunkt der Betrachtung zu rücken, damit Kinder nicht bereits im Kindergarten

7 vgl. Petra Gerster, 2003

Gebildete Kindergartenkinder?
Drei Jungen beim Betrachten eines länderkundlichen Sachbuches

Moritz: Da haben wir sogar Krebse geangelt. Und da hat, da hat der ... ganz viele, ganz, ganz viel im Eimer gehabt.

Paul: Ich würde die nicht angeln. Da geht der Haken so in den Maul. Und dann gehen die tot.

Moritz: Da, das pa..., das passiert, das wa..., war bei uns nicht passiert. Wir, wir haben nämlich sie zuerst so an der Angel gehabt und dann kam Benedikt mit 'm Kescher und hat die Kescher so darunter gemacht, unter den Krebs. So, so, da konnten wir den, konnten wir den Krebs in die Eimer setzen.

Marie (mit einer Puppe hantierend, ruft vom anderen Tisch herüber): Ich war schon, schon mal woanders, überhaupt woanders!

Moritz: Wo denn?

Marie: Und überhaupt! Und überhaupt, ich war ... und überhaupt! Ja!

Moritz: Hier ist wieder so ein Kassenkrebs

Paul: Ah! Der sieht lustig aus.

Moritz: Kuck mal, so fressen die. So kacken die (sie verkennen eine Abbildung als Würmer)

Paul: (lacht) Genau! So schietern die Würmer wieder aus.

Moritz: Huu, wir fliegen ja. (deutet die „Würmer" neu, breitet die Arme aus.)

Paul: Nein, die, das sind zwei, die Schwanzfedern, Schwanzfedern. (deutet die „Würmer" neu als Vogel)

Moritz: Die Frau, die hat nen Blätterrock

Paul: Gibt's gar nicht, 'n Blätterrock. Das kann man nicht mit Langblättern machen.

Moritz: Doch kann man

Paul: Kuck! Falsch!

Paul: Kuck mal Seero ... Seehunde

Moritz: Das sind doch keine Seehunde! Du Dummi. Das ist ein Walross!

Paul: Der Seehund sieht ganz rot aus mit seinen Zähnen.

Moritz: Das ist ein Walross. Ein Seehund hat keine Zähne.

Paul: Ganz kleine im Mund.

Moritz: Ja, ganz kleine. Der hier hat groooße.

Paul: Ja, genau, so große (zeigt mit beiden Händen). So große Zähne haben die.

Moritz: Hm

Moritz: Da ist ein Krebs.

Tom: (kommt dazu und mischt sich ein) Das kann auch 'ne Art Krankheit werden. Das ist 'ne Krankheit.

Moritz: Das ist auch 'ne Anlage. Da ist 'n Hummer.

Paul: Das ist keine Hummer. Oder? Doch.

Tom: Hier: 'n Blauwal. Da ist ein Blauwal.

Moritz: Das da ist ein Adler.

Tom: Oh! Kuck mal! Ein Rotstorch! Gibt's fast nicht. Ich weiß aber nicht.

Tom: Und wo ist überhaupt Deutschland? ... Das müssen wir herausfinden.

Moritz: Hie ... r! Nein!

Paul: Quatsch! Hier ist wahrscheinlich Deutschland, weil hier so ein großes Sowas. Und außerdem ist Deutschland ganz groß

Tom: Deutschland muss irgendwo, wo Kühe stehen.

Paul: Das hier ist Deutschland. Hier neben dem Wal, das ist Deutschland.

Tom: Ja, da! Hier ist ein heller Junge. Also ist das Deutschland. Das ist Deutschland.

Beobachterin (B): Hier steht das Wort Deutschland.

Moritz: Ein Vulkan! Ohh, ein Vulkan.

Paul: Ein Vulkan!

Tom: Ich hab den Geburtstag von der Königin gesehen in England. Das ist England.

Paul: Aber miniklein ...

Tom: Gar nicht miniklein. Das ist ganz riesig.

Paul: In echt!

Tom: Ja. Da ist ein Schloss. Das ist ein Schloss. Dann ist das Deutschland. Aha, ich war an der Ostsee auch mal. Ha, da war ich.

Paul: Ich war mal bei Berlin

Moritz: Ich war bei Holland

Tom: Eine Rakete! Eine Mondrakeeete!

Moritz: Ist keine Mondratete. Das ist 'ne Art Raumschiff, ein Raketenraumschiff ist das.

Tom: Was steht eigentlich hier?

B: Mexiko.

Paul: und hier?

B: Amerika.

Tom: Ich war noch nie in Amerika

Paul: Meine Schwester war da.

Tom: Und was steht hier? ...

Moritz: Da ist es kalt, da ist es ganz kalt. Weißt du, was Alaska ist? Das ist der Nordpol.

Paul: und was steht hier?

Tom: Das hier ist ein Wolf. Ein Schneewolf. Wenn amerikanische Kinder hier mal reinkommen, dann wissen die: das ist ein Wolf. Und was steht hier?

B: Kanadagans. Das ist die Kanadagans, weil sie in Kanada lebt.

Tom: Oh, eine Kanadagans!

Moritz: Hier leben Krokodile

Tom: Da werde ich meinen Bruder mal reinschmeißen. Häää!

B: Deinen kleinen Bruder?

Tom: Ja, da werden, da werd ... Das frisst er ihn auf.

Marie: (ruft vom anderen Tisch herüber): Ich habe eine Badepuppe.

Tom: Ja, ich schneid ihn zu drei Teile und dann wird er aufgegessen. So!

B: Dann hast du ja keinen kleinen Bruder mehr.

Tom: Aber ich hab' schon einen Ersatz-bruder. Der wird 18.

B: So groß ist der schon? Dann hast Du einen kleinen und einen großen Bruder.

Tom: Der ist bei einer Pflegemutter, äh ...

Paul: Ich hab 'ne kleine Schwester.

Moritz: Ich hab 'ne kleine und 'ne große.

Tom: Ehm... Was steht eigentlich hier? Was steht hier?

Tom: Zwei kleine Bär'n. Die können doll beißen ... Wenn der den einen zu fassen kriegt, oh! oh ... da müsste man ... Hier! Delfine noch mal. Was ist das denn für ein komischer?

B: Da steht das Wort: Wal.

Tom: Der Wal. Was ist das denn für ein komischer Wal! Und das! Ich weiß nicht, was das ist und das. Das weiß ich, was das ist: 'n Indianer. Und was ist das?

B: Da steht das Wort: Gürteltier.

Tom: Der hat 10 Gürtel: 1,2,3,4,5,6. Sechs Gürtel. Lustig. Was ist das denn?

B: Da steht das Wort: Faultier.

Kasten 1

15

schon am Anfang ihrer möglichen Bildungskarriere viel zu oft auf der Strecke bleiben, wenn nämlich Nachlässigkeit in der Betreuung ihnen die Wege zu Bildung, Ausbildung und eigenständiger Lebensgestaltung verstellt.

Dafür bleibt zu klären, was unter Bildung, insbesondere unter Kindergartenbildung, ganz konkret verstanden werden kann. Dafür schauen wir einmal gemeinsam in eine Kindergruppe hinein und nehmen zur Kenntnis, was eine Hand voll Fünfjähriger so zu vermelden hat, wenn sie sich selbstständig mit einem bebilderten Atlas beschäftigt. (vgl. Kasten 1)

Sind diese Kindergartenkinder gebildet oder gnadenlos auf dem Holzwege, weil ihre Kenntnisse im Vergleich zu einem Erwachsenen deutliche Mängel aufweisen? Geben sie uns ein Lehrstück über „Bildung"? Und besser noch: Halten sie uns vor Augen, worin unser Bildungsauftrag besteht? Zugegeben: die Antworten müssen wir uns Schritt für Schritt erarbeiten. Und dabei wird Erstaunliches sichtbar:

Ja, es handelt sich um gebildete Kindergartenkinder, wie sie sich miteinander weiterbilden. Denn:

- Sie deuten eine symbolische Welt (Atlas) und stellen mit Sprache ihre eigene symbolische Wirklichkeit her (Geschichten erzählen: „Da haben wir sogar Krebse geangelt ... ")
- Sie stellen den Unterschied fest zwischen der realen und symbolischen Wirklichkeit (England ist „in echt" groß, und England ist „miniklein" auf der Karte) und akzeptieren zwei Wirklichkeiten.
- Sie gehen respektvoll mit dem kulturellen Erbe „Buch" um, saugen daraus so viel wie möglich neue Informationen und Sinnzusammenhänge heraus und wahren desgleichen eine kritische Distanz („Gibt's gar nicht, 'nen Blätterrock" oder: „komischer Wal")
- Sie benennen die Abbildungen, die sie auf dem Atlas erkennen. Sie bringen ihre Vorkenntnisse ein und argumentieren über „richtig" und „falsch".
- Sie setzen sich auseinander und schaffen eine gemeinsame Wirklichkeit (deuten eine Abbildung gemeinschaftlich als lustigen „Wurm"; aus „Rakete" und „Raumschiff" machen sie „Raketenraumschiff", so dass beide Jungen „Recht haben").
- Sie hören einander zu und versuchen sich zu verstehen.
- Sie denken nach und deuten die Abbildungen, indem sie diese mit Vorkenntnissen und Sprache verbinden.
- Sie stellen logische Ableitungen her (Ich hab den Geburtstag von der Königin gesehen in England. ... Das ist ein Schloss. Dann ist das England").
- Sie bringen ihr eigenes Innere in Sprache und schaffen damit ein Bewusstsein über sich selbst („Da, das pa ..., das passiert, das wa ..., war bei uns nicht passiert ... " oder: „Da werde ich meinen Bruder mal reinschmeißen.").

- Sie konstatieren „Bildungslücken" bei sich selbst oder anderen („Ein Rotstorch! Gibt's fast nicht. Ich weiß aber nicht." Oder: „Das sind doch keine Seehunde! Du Dummi. Das ist ein Walross!")
- Sie bekennen sich trotz oder gerade wegen ihrer Lust am Wissen und Können zu dem, was sie nicht wissen und können und stellen Fragen („Was steht eigentlich hier? Was steht hier?").
- Sie weiten ihr Symbolverständnis aus, indem sie sich für Schriftsprache nachhaltig interessieren („Und was steht da?").
- Sie nehmen bestimmte neue Begriffe auf und merken sich diese, indem sie den Wortlaut wiederholen („Oh, eine Kanadagans!"), andere ignorieren sie, weil sie zurzeit nicht in ihr Weltbild passen („Da steht das Wort Faultier").
- Sie stellen sich selber schwierige Aufgaben und suchen gemeinsam nach Lösungen („Und wo ist überhaupt Deutschland? Das müssen wir herausfinden").
- Sie nehmen die Perspektive eines anderen ein („Ich würde die nicht angeln. Da geht der Haken so in den Maul. Und dann gehen die tot.").
- Sie erkennen Zeichen und Symbole als überdauernde und verbindliche Form der Informationsübermittlung („Wenn amerikanische Kinder hier mal reinkommen, dann wissen die: das ist ein Wolf.").
- Sie suchen mit ihren Stellungnahmen Anschluss an das ihnen bereits übermittelte Wertesystem („Ich würde die nicht angeln ... " oder: „Zwei kleine Bär'n. Die können doll beißen ... Wenn der den einen zu fassen kriegt, ... oh, oh ... Da müsste man ... ").

Hat dieses Bildungsgut, das sich die drei Kindergartenkinder miteinander erwerben, erhalten und kultivieren, einen Nutzeffekt für ihr augenblickliches Leben? Oder vertreiben sie sich „nur" die Zeit mit Spaß, bis der Kindergartenalltag Wichtigeres von ihnen verlangt, beispielsweise aufräumen, Tisch decken, Zähne putzen, sich anziehen, frische Luft schnappen, sich austoben etc.?

Der Vergleich der kleinen „Debattiergruppe" mit dem Mädchen am Nebentisch wirft ein Licht auf die Bedeutung von „Bildung" für die Lebensbewältigung bereits so kleiner Kinder (vgl. Kasten 2).

Und was ist mit Marie?

Marie: (mit einer Puppe hantierend, ruft vom anderen Tisch herüber): Ich war schon, schon mal woanders, überhaupt woanders!
Moritz: Wo denn?
Marie: Und überhaupt! Und überhaupt, ich war . . . und überhaupt! Ja!

Kasten 2

Denn das Beispiel zeigt am Rande auch, wie ein ungebildetes Kindergartenkind das Nachsehen hat.

- Es findet keinen Zugang zu dem Sachbuch und langweilt sich.
- Es hat keine Kenntnisse zur Verfügung und kann deswegen auch nicht gezielt kommunizieren.
- Es hat ein geringes Bewusstsein über sich selbst. Ihr eigenes Anliegen bleibt diffus.
- Es fehlen ihm die Worte. Deswegen kann es nicht richtig denken.
- Es fehlt ihm eine Horizonterweiterung, in der es sich einleben könnte, um darin eine Persönlichkeitserweiterung zu gewinnen (Das Erfassen von „fremde Länder" – real und symbolisch – als kognitive Erlebnis- und Handlungsmöglichkeit).
- Es vermisst schmerzlich die geistige Auseinandersetzung. Die Welt der Symbole ist ihm verschlossen.
- Es entgeht ihm die Gemeinschaft, in der die Welt mit Sprache geordnet wird. Es nimmt nicht teil an der sozialen Konstruktion von Wirklichkeit und ist deswegen heimatlos.
- Ohne den Zugang zu Abbildungen, Zeichen und Symbolen, die ein Buch enthalten, bleibt es abhängig von Erwachsenen seines unmittelbaren Umfeldes, die für es die Wirklichkeit interpretieren (z.B.: „Hier hast du eine Puppe und lass' mich in Ruhe!")
- Es fällt ihm nicht ein, was es fragen könnte.
- Es erkennt nicht, wie es sich effektiv anstrengen könnte.
- Es verpasst Abenteuer, die im Kopf stattfinden, die auf realen Abenteuern basieren und fortlaufend neue Abenteuer vorbereiten.
- Es hat noch nicht vom Baum der Erkenntnis gegessen. Sein Kinderparadies aber ist so gut wie wertlos.

Marie hat ein Recht auf Bildung. Weil Bildung die Lebensqualität erhöht, wie bereits dieses kleine Mädchen weiß. Denn „die Welt des Kindes" ist nicht grundsätzlich anders als die Welt, in der wir alle leben. Auch das Kind muss zusehen, wo es bleibt. Es fällt ihm nichts in den Schoß. Es muss für verlässliche Bindungen sorgen. Es muss sich unermüdlich orientieren, zusehen, dass es die richtigen Entscheidungen trifft, zeigen, was von ihm zu halten sein soll. Und es muss sich tummeln, um fortlaufend Kenntnisse und Können dazu zu gewinnen, um Anschluss zu behalten in einer Wirklichkeit, die sich fortlaufend verändert. Wäre es nicht wachsam, all dies in Eigeninitiative zu besorgen, dann wäre es dem Verderben nahe. Denn wer zu wenig einbringt in die gemeinsame Lebenswirklichkeit, bekommt meistens zu wenig zurück, um sein eigenes Glück zu machen. Hier ist eine Pädagogik gefragt, die Möglichkeiten für die selbstbildenden Kräfte des Kindes eröffnet, wie ich zeigen werde. Denn Kinder dürfen nicht sich selber überlassen bleiben. Sie sind darauf angewiesen, was ihnen die Erwachsenen zur Verfügung stellen, und benachteiligt, wo ihnen Möglichkeiten des Erkennens und Handelns vorenthalten werden. Zunächst aber zurück zu grundlegenden Überlegungen!

Dient Bildung also der Lebensbewältigung? Die Antwort ist: ja! Bildung ist eben doch nicht nur zweckfrei, auch wenn der augenblickliche Lustgewinn im Vordergrund steht. Denn ein gebildeter Mensch erkennt deutlicher die Alternativen des Möglichen als ein ungebildeter Mensch, der sich den Zwängen seiner Existenz und der Ausweglosigkeit in zu engen Verhältnissen ausgeliefert fühlt. Das Leben eines ungebildeten Menschen bewegt sich ganz klar am Rande des Existenzminimums. Bildung dagegen eröffnet die Anwendung von Wissen und Können auf hohem Niveau[8] und macht deutlich, wie der Mensch grundsätzlich nicht Spielball, sondern Konstrukteur und Kontrolleur seiner Lebensbedingungen sein kann.

Der Erwerb von Wissen und Können verlangt allerdings Anstrengung, was vielen Kindern verborgen bleibt, weil Erwachsene in falsch verstandener Liebe zu Kindern oftmals sie vor dem „Ernst des Lebens" bewahren wollen und „Leistungsdruck" von ihnen abzuwenden trachten. Meine Beispielkinder zeigen diese Anstrengungsbereitschaft, die an sich schon mit Lust verknüpft ist. Sie lernen und behalten: nicht einfach „Wolf", sondern „Schneewolf", nicht einfach „Storch", sondern „Rotstorch"; nicht einfach „Wal", sondern „Blauwal"; nicht einfach „Federn", sondern „Schwanzfedern"; nicht einfach Raumschiff", sondern „Raketenraumschiff". Sie stellen sich unbequemen Fragen ihrer Spielgefährten und ihren eigenen intellektuellen Ansprüchen: „Und wo ist überhaupt Deutschland? ... Das müssen wir herausfinden."

Anstrengungsbereitschaft bringt jedes unverbildete Kind ganz klar mit, wenn es darum geht, zu bedeutsamen Erkenntnissen zu gelangen. Das weiß jeder, der Kleinkinder beobachtet, und ist nachzulesen in all den kürzlich erschienenen Büchern, die neurobiologische Forschung über frühkindliches Lernen veröffentlichen. An dieser Lektüre[9] kommt heutzutage keine gebildete und engagierte Mutter mehr vorbei. Bleibt nur zu wünschen, dass auch professionelle Anbieter von Bildung ihre Schlüsse daraus ziehen und Kinder aus ihrem Schonraum herausholen, in dem sich Generationen von Kindergartenkindern seit nunmehr über dreißig Jahren langweilen.

Anstrengung also ist gut. Was ist aber mit dem möglichst „hohen Standard", den Bildung nachweislich verlangt?[10] Da wird die Sache schwierig. Denn „hoch" ist relativ. Wir haben zur Kenntnis nehmen müssen, dass die

8 vgl. Jürgen Oelkers, 2002
9 Lise Eliot, 1999. Alison Gopnik et. al. 2001
10 vgl. Jürgen Oelkers, Vortrag, Internet

Schulbildung deutscher Schüler einem gewissen Standard nicht entspricht. Man selbst fühlt sich etwas peinlich berührt, wenn das Niveau der eigenen Bildung abgefragt wird und kennt seine Bildungslücken. Und man kann sich schon etwas verzagt fragen: wie sieht es bei mir aus mit Wissen, Verstehen und Können: Muss ich die „Relativitätstheorie" verstehen? Oder genügt es, dass ich weiß, dass sie Einstein „erfunden" hat? Reicht es, dass ich „Die kleine Nachtmusik" im Hören wieder erkenne und dass ich weiß, dass Mozart sie komponiert hat? Oder sollte ich die Noten lesen oder sie womöglich selber auf der Geige spielen können? Und wie zeige ich mich als gebildeter Mensch im Alltag? Was macht denn nun wirklich Menschsein aus? Wie bedeutsam ist ein gewisses geistiges Niveau für die Lebensqualität? Wenn Menschen in den Fußgängerzonen von Dresden und Frankfurt die Frage: „Warum feiern wir Weihnachten?"[11] nicht beantworten können, jedenfalls nicht darauf kommen, dass es etwas mit Christentum zu tun haben könnte, ja ist das denn so schlimm? Oder ist diese ganz und gar von traditionellen Werten abgetrennte Daseinsbewältigung so vieler Menschen nicht doch irgendwie bedenklich? Kann eine derartige Oberflächlichkeit, die jede Nachdenklichkeit vermissen lässt, der Menschenwürde nicht doch abträglich sein? Wie passt mein eigenes „Bildungsniveau" mit meinem Verhalten im Alltag zusammen? Wenn ich die Kriege kenne, die es in der Vergangenheit gegeben hat, wenn ich weiß, wie Schlachten geschlagen werden, kann ich dann selber besser Kriege führen? Oder unterlasse ich dann feindliche Auseinandersetzungen? Gelingt es mir als gebildeter Mensch, meinen eigenen Alltag friedfertig zu gestalten? Wenn ich ein Goethegedicht auswendig kann, lebe ich dann mein Leben „poetischer"? Die Frage bleibt nicht aus: Welchen Zusammenhang gibt es zwischen Bildungsniveau und Ethik? Ist gebildetes Wissen mehr wert als gebildetes Handeln? Oder setzt eins das andere voraus? Welche Bildungsgüter muss ich mir eigentlich aneignen, um schwierigen Herausforderungen in Gegenwart und Zukunft unserer Welt angemessen begegnen zu können?

Und auch mit den ganz neuen Fragen, die sich aufdrängen, wenn es um Bildung geht, wird die Angelegenheit nicht einfacher. Geht es primär darum, viele Bücher gelesen zu haben, die mir die Vergangenheit erklären? Sind beispielsweise Probleme der Globalisierung allein mit der traditionell historischen Perspektive von Bildung zu lösen? Und ist logisches Denken weiterhin geeignet, die Zukunft zu gestalten? Vielleicht ist ja die Fähigkeit, zirkulär und prozessorientiert zu denken heutzutage ein höherer Bildungswert als die Ableitung mathematischer Gesetze. Und vermutlich kommt Fantasie und Ratefähigkeit zukünftig mehr Bedeutung im Bildungsprozess zu als die sachliche Auseinandersetzung mit Fakten. Bei all diesen Möglichkeiten und Notwen-

11 vgl. RTL, Explosiv – Das Magazin vom 17.12.2002

digkeiten, die ein Nachdenken über Bildung so mit sich bringen, liegt es nahe, dass wir dazu neigen, die Zusammenhänge all zu sehr zu vereinfachen, um nicht zu straucheln in dem Gestrüpp von Perspektiven und Deutungen. Aber machen wir uns nichts vor: auch im Kindergarten müssen wir uns äußerst komplexen Zusammenhängen stellen, wenn es um Bildung geht, auch wenn die Verhältnisse dort vergleichsweise harmlos wirken.

Schon durch frühe Bildungsprozesse sollen sich Kinder „Schlüsselqualifikationen" (vgl. Kasten 3)[12] aneignen, die mit einer Fülle so anspruchsvoller Forderungen belegt sind, dass es einem ganz schwindelig werden kann.

Schlüsselqualifikationen*

1 System- und Problemlöseorientierung: Verstehen komplexer Situationen, Fähigkeit zum Wechseln der Perspektive, vernetztes Denken, Urteilsfähigkeit, zukunftsgerichtetes Denken, Fantasie, Kreativität, Forschungsgeist, Methodenkompetenz usw.

2 Verständigungs- und Wertorientierung: Sprachkompetenz, Dialogfähigkeit, interkulturelle Verständigung, Konfliktlösefertigkeiten, Selbstreflexionsfähigkeit, Werte /ethische Ziele usw.

3 Kooperationsorientierung: Teamfähigkeit, Interdisziplinäre Zusammenarbeit, Gemeinsinnorientierung usw.

4 Situations-, Handlungs- und Partizipationsorientierung: Entscheidungsfähigkeit, Handlungskompetenzen (Fertigkeiten), Praxis- und Lebensbezug, Mitbestimmung usw.

5 Selbstorganisation: Selbstverantwortung, Eigeninitiative, selbsttätiges, selbst geplantes Lernen (Nutzen von Quellen, Aufbereiten und Präsentieren der Ergebnisse),

6 Prozess- und ergebnisorientierte (Selbst-)Evaluation, Bereitschaft und Fähigkeit zum lebenslangen Lernen usw.

7 Ganzheitlichkeit: umfassende Wahrnehmungs- und Erfahrungsfähigkeit, konstruktiver Umgang mit Vielfalt, universale Orientierung, globale Perspektive usw.

Kasten 3   *vgl. Fußnote 12

Ich persönlich teile solche Gedanken, wie sie von der Bund-Länder-Kommission für Bildungsplanung und Forschungsförderung von 1998 zusammenge-

12 Liste der Schlüsselqualifikationen der Bund-Länder-Kommission für Bildungsplanung und Forschungsförderung von 1998, zitiert nach Martin R. Textor, in Kindergartenpädagogik. Online-Handbuch, 2002

21

tragen sind (vgl. Kasten 3). Und zwar auch in der Umsetzung bereits für den Kindergarten. Meine eigenen theoretischen Ansätze einer systemisch-konstruktivistischen Kindergartenpädagogik führen mich zu ganz ähnlichen Begriffen, allerdings in einer knapperen, handlungsorientierteren Form, wie ich weiter unten ausführen werde.

Keine Frage, eine solche Liste steht in einer erschreckenden Diskrepanz zu dem Alltag im Kindergarten. Denn da wo Erzieherinnen in der Regel selber nie in den Genuss derartiger Bildungsgüter gekommen sind, ist nicht zu erwarten, dass die Bildungschancen der ihnen anvertrauten Kinder ausreichend sind. Es hilft jedoch nicht weiter, eine Generation zu warten, bis die Ausbildung von Fachkräften sich grundlegend verbessert hat. Wir müssen jetzt das Feld bestellen und solche Bildungskonzepte mit handlichen Praxisempfehlungen bereitstellen, die aufgeweckte und engagierte Erzieherinnen zu schöpferischem Denken, eigener Spielfreude und selbsttätigem Lernen in ihrer Berufspraxis anregen (ohne sie zu sehr mit dergleichen Listen von gelehrten Kommissionen zu erschrecken).

Um zunächst einmal festen Boden unter die Füße zu bekommen, möchte ich folgenden Gedanken verankern: im Kindergarten sollen Wissen und Können als gleichwertige Spielarten im Bildungsprozess angesehen werden. So kann Marie sicher einen Kuchen rühren, Tom weiß, was ein Rezept ist, und Marie hat vielleicht Interesse, dieses lesen zu lernen. Es wäre wichtig zu beobachten, wie beide Kinder im Zusammenspiel von Wissen und Können von einander lernen. Denn für ein wünschenswertes Bildungsniveau von Kindergartenkindern ist die Fähigkeit unverzichtbar, konkretes Handeln mit Abstraktionen zu verbinden, den Schritt vom Besonderen zum Allgemeinen zu vollziehen und Sinnzusammenhänge kognitiv „einzusortieren". Damit ist eine Ethik des friedlichen Zusammenlebens und eine schöpferische Zukunftsgestaltung verbunden. Das können wir ruhig wörtlich nehmen, wenn wir uns vorstellen, wie Marie und Tom den gemeinsam gebackenen Kuchen genüsslich verspeisen werden und vielleicht anschließend im Waschraum erproben, wie Maries Badepuppe wiederholt vor bedrohlichen Krokodilen gerettet werden kann. Denn Voraussetzung für Bildung im Kindergarten ist die rechtzeitige und ganzheitliche Persönlichkeitsentfaltung, die neben Kognition desgleichen Emotionalität und Handeln im sozialen Bezug verlangt. Nur so können wir uns dem großen Ziel „Humanität"[13] annähern, dem Bildung sicher bereits im Kindergarten gewidmet sein sollte. Solche oder ähnliche Visionen vollziehen sich beinahe von allein. Aber eben nur beinahe, denn konstruktivistische Sichtweisen der Pädagogik legen zwar nahe: Kinder entwickeln sich aus sich selbst heraus und erwerben jeweils solche Kenntnisse und Fähigkeiten, die zu

---

13 vgl. Definition von „Bildung" nach Humboldt in Brockhaus, 1996

dem jeweiligen Zeitpunkt ihrer Entwicklung für sie ganz subjektiv passend sind – nämlich kompatibel mit ihren jeweiligen Lebensthemen und ihrer hirnorganischen Reife. Ganz klar: dabei lernen sie die dingliche und soziale Umwelt als auch sich selber zu verstehen, bzw. sie konstruieren eine Wirklichkeit nach ihrem eigenen Ermessen, um sich darin zuhause zu fühlen. Jedoch! Es ist unverkennbar, dass es unterschiedlich „weite" und unterschiedlich „tiefe" Konstruktionen von Wirklichkeit gibt, die Kinder sich erarbeiten. Gewonnene Erkenntnisse können komplex oder einfach sein. Und Weltsichten können Horizonte öffnen oder verschließen. Dies liegt zu einem erheblichen Teil daran, dass Kinder viel zu häufig unzureichend betreut werden. Und damit meine ich nicht nur die zurecht beklagten irritierenden, instabilen und isolierten Lebenssituationen außerhalb der Kindertagesstätte, denen viele Kinder ausgesetzt sind. Nein, auch innerhalb der Einrichtungen mangelt es an Möglichkeiten für Kreativität und Lernen, wie Kinder es für ein menschenwürdiges Dasein benötigen. Dies liegt häufig an der fachlichen Inkompetenz vieler Erzieherinnen, die einfach nicht gelernt haben, wie Lernfelder zu bestellen sind, damit die Kinder aus sich selbst heraus Erkenntnisse gewinnen können.

Kinder wollen fortlaufend neue Erfahrungen und erworbene Kenntnisse ordnen, in bereits vorhandene Bestandteile von Sinnzusammenhängen, die sie selbst hergestellt haben, einordnen. Die so entstandenen Konstruktionen von Wirklichkeit wollen Kinder fortlaufend überprüfen, Erkenntnisse sollen bestätigt, ergänzt oder auch verworfen und ganz neu bearbeitet werden. Dieses anhaltende Streben nach Ordnung setzt eine komplexe Gedankentätigkeit voraus: die Welt da draußen wird abstrahiert. Die herzustellende Ordnung verlangt Kategorien, die begrifflicher Natur sind. Das bedeutet: das augenscheinliche Interesse der Kinder, mit all ihren Sinnen und mit der sich ausdifferenzierenden Motorik die Welt zu begreifen, ist immer begleitet von notwendiger geistiger Aktivität. Das heißt auch: Kinder brauchen die Möglichkeit, die Ergebnisse ihrer Konstruktionen zu bewerten. Das geschieht im Austausch mit anderen Kindern, die ebenfalls lernend ihre Welt aufbauen. Und dies geschieht, indem sie ihre eigenen Konstruktionen mit den bereits vorhandenen vergleichen. Dafür reichen nicht die zufälligen, sozialen Interaktionen innerhalb der Kindergruppe aus. Sondern es sind klare Strukturen für sprachliche und handelnde Auseinandersetzungen notwendig, in denen auch der Erwachsene seinen definierten Platz hat. Denn nicht jedes Rad muss neu erfunden werden. Die Erfahrung zeigt doch, dass Kinder es lieben, wenn die Großen kulturelle Errungenschaften der Vergangenheit an sie weiterreichen – allerdings in der Art, dass Kinder auf ihre Weise davon Gebrauch machen dürfen.

Somit besteht gar keine Frage: eine Erzieherin muss sich sowohl als Wächterin als auch als Vermittlerin und nicht zuletzt als Ko-Konstrukteurin von Bildungsgütern verstehen. Dafür muss geklärt sein:

Wie sollte ein Bildungskanon aufgebaut sein, damit wir uns zum einen in der Fülle von Notwendigkeiten nicht verlieren und zum anderen nicht durch Vereinfachung die Bildungschancen ungewollt beschneiden?

Die Sehnsucht nach einer derartigen Übersichtlichkeit ist immens. Allerdings gehen die selbst gestrickten Konzeptionen, die in vielen Einrichtungen mit viel Mühe erstellt werden, im Gemuse des Alltags wieder unter. Denn solange keine klaren Handlungskonzepte vorhanden sind, nach denen sich eine Erzieherin ausrichten kann, so lange werden nicht nur sie selbst, sondern besonders die Kinder weiterhin verunsichert umher taumeln im gemeinsamen Bildungsprozess, der dann eigentlich gar keiner ist. Zurzeit ist vielerorts blinder Eifer zu beobachten, der bekanntlich nur schadet. Manch' ein Engagement ist beachtlich. Und gleichwohl sollte jede „Kindergärtnerin" wissen, dass es nicht ausreicht, wenn sie ihre „Sprösslinge" gelegentlich und nach ihrer eigenen Lust und Laune mit den (Lern-)Inhalten ihrer ganz eigenen Gießkanne besprenkelt. Denn ein Bildungsprozess kann nicht auf Zufälligkeiten aufgebaut werden, so vergnüglich und erfrischend auch unvorhergesehene Ereignisse sein mögen, die zu einem Erkenntnisgewinn beitragen. Nein, Bildung verlangt ein klares Wertesystem, das notwendiges Wissen und Können einschließt und überflüssiges ausklammert.

Die Frage, die sich stellt, ist doch: Wie gelangen Erzieherinnen oder Erzieher mit ihren gut gemeinten Angeboten auf eine grundsätzliche Ebene? Mit Polsterlandschaft, Bällebad und deutscher Gemütlichkeit ist das nicht zu erreichen. Wo hingegen die Jahreszeiten beachtet werden, auf Tiere und Pflanzen aufmerksam gemacht wird, wo vorgelesen und Feste gefeiert werden, *könnte* es sein, dass ein latenter Bildungskanon zum vollen Leben erweckt werden kann. Wenn, ja wenn es sich nicht um Zusammenhanglosigkeiten handelte. Kinder finden es beispielsweise langweilig fortwährend im Kindergarten Geburtstage zu „feiern", dann und wann ein neues Liedchen zu lernen oder zu einem Puzzle zu greifen. Und Bastelangebote fallen bei vielen aufgeweckten Kindern nicht auf fruchtbaren Boden, weil das Herstellen von Raumschmuck keinen Bezug zu ihren wirklichen Interessen erkennen lässt, beispielsweise Abenteuer zu erleben. Kinder bauen von Klein auf geistige Strukturen auf, um den Sinn des Lebens zu erkennen und in den Griff zu kriegen. Unnötige Enttäuschungen und leidvolle Fehlschläge, begleitet von negativen Sanktionen seitens der „Erziehungsberechtigten", hängen meistens damit zusammen, dass sich betroffene Kinder in irritierenden Situationen befinden, die klare Möglichkeiten für die Konstruktion ihrer eigenen Wirklichkeiten entbehren. Was weitgehend fehlt, ist der Aufbau geistiger Strukturen in den Köpfen der Kindergartenkinder, die wenigstens in Ansätzen solche Fähigkeiten ausbilden lassen, wie sie die Liste der Schlüsselqualifikationen (vgl. Kasten 3) verlangt. Beispielsweise „strukturierter Umgang mit Vielfalt", „Verstehen komplexer Situationen", „Dialogfähigkeit", „Entscheidungsfähigkeit", „Konfliktlösefähigkeit", „Fantasie" , „Gemeinsinnorientierung", um nur einige Kompetenzen zu nennen, die mir persönlich sehr am Herzen liegen, wenn ich meinen Beitrag für Bildung im Kindergarten abliefere. Denn das, was Kinder in ihrer Persönlichkeitsentwicklung am meisten beeinträchtigt, sind nach meinen Erfahrungen in Kindergärten der mangelnde Sinnzusammenhang ihrer Beschäftigungen. Und auch Moritz, Paul, Tom und Marie wäre geholfen, wenn ihre Bemühungen um Bildung ein wenig mehr Orientierung und Zusammenhalt fänden (vgl. Kasten 1)

Wer also Bildung im Kindergarten will, braucht eigene geistige Strukturen, die es ermöglichen, pädagogisch so zu handeln, dass Klarheit entsteht. Denn Kindergartenbildung ist, wie hier noch einmal zusammenfassend hervorzuheben ist: gestaltete Vielfalt. Diese Definition hat eine doppelte Bedeutung: zum einen erhebt sie den Anspruch, Bildungsangebote übersichtlich darzubieten, zum anderen lenkt sie den Blick auf das gebildete Kind, dem es glückt, selbstständig gestalterisch mit der Vielfalt von Eindrücken, Erfahrungen und Handlungsmöglichkeiten umzugehen. Hierin spiegelt sich auch eine konstruktivistische Erkenntnistheorie wider, die davon ausgeht, dass wir – und zu allererst die Kinder – die Wirklichkeit, in der wir leben, selber erfinden, indem wir durch Denken und Handeln Ordnung herstellen. Dies setzt allerdings eine systemisch-konstruktivistische Pädagogik voraus, die ich bereits in meinem Buch über Spielpädagogik für den Kindergarten[14] aufbereitet habe. Und so bleiben wir auf diesen Spuren und machen uns auf den Weg, um einen Kanon zu finden, der geeignet ist, dass sich Kinder darin auf ihre Weise einrichten und eigenständig Erkenntnisse gewinnen können.

Dafür lassen sich viele der anspruchsvollen Begriffe, die Bildung ausmachen, auf einfache Fragen zurückführen, beispielsweise: Was müssen Kinder erfahren und lernen, um ein Leben in einem liebevollen Miteinander zu meistern? Welche Voraussetzungen brauchen Kinder, um Lebensentscheidungen treffen zu lernen, die ihnen wirklich gut tun? Was müssen Kinder wissen, kennen lernen, durchleben und erkennen, um auswählen zu können, was ihrem (Über-)leben dienlich ist? Welche Umgebung brauchen Kinder, um Forschergeist und Fantasie entwickeln zu können, um die Welt zu erkennen und ihre eigene Wirklichkeit zu gestalten? Welche Herausforderungen brauchen Kinder, Sprache umfassend zu erwerben, um im Dialog komplexe Lebenssituationen zu durchdringen? Welche Kulturtechniken benötigen sie bereits im

14 vgl. Erdmute Partecke, 2002

Kindergartenalter, um sich selbstständig orientieren zu können? Was müssen sie lernen, damit sie Anschluss finden an ihre Herkunft, um daraus ihre Identität aufzubauen?

Wie bereits angekündigt, führt die Beantwortung solcher Fragen direkt in das System der Grundbedürfnisse, das einen Bezugsrahmen für die eigenständige Persönlichkeitsbildung des Kindes bereitstellt und gleichzeitig solche Bildungsgüter impliziert, die ein Kind benötigt, um Vergangenheit mit Gegenwart so zu verknüpfen, dass daraus eine potentiell glückliche Zukunft erwachsen kann.

Indem ich den roten Faden wieder aufnehme, den ich bereits in meinem Buch über Systemisch-konstruktivistische Spielpädagogik gesponnen habe, bringe ich das Bestreben von Kindern zu wachsen und sich zu entwickeln mit fünf Grundbedürfnissen in Verbindung und empfehle dieses System erneut als ein sehr nützliches Instrumentarium für die pädagogische Praxis. Denn alles das, was Kinder brauchen, lässt sich ganz plausibel nach fünf Lebensthemen bündeln. Jedes Kind sucht ganz klar Antworten auf folgende Fragen:

- Wie erlebe ich ein Wir?
- Wie gehe ich mit Freiheit um?
- Wie habe ich Spaß?
- Wie gelange ich zu Ichstärke?
- Wie erreiche ich Sicherheit?

In Anlehnung an W. Glasser[15], der im Kontext von Psychotherapie diese Grundorientierungen menschlicher Existenz vorgedacht hat, bezeichne ich diese kurz gefasst in der Reihenfolge der oben aufgeführten Übersicht mit „love", „freedom", „fun", „power", „survival". Ich benutze das Zusammenspiel dieser Grundbedürfnisse als Denksystem – als mein geistiges Zuhause, in dem ich mich zufriedenstellend einrichten kann. Aus eigener vielseitiger Erfahrung kann ich sagen: es gibt mir genügend Weite, um Kinder umfassend zu beobachten und zu verstehen. Und es gibt mir zuverlässige Geschlossenheit, um mich nicht in Beliebigkeit zu verlieren. So lässt sich beispielsweise das spontane Spiel der Kinder in Gruppen, das ich bereits ausführlich in meinem Buch „Kommt, wir wollen schön spielen"[16] beschrieben habe, als ein kooperatives Handeln in selbst erfundenen Sinnzusammenhängen kennzeichnen und als ganz überlebensnotwendig deuten. Denn Kinder versuchen im Spiel ganz offenkundig, ihre fünf Grundbedürfnisse zu erfüllen. Und so auch hier,

15 vgl. William Glasser, 1994, 1998, 2000
16 vgl. Erdmute Partecke, 2002

wo es ganz direkt um Bildung geht: jegliche Art von Aneignung von Wissen oder von Können gibt im Idealfall dem gesamten System der Grundbedürfnisse lernbegieriger Kinder Nahrung.

Erinnern wir uns an meine kleinen Protagonisten! Mittels ihres sachkundlichen Bilderbuches kreieren sie eine derart komplexe Bildungssituation, die jegliche Didaktik arm aussehen lässt (vgl. Kasten 1). Wie ich bereits aufgezeigt habe, werden kognitive Fähigkeiten ins Spiel gebracht (Sprache sowie Umgang mit Symbolen und Mengen, kritisches Hinterfragen). Aber genauso relevant sind emotionale Stellungnahmen, soziales Erleben und körperliche Präsenz (spielerisches Mitbewegen) wenn die kleine Kindergruppe gemeinsam ihre selbst gestellten Aufgaben angeht. Diese umfassende geistig-seelische Erlebniswelt dient der Erfüllung der Grundbedürfnisse. Denn es wird deutlich, dass die Kinder jegliche Angebote, die sie aus dem Buch aufgreifen, ableiten, repetieren oder verändern, zu sich selbst in Bezug setzen. Moritz beweist Ichstärke (power), wenn er von sich erzählt („Da haben wir sogar Krebse geangelt.") Marie fordert Integration ein (love), wenn sie vom Nebentisch aus interveniert („Ich war auch schon mal woanders ... "). Paul und Moritz haben ganz besonderen Spaß zusammen, wenn sie Fantasie ins Spiel bringen (fun), indem sie mit Sprache und Deutungen experimentieren („So scheitern die Würmer ... " – „Huu, wir fliegen ja .."). Paul nimmt sich die Freiheit (freedom), die Abbildung zu kritisieren, weil er so etwas noch nie gesehen hat (Gibt's gar nicht, 'nen Blätterrock"). Und alle drei Jungen sind fortlaufend damit beschäftigt, solches Wissen zu sammeln (survival) und möglichst so in Beziehung zu einander zu setzen, dass Sinn dabei heraus kommt. Alles in Allem erschaffen sie in den 10 Minuten Kommunikation eine gemeinsame Wirklichkeit, in der jeder Einzelne durch seine individuelle Beteiligung seine Grundbedürfnisse ins Spiel bringt und darauf seinen Bildungs-Besitzstand aufbaut und ergänzt.

Welchen Bildungsauftrag übermittelt uns diese geistig-seelisch aktive Kindergruppe, die Bildung als ein Gemeinschaftsgut kenntlich macht? Was muss passieren, damit die Bildungsansätze der Kinder nicht versanden? Wie kann verhindert werden, dass sie sich bis zur Bedeutungslosigkeit verzetteln? Wie wird fortgesetzt, was so ersprießlich begann? Was ist bedeutsam, was könnte langweilig werden? Was erhält und weckt Neugier? Was stumpft ab und verbraucht sich? Was wird im Alltag verwischt oder im Gegenteil durch besondere Ereignisse zum Strahlen gebracht? Was muss der Kindergartentag bringen, damit diese vier Kinder ihre Begeisterung ausweiten und vertiefen? Wie setzt sich das Fragen der Kinder fort? Wie finden sie Antworten? Wie lösen sie auftauchende Probleme? Wie werden Sehnsüchte geweckt oder erfüllt? Und nicht zuletzt: Wie muss der Kindergartenalltag strukturiert sein, damit ein Lernen in der Kommunikation einer Gruppe – statt in Vereinzelung – überhaupt tragfähige Erkenntnisse sowohl für die Gemeinschaft als auch für jedes einzelne Kind erbringt?

Bildung als gestaltete Vielfalt verlangt das Kultivieren von solchen Sinnzusammenhängen, die Bedeutung haben im Leben der Kinder. Und sie muss als Kindergartenbildung sowohl kognitive als auch emotionale, somatische und nicht zuletzt auch soziale Erlebnis-, Verarbeitungs- und Verhaltensweisen herausfordern. Jegliche Einseitigkeit wäre ein Kunstfehler.

Meine Antwort auf den umfassenden Bildungs-Anspruch der Kinder ist ein inhaltlicher Kanon (vgl. Kasten 4), der in das System der Grundbedürfnisse eingefügt ist und sich, wie bereits oben aufgezeigt, in der Weise ausfächert, dass sowohl Können als auch Wissen ins Spiel kommen. Um dem pädagogischen Handeln zusätzliche, klare Orientierung zu geben, ist für jedes Grundbedürfnis ein Fokus in der Persönlichkeitsbildung des Kindes gesetzt, der solche Ziele beleuchtet, an denen jedes Kind aus sich selbst heraus ganz existentiell interessiert ist. Es sind dies:

- Integration
- Freiheit
- Fantasie
- Soma und Sprache
- Kulturtechniken und (Sach-)Interesse.

Diese Liste ist gegenüber der Liste der Schlüsselqualifikationen (vgl. Kasten 3) zwar schlank und rank, verheißt jedoch auch ein umfangreiches Programm, das viel Umsicht verlangt. Denn von ganz allein tut sich da für viele Kinder in den überfüllten Räumen eines Kindergartenghettos eher wenig. Aber nur keine Panik! Wir wollen Kindergartenbildung trotz allem mit Spiel und Spaß angehen.

Die Übersicht (vgl. Kasten 4) verdeutlicht, dass „love" mit dem Bildungsgut Integration als Basis für jegliche Bildungsangebote angesehen werden sollte und begleitet von „freedom + fun" als Einheit mit Freiheit und Fantasie jeglichem Bildungsprozess eine verlässliche Substanz geben muss. Denn solche Lernfelder, die bei „power" und „survival" angesiedelt sind, werden schwerlich andauernde Lernergebnisse hervorbringen, wenn nicht der Boden mit den eher „weichen" Bildungsgütern bestellt ist. Die Förderung von Körperlichkeit (Soma) und Sprache lässt sich zwar abbilden, erste Vorerfahrungen mit Lesen, Schreiben und Rechnen (Kulturtechniken) ausweisen und mit Lernen im Umfeld des Kindergartens (Interesse) belegen. All diese Bildungsgüter, die die Kinder in ihren Grundbedürfnissen nach Identität (power) und nach Orientierung (survival) zufrieden stellen sollen, sind jedoch nahezu wertlos,

28

wenn sie nicht gleichzeitig auch Integration (love), Entscheidungsfreiheit (freedom) und Fantasie (fun) abrufen.

Das Rahmenprogramm, wie es die Auflistung zeigt (vgl. Kasten 4), hat noch weiße Flecken. Wie würden Sie die Platzhalter für Bildung mit unterschiedlichen Aspekten globaler Inhalte füllen? Ich schlage vor, dass wir uns auf jeweils drei Nennungen beschränken. Mit der Zahl drei lässt sich vortrefflich gestalten. Die Nummer eins für das augenfällig Wichtigste, die Nummer zwei für das, was auch noch unverzichtbar ist, und die Nummer drei gibt dem Ganzen Weite und Tiefe (ohne mit vier, fünf, sechs etc. auszuufern.) In der Begrenzung liegt der gewünschte Pragmatismus. Für den vollständigen Kanon verweise ich auf das Ende dieses Abschnitts (vgl. Kasten 5). Im weiteren Verlauf werde ich zeigen, wie das gesamte Bildungsprogramm mit Le-

Bildungskanon im System der Grundbedürfnisse des Kindergartenkindes			
Grundbedürfnis	Das Kind kann	Das Kind weiß	Bildungsgut
Love			Integration
Freedom			Freiheit
Fun			Fantasie
Power			Soma Sprache
Survival			Kulturtechniken Interesse

Kasten 4

ben gefüllt werden kann. Dieses erste Kapitel beschäftigt sich nachfolgend mit Integration, Entscheidungsfreiheit und Fantasie, Kapitel zwei behandelt körperliche Basiskompetenzen und Sprache, und das dritte Kapitel ist mathematischen Vorstellungen und der Entwicklung grundlegender Interessen der Kinder gewidmet.

Mit diesen genannten Grundorientierungen sind dem Bildungskanon meines Erachtens genügend Freiheitsgrade mitgegeben, damit sowohl die sich bildenden Kinder als auch die Bildung begleitenden Erwachsenen nach individuellen Mustern schöpferisch damit umgehen können. Um jedoch den Bildungskanon als ein ganzheitliches Bildungskonzept der Kindergartenpädagogik wirksam werden zu lassen, ist es unabdingbar, dass *alle* genannten Kategorien zum Tragen kommen.

Vielleicht überflüssig zu sagen, aber der Vollständigkeit halber muss es doch erwähnt sein: Ein Kanon hat nur dann mit Fug und Recht den Namen verdient, wenn alle seine Teile sich rhythmisch wiederholen. Und so macht es Sinn, wenn beispielsweise ein Kind in einer dreijährigen Kindergartenzeit, den ganzen Kanon dreimal „gesungen" hat – mit unterschiedlichem Einsatz, versteht sich. Denn wenn im Verlauf eines Kindergartenjahres mit sechs Spielprojekten das gesamte Bildungsprogramm einmal vollendet ist und sich dann wiederholt, dann hat jedes Kind mehrfach die Gelegenheit, auf einem je unterschiedlichen Bildungsniveau die Lernanregungen zu nutzen.

Dies ist von grundlegender Bedeutung. Denn aus systemisch-konstruktivistischer Sicht macht ein Bildungskanon nur dann Sinn, wenn das Grundprinzip „ein jeder nach seiner Art" wirksam ist. Dies bedeutet: bei aller Liebe für Bildungsförderung im Kindergarten, hat jedes Kind das Recht, die dargebotenen Möglichkeiten in seinem Lernumfeld jeweils auf seine Weise zu nutzen.[17] Wir sollten den Mut aufbringen, die Kinder ihr eigenes Ding machen zu lassen. Denn Lernangebote werden von jedem Kind ganz subjektiv ausgelegt und umgesetzt. Es wäre unerträglich, wenn wir im Zuge des Bildungseifers voll und ganz auf überholte Machenschaffen im Pädagogikbetrieb zurückfallen würden, die Kinder mit Mastgänsen verwechseln, die man mittels eines Trichters voll stopfen kann – nach dem Motto: wenn schon Bildung, dann für alle Kinder zur gleichen Zeit das gleiche Maß mit dem gleichen Ergebnis, so wäre es doch am gründlichsten. Nein!

Eine freiheitliche Grundkonzeption in der Kinderbetreuung und die Ansätze einer systemisch-konstruktivistischen Pädagogik, die konsequent Kindorientiert ist, darf auf keinen Fall gestaffelten Lernprogrammen geopfert werden. Viel eleganter und entspannter ist doch ohnehin ein Ansatz, der es den

17 vgl. „Programm für die Bildungs- und Erziehungsarbeit im Kindergarten", Volk und Wissen 1985, das zwar eine Fundgrube für Lernangebote, aber als streng gestaffeltes Unterrichtsprogramm nicht mehr zeitgemäß ist.

Kindern gestattet, nach eigenem Ermessen von dem Baum der Erkenntnis zu naschen. Das allerdings setzt voraus, dass wir in allen Kindergruppen einen übersichtlichen Bildungskanon bereithalten, den jedes Kind durchschaut und genüsslich davon auf seine Weise Gebrauch machen kann. Denn im Kindergarten müssen wir nicht davon ausgehen, dass wir einen Klassenverband vor uns haben, der am Anfang des Jahres mit einem Lehrstoff konfrontiert ist und diesen am Ende des Jahres samt und sonders verarbeitet und im Gedächtnis abgelagert haben muss, um dann wiederum Neues aufzunehmen – mit der Konsequenz, dass manch' ein „Dummkopf", der nicht mitgekommen ist, Nachhilfe und Nachsitzen verpasst bekommt, beziehungsweise rausfliegt aus dem Bildungssystem.

Im Kindergarten sollen die Verhältnisse auch in Zukunft, wenn es mehr als bisher um Bildung geht, anders sein. Hier haben wir eine wirkliche Chance, solche Strukturen einzubauen, die dafür sorgen, dass Begeisterung für Lernen und beim Lernen die Regel und nicht die Ausnahme ist. Das ist naturgemäß nur dann der Fall, wenn Kindergartenbildung zu jeder Zeit und an jedem Ort ein integratives Konzept lebendig umsetzt. Und Grundvoraussetzung dafür wiederum ist die Freiheit der Wahl im Kontext von Verbindlichkeit. Was bedeutet das? Die Antwort ist: ein Bildungsangebot muss so viel Feuer haben, dass *jedes* Kind es zur Kenntnis nimmt und sich dafür erwärmt. Und es muss so präsentiert werden, dass *jedes* Kind erkennt, mit welcher Facette der deutlich vorhandenen Möglichkeiten des Denkens, Fühlens und Handelns es sich diesmal auseinander setzen möchte.

Ausweichendes Verhalten ist nicht zu akzeptieren. Denn wenn ein Kind keine Lust hat, dann ist es nicht die Schuld dieser kleinen Schlafmütze, sondern der Unfähigkeit derjenigen Person zuzuschreiben, die für das jeweilige Bildungsangebot verantwortlich ist. So ist es beispielsweise nicht ausreichend, dass in dem Gruppenraum sachkundliche Bilderbücher im Regal stehen, die von ausschließlich solchen Kindern genutzt werden, die ohnehin Vorerfahrungen im Umgang mit Büchern von Zuhause mitbringen. Es ist genauso wenig ausreichend, wenn die „Bildungsbeauftragte" sich mit einseitig kognitiven Angeboten nur an solche Kinder wie Moritz, Paul und Tom wendet, die bereits über lustvolle Erfahrungen in diesem Bereich verfügen und deswegen gerne immer wieder auf solche Herausforderungen anspringen. Ein solch leichtfertiges Verständnis von Freiheit verkennt die Bedürftigkeit solcher Kinder, die bisher zu wenig die Chance hatten, sich selbsttätig zu bilden, weil ihr soziales Umfeld zu arm ist. Ihnen fehlt die Erfahrung, wie sie lernen können.

Die pädagogische Kunst in der Vermittlung von Bildungsgütern besteht darin, Freiheit mit Verbindlichkeit zu verbinden. Denn eine vorausschauende Kindergartenpädagogik, die nicht nur das schulische Lernen im Blick hat, sondern das berühmt-berüchtigte Lernen für das Leben, braucht Weite in einem übersichtlichen Rahmen. Sämtliche Lernkanäle, durch die der Strom von Bildung fließen kann, sind im Kindergarten gleich wichtig. Anders als wenn wir über „Allgemeinbildung" Erwachsener sprechen und damit vorrangig eine umfassende Belesenheit mit einem fundierten, primär historischen Wissen gleichsetzen, geht es bei Kindern genauso grundsätzlich auch um ein breit gefächertes Können. Die handelnde Auseinandersetzung der Kinder ist somit per se gegenwartsbezogen und bereitet die Zukunft vor. Genauso bedeutsam ist die starke emotionale Begleitung von kognitiven Prozessen, die natürlich auch bei Erwachsenen immer vorhanden ist, bei Kindern aber besonders eindrucksvoll ins Auge springt. Moritz, Paul, Tom und Marie geben davon ein Beispiel und sind ausdrücklich gerade in solchen Momenten ihrer Auseinandersetzungen, wo sie gefühlsmäßig in der Klemme stecken, auf eine angemessene Betreuung angewiesen, um festen Boden unter die Füße zu bekommen. Genauso unverzichtbar ist eine sensible Begleitung sich selbst bildender Kinder, wenn sie Kulturtechniken benötigen, um die Wirklichkeit zu interpretieren, oder wenn sie Sachkenntnisse brauchen, um sich zu orientieren. Die Aufzeichnung der Kommunikation in der Beispiel-Kindergruppe (vgl. Kasten 1) belegt bei aller gebotenen Zurückhaltung die intuitive Präsens des großen Menschen gegenüber dem kleinen, wenn es gilt, dem „Lehrling" auf die Sprünge zu helfen: „Ist das dein kleiner Bruder?" Oder: „Hier steht das Wort Deutschland." Aber auch der Blick auf Marie lohnt sich. Denn sie ist, wie wir gesehen haben, mit ihrem emotionalen Handeln eine Bereicherung für Tom, dem es gut tut, in einem zünftigen Spiel im Waschraum einen Ausgleich für seine kognitiven Abenteuer zu finden. Somit braucht umgekehrt auch Marie eine faire Chance, in der Begleitung mit anderen Kindern, sich neue Erfahrungswelten zu erschließen. Die Brücken dafür zu bauen, liegt in der Verantwortung der Erzieherin.

Pädagogik ist ein filigranes Kunsthandwerk und sollte nur von solchen Menschen ausgeübt werden, die in der Lage sind, methodische Klarheit aus der Fähigkeit abzuleiten, Kinder wohl wollend zu beobachten, wie sie sich als Menschen vervollkommnen, um sie darin begleitend zu unterstützen. Dies ist die grundlegende Bedeutung von Betreuung, wie sie sich im Bildungsprozess verwirklicht. Betreuung und Bildung müssen meines Erachtens als ein Ganzes verstanden werden: der Erwachsene und das Kind bringen im Dialog eine Wirklichkeit hervor, die von der Betreuung durch den Erwachsenen und der Selbst-Bildung des Kindes gleichermaßen getragen wird. In der geistig-seelischen und handelnden Auseinandersetzung mit der Welt treffen sich der Erwachsene und das Kind, um das gemeinsam hervorzubringen, was der Würde des Menschen entspricht. So möchte ich im Kindergarten Bildung im Kontext systemisch-konstruktivistischer Prozesse verstanden wissen. Dies verlangt umsichtiges pädagogisches Handeln.

Somit ist mit einem Bildungskanon, der sich als geeignet ausweist, Vielfalt so zu gestalten, wie es Kindern gefällt, der Bildungsauftrag noch nicht in trockenen Tüchern. Denn Hand in Hand mit den inhaltlichen Schwerpunkten und mit der Betonung klar definierter Bildungsziele im Fokus der einzelnen Grundbedürfnisse der Kinder muss die Art und Weise bedacht sein, wie der Bildungsprozess gemeinsam mit den Kindern gestaltet werden kann. Hierbei ist noch einmal mehr zu klären, was Kindern wirklich gut tut. „Lernen ist Spiel", so habe ich das erste Kapitel dieses Buches überschrieben. Und das soll Programm für das gesamte Bildungskonzept im Kindergarten sein. Denn Spiel ist für mich die Methode der Wahl, weil nämlich Kinder im Spiel den „Ernstfall" proben und gleichzeitig für den nötigen Spaß sorgen. Moritz und Paul geben dafür ein Beispiel, wenn sie lachend die Erweiterung ihrer Sachkompetenz aus dem Atlas sofort mit Spiel verbinden: sie betrachten nicht nur die „Würmer", sondern sie sind es gleich selber. Oder besser noch: sie „fliegen".

Wer Kinder beobachtet, weiß, dass sie all zu gerne ihre Erfahrungen im Spiel verankern. Deswegen sollten Lerninhalte einen direkten Bezug zu dem spontanen Spiel der Kinder herstellen, indem Spielimpulse der Kindergruppe aufgegriffen, ausgeweitet und in das gemeinsame Spiel zurück geführt werden. Dadurch ist der Spaß vorhanden, den Kinder brauchen, um zu lernen, weil das Spiel die Bildung trägt. Das ist etwas ganz anderes, als wenn Lerninhalte den Kindern „spielerisch" dargeboten werden, was häufig bedeutet, die Kinder sollten möglichst gar nicht merken, dass sie etwas lernen. Das ist nicht der Fall, wenn wir Kindern die Möglichkeiten eröffnen, im Rahmen von Spielprojekten zu lernen. Denn dann stellen wir solche Sinnzusammenhänge her, an denen Kinder wirklich interessiert sind. Und täglich wird thematisiert, worum es dabei geht. Jedem Kind ist dabei klar, dass es lernt, nämlich beispielsweise zu kooperieren, sich zu entscheiden, erfinderisch zu sein, sich geschickt und kraftvoll zu bewegen, zu sprechen, Zahlwörter zu verwenden, eigenen Interessen nachzugehen.

Mit dem Bildungskanon (vgl. Kasten 5) wird Lernen als ein soziales Geschehen kultiviert: innerhalb des Spiels und um das Spiel herum werden Bildungsinhalte so platziert, dass jedes Kind daran teilnehmen kann. Denn innerhalb eines solchen Spielprojektes ist der Eigen-Sinn jedes Kindes gefragt, die Angebote so für sich zu nutzen, wie es ihm gefällt und gleichzeitig an allen Lernprozessen der gesamten Kindergruppe teilzunehmen.

Bildungskanon im System der Grundbedürfnisse des Kindergartenkindes

Grund-bedürfnis	Das Kind kann	Das Kind weiß	Bildungs-gut
Love	1. ... ... mit ganz verschiedenen Kindern Hand-in-Hand spielen und arbeiten und dabei Absprachen treffen. 2. ... sich in andere Menschen hineinversetzen und sie akzeptieren. 3. ... Sinnzusammenhänge und Werte im Gruppenspiel erkennen, herstellen und verändern.	1. ... dass Menschen aus unterschiedlichen Ländern stammen und dass es verschiedene Formen des Zusammenlebens gibt. 2. ... dass es Märchen und Geschichten gibt, die man in Büchern lesen und nacherzählen kann. 3. ... seinen vollen Namen, kennt seinen Geburtsort und seine Verwandten über mehrere Generationen.	Integration
Freedom	1. ... reflektieren und planen 2. ... Verantwortung für sich und die Kindergruppe übernehmen 3. ... bei Problemen Lösungen finden	1. ... was es will 2. ... welche Wahlmöglichkeiten es hat 3. ... dass es bei Problemen immer mehr als nur eine Lösung gibt.	Freiheit
Fun	1. ... fantasievoll mit mehrdeutigem Material gestalten 2. ... mit Gegenständen und Fragestellungen des Alltags experimentieren 3. ... zusammen mit seinen Spielgefährten erfinderisch sein und spielen	1. ... dass es bildende und darstellende Kunst gibt und kennt Architektur, Gemälde, Skulpturen, Musik, Theater, Museum 2. ... was Forschung ist 3. ... was Wertvorstellungen und Regeln sind und weiß, dass man diese verändern kann	Fantasie
Power	1. ... Gelenkigkeit, Kraft, Schnelligkeit, Ausdauer, Gleichgewicht einsetzen. Es kann aufmerksam und ausdauernd spielen und arbeiten 2. ... sich wohlfühlen 3. ... „weibliche" und „männliche" Aktivitäten gleich gut	1. ... wie sein Körper beschaffen ist 2. ... was gesund ist. 3. ... dass Mädchen/Frauen sich von Jungen/Männern sowohl unterscheiden als auch einander gleichen. Es kennt Berufe. Es hat Vorbilder.	Soma
	1. ... in seiner Muttersprache differenziert und flüssig sprechen 2. ... Geschichten erzählen 3. ... mehrere Fremdsprachen unterscheiden	1. ... mit Sprache viele Probleme des Alltags gelöst werden. 2. ... Schriftsprache gibt 3. ... dass es Muttersprachen und Fremdsprachen gibt	Sprache
Survival	1. ... Symbole unterscheiden, deuten, wiedererkennen und abbilden; Bilder und Landkarten lesen und anfertigen 2. ... Mengen unterschiedlicher Elemente qualitativ und quantitativ (bis 10) vergleichen 3. ... Symbole und Mengen nutzbringend im Alltag anwenden	1. ... dass es Kulturtechniken gibt wie Lesen, Schreiben, Rechnen und PC-Anwendungen 2. ... dass Kulturtechniken den Alltag erleichtern 3. ... dass Kulturtechniken von Menschen erfunden worden sind und verändert werden können.	Kultur-techniken
	1. ... Wege gehen zu Kindergarten, Schule und ausgewählten Plätzen in unserem Dorf/unserer Stadt 2. ... Pflanzen und Tiere in unserem Wald/ auf unserer Wiese/in unserem Garten beobachten, benennen, sammeln und ordnen, pflegen 3. ... Antworten auf eigene Fragen suchen und sich informieren	1. ... dass es unterschiedliche geographische Orte gibt, wo Menschen wohnen und arbeiten 2. ... dass es ein Leben in den Jahreszeiten gibt und dass die Umwelt geachtet werden muss 3. ... dass Wissen geordnet und dokumentiert werden kann	Interesse

Kasten 5

Bildungsgut Liebe, Freiheit und Fantasie

Der *Bildungskanon* versucht mit jeweils drei Zielen für Können und Wissen dem pädagogischen Handeln in der Kindergruppe Orientierung zu geben, wobei ein Können einem Wissen immer voran gehen sollte, aber Wissen nicht vernachlässigt werden darf. Denn das Wissen kleiner Kinder bereitet das bewusste Können der Zukunft vor. Die Empfehlungen für die pädagogische Praxis fahren die komplexen Zusammenhänge auf konkrete Erlebnis- und Verhaltensweisen herunter, auf die es im Wesentlichen ankommt, wenn wir im Dialog mit den Kindern den Bildungsprozess gestalten. Ich eröffne den Kanon ganz poetisch im Fokus von Liebe, Freiheit und Fantasie und werde nach einer Einführung zeigen, wie Kinder mit den Spielprojekten „Dornröschen" und „Wildnis" die im Bildungskanon vorgeschlagenen Kriterien für Können und Wissen durchleben können, um den fokussierten Bildungsgütern Gestalt zu verleihen. Meine Ausführungen folgen der Chronologie des Kanons. (vgl. Kasten 5)

Am Anfang ist die Liebe

Am Anfang ist die Liebe; ohne sie läuft es nicht: kein Forschen und Entdecken; kein Lachen und Genießen; keine Sprache, keine Selbstbewusstheit. Die Liebe zwischen Mutter und ihrem Kind, zwischen Vater und seinem Kind, die Liebe in der Familie: die Bindungen zwischen Individuen sind es, die Leben und Lernen ausmachen. In der Geborgenheit von zwischenmenschlichen Beziehungen kann sich ein Kind auf das Risiko seiner Existenz einlassen. Unfertig wie ein Säugling auf die Welt kommt, ist er auf körperlichen und geistig-seelischen Kontakt mit anderen Menschen angewiesen. Der erfahrene Erwachsene trägt dabei instinktiv die Beziehung, wobei er allerdings dazu durch die unermüdlichen Kontaktwünsche des Kindes herausgefordert wird. Denn nur im sozialen Bezug ist Lernen ersprießlich.

Dies alles ist reichlich bekannt und wird doch all zu oft außer Acht gelassen, wenn es um das erweiterte Lebensumfeld eines Kindes geht. Im Kindergarten unter so vielen Kleinen hofft ein Kind vergeblich auf einfühlsame Partner, wie es bisher die Großen in der Familie gewesen sind. Das Schoßsitzen bei der Erzieherin ist da keine Lösung, denn diese Enge erstickt in der Regel jeglichen Tatendrang. Somit steht mit Eintritt in die Kindergruppe das Grundbedürfnis „love" auf dem Prüfstand und verlangt nach selbstständiger „Bearbeitung", wenn es heißt, unter lauter anspruchsvollen Egozentrikern vielleicht erstmals eigenständig tragfähige Bindungen herzustellen. Erschwerend hinzu kommt, dass immer noch in den meisten Einrichtungen die vielen

Spiel- und Beschäftigungsmaterialien, die allen Kindern zu jeder Zeit in allen Räumen der Einrichtung zur freien Verfügung stehen, zu einer Vereinzelung der Kinder führen, die jeglichem Ideal von Gemeinschaft zuwider läuft und Lernen auf ein Minimum reduziert.

Somit ist „Liebe" ein Bildungsgut, das es im Kindergarten ganz neu zu erwerben und auszubauen gilt. Dabei geht es gar nicht darum, dass Kinder lernen sich immer zu vertragen. Das gelingt sogar erstaunlich besser als zu vermuten, weil nämlich vielerorts das Regelwerk die Kinder sehr engmaschig kontrolliert. Allerdings verzichten dann Kinder auf die Erfüllung ihrer eigenen Bedürfnisse und verschenken die Möglichkeit, ihre potentiellen Partner mit deren ganz eigenen Ideen und Vorstellungen wirklich kennen und damit auch schätzen zu lernen. Es geht um weit mehr als um eine solche oberflächliche Verträglichkeit, die den Namen Liebe nicht verdient. Es geht um das Erfassen komplexer Situationen in wechselnden sozialen und dinglichen Kontexten, um die Fähigkeiten, Wünsche, Ideen und Interessen im Dialog zu koordinieren, Handlungen interaktiv auf einander abzustimmen, um dabei gemeinsame Ziele zu verfolgen. Es geht um die Zukunftsfähigkeit der Kinder, die sich womöglich nach einer vertanen Kindheit in einer globalen Welt wieder finden, in der sie sich als Singles verlieren, weil sie nicht begriffen haben, was Teilen, Geben und Nehmen wirklich bedeuten. Sie haben dann nicht gelernt, wie sie ihren Beitrag für ein Leben in der Gruppe leisten und wie sie rückwirkend von der Gruppe solche Leistungen zurückbekommen, die ihre eigene Lebensqualität erhöhen, wenn nicht gar ausmachen. Und sie haben dann nur unzureichend erfahren, dass die besten Ideen, die vielversprechendsten Pläne und kreativsten Handlungskonzepte aus dem Dialog mit anderen Menschen entstehen. Somit steht Liebe in dieser umfassenden Bedeutung für eine überaus komplexe Kommunikation, die neben sozialen und emotionalen Fähigkeiten auch kognitive Leistungen sehr differenzierter Art verlangt, die ein Kind fortschreitend erlernen muss.

Der Bildungskanon (vgl. Kasten 5) trägt all diesen Zusammenhängen Rechnung und fokussiert auf Integration. Denn ich möchte der gesellschaftlichen Herausforderung unserer Zeit entsprechen und dem Begriff „Integration" mit den dargelegten Zusammenhängen von „love" die notwendige psychologisch-pädagogische Bedeutung geben und gleichzeitig als grundlegende Wertorientierung kennzeichnen. Für die Kindergartenbildung bedeutet dies, geeignete soziale Prozesse anzustoßen, damit Kinder die maßgeblichen Akteure für die Verwirklichung ihres Grundbedürfnisses nach Eingebundenheit in einem Wir werden können. Ich bin davon überzeugt, dass bereits im Kindergarten die Voraussetzungen geschaffen werden müssen, dass Kinder lernen, Integration aktiv zu gestalten, damit sie als Menschen heranwachsen, die sich nicht den Zufällen ihres Lebensschicksals ausgeliefert fühlen, son-

dern rechtzeitig Wissen und Können erworben haben, um verantwortungs-
voll für das Gemeinwohl und damit gleichermaßen für ihr persönliches Lebensglück einzustehen.

So kommt es zunächst ganz einfach darauf an, dass Kinder lernen, mit
ganz verschiedenen Kindern Hand-in-Hand zu spielen und zu arbeiten und
dabei Absprachen treffen zu können (vgl. Kasten 5, Integration/Können, 1).
Das ist mit Regelspielen am Tisch nicht zu erreichen und auch nicht mit herkömmlichen Bastelangeboten. Solche Beschäftigungen halten Kinder nachhaltig von ihrem ureigenen Interesse ab, nämlich im gegenseitigen Austausch
miteinander zu lernen, beispielsweise zu rekonstruieren, was Erwachsene im
Alltag tun. Dafür brauchen Kinder ein definiertes Erfahrungsfeld, in dem sie
ihre spontanen Begabungen ausbauen können. Für mich ist dies das Gruppenspiel, das wohlgemerkt Arbeit nicht ausschließt, wie nachfolgende Spielprojekte zeigen werden. So können beispielsweise vier Kinder gemeinsam in verteilten Rollen „Familie" spielen, „in echt" dafür einen Salat zubereiten und
anschließend alle Spiel- und Arbeitsutensilien gut sortiert wieder wegräumen,
die Tische abwischen und den Fußboden fegen. Ein Hand-in-Hand-Spielen
und Arbeiten in einem solchen Kontext fällt aufgeweckten Kindern, die häufig mit einander spielen, in der Regel nicht schwer. Sie sind hoch motiviert,
weil sie in einem solchen Rollenspiel so tun wie die Großen, denen sie nacheifern. Sie stimmen deswegen ihre Aktionen aufeinander ab: Das Baby verhält sich in der Weise, dass es von der Mutter versorgt werden muss, und der
Vater darf der Mutter helfen, das Mittagessen zu machen, wenn er von der
Arbeit nach Hause kommt. Selbst Rollenwechsel („Heute will ich aber mal
die Mutter sein.") klappt, wenn die Rituale der Spielhandlungen allen Mitspielern bekannt sind und jeder weiß, was er in der betreffenden Rolle zu tun
oder zu unterlassen hat. Ausschlaggebend im Fokus von Integration jedoch ist
der Hinweis auf „mit ganz verschiedenen Kindern … ", denn da setzt der eigentliche Lernprozess an. Ein Kind, das von einem anderen als „verschieden"
erkannt wird, ist meistens unbequem. Verschieden sein heißt nämlich in einem Gruppenspiel, dass ein Kind sich anders, als von den anderen erwartet,
verhält. So ist es beispielsweise für einen Erwachsenen zunächst überhaupt
nicht erkennbar, warum in einer Spielgruppe in der Puppenecke ein kleines
Mädchen immer wieder ausgeschlossen wird, obwohl es als sehr spielfreudig
und verträglich gilt. Bis deutlich wird, dass dieses Mädchen anders „Familie"
spielt, weil es nämlich aus einer türkischen Familie stammt. Ihre Vorstellungen von den Rollen „Vater", „Mutter" und „Kind" sind einfach anders als die
von Kindern aus deutschen Familien. Somit passen die Spielzüge der unterschiedlichen Kinder nicht zusammen, weil nämlich der Sinngehalt von dem
Spiel „Familie" nicht einheitlich ist. Hier müssen Kinder lernen, Absprachen
zu treffen, um miteinander zu klären, wie ihr Spiel diesmal verlaufen soll, und

vor allen Dingen, damit sie erkennen, dass die Spielhandlungen ihrer türkischen Mitspielerin nicht *falsch*, sondern eben einfach nur anders, gleichwohl ebenso *richtig* sind. Ähnliche Abstimmungsschwierigkeiten gibt es auch häufig zwischen Jungen und Mädchen, die vermutlich unter anderem deswegen einem direkten Zusammenspiel ausweichen und damit bereits im Kindergarten auf gemeinsame, schöpferische Lebensentwürfe verzichten.

Für solche Lernprozesse benötigen Kinder einen Erwachsenen, der eine sprachliche Kommunikation anregt und moderiert, und zwar nicht erst, wenn das Kind ins Wasser gefallen ist, sondern vorausschauend. Nach meinen Erfahrungen wird sogar der Spielspaß erhöht, wenn alle mit einander einmal etwas ganz anders machen als wie bisher. Kinder sind äußerst tolerant und akzeptieren sich gegenseitig erstaunlich gut, wenn sie die Motive des Handelns des jeweils anderen erkannt haben. Dies wird dadurch erheblich unterstützt, wenn die Erzieherin neben der Kategorie „Können" immer auch die Kategorie „Wissen" im Blick behält. So gilt es, im Fokus von Integration zu beachten, dass im Gruppengespräch und per Anschauung den Kindern die Möglichkeit gegeben wird, sich über das Zusammenleben der Menschen in unterschiedlichen Ländern und Kulturen kundig zu machen (vgl. Kasten 5, Integration/Wissen, 1) um dann anschließend ihre Kenntnisse wiederum in ihrem Rollenspiel in Handlung umzusetzen. Damit gewinnen Kinder ein Bewusstsein davon, dass es auch beim Spiel darum geht, gemeinsam etwas zu lernen, beispielsweise „wie wir einmal ganz anders Familie spielen, weil wir gemeinsam eine ganz besondere Familie sind."

Ein solcher Spiel- und Lernprozess führt dazu, dass Kinder Empathie erwerben. (vgl. Kasten 5, Integration/Können, 2) Gemeint ist die Fähigkeit, sich in andere Menschen hineinzuversetzen und sie zu verstehen. Dieser Perspektivenwechsel setzt eine kognitive Umstrukturierung voraus, zu der kleine Kinder zunächst nicht fähig sind. Sie erkennen nicht, dass andere Personen etwas anders wissen, denken oder fühlen könnten als sie selber. Der nette „Guglhupf-Test"[18] gibt davon ein Beispiel: Zwei Brüder – ein Dreijähriger und ein Vierjähriger – sehen zu, wie ein Guglhupf in einem Korb versteckt wird. Nachdem der Vierjährige aufgefordert wird, das Zimmer zu verlassen, wird die leckere Süßigkeit vor den Augen des Dreijährigen in einer Kiste versteckt, und er soll sagen, wo der ältere Bruder den Guglhupf suchen wird. Seine Antwort ist: er sucht ihn in der Kiste.

Die meisten Kinder im Alter von drei Jahren sind davon überzeugt, dass ihre Perspektive auf Ereignisse die gleiche ist, wie die anderer Leute, die aber aus einer ganz anderen Wahrnehmung und einem anderen Erkenntnisstand heraus etwas komplett anderes erleben können. Sie erkennen nicht, dass die

18 vgl. Lise Eliot, 2002

Verhältnisse sich durch unterschiedliche Sichtweisen verändern. Dies ist im sozialen Kontext täglich zu beobachten, wenn nämlich Fritz es lustig findet, den Franz umzustoßen, und er gar nicht versteht, warum der das nicht genauso amüsant findet wie er selbst. Belehrungen und Moralisierungen („du willst doch auch nicht, dass man das mit dir genauso macht") schlagen begreiflicherweise fehl und machen meistens das Problem größer, als es unter Kindern ist. Allerdings ist ja die wirkliche Fähigkeit, Ereignisse aus der Sicht eines Gegenüber nachzuvollziehen, sehr wertvoll, und zwar nicht nur aus ethischen Gründen, sondern wegen der Vorteile, die sich daraus ergeben, wenn mehrere Menschen in der Lage sind, ihre unterschiedlichen Sichtweisen zu einem gemeinsamen, neuen Erkenntnisgewinn zusammen zu tragen. Solche geistigen Prozesse entstehen offenbar durch sich wiederholende Erfahrungen in wechselnden Situationen und weisen sich sehr eindrucksvoll als Ergebnis von Lernvorgängen aus, wenn wir Kinder in Rollenspielen beobachten.

Die Erfahrungen mit Spielprojekten zeigt, dass Kinder durchaus frühzeitig die Fähigkeit zu Mitgefühl erwerben können, und zwar in der Art, dass sie über das Fühlen hinaus (selber traurig sein, wenn sie sehen, dass jemand, den sie mögen, traurig ist) zu einem Handeln gelangen, das dem Anderen und damit ihnen selber auch nützt. Ich erkläre mir das durch ihre offenbar angeborene Neigung und Begabung, Bindungen herzustellen, die allerdings gefördert werden will. Hirnorganisch ist belegt, dass über so genannte Spiegelzellen der eigene Körper in einen gleichen Zustand versetzt wird wie ein Gegenüber, der sich beispielsweise in Schmerz oder Freude befindet.[19] Die Erfahrung allerdings zeigt, dass aus einem derartig körperlich repräsentierten Mitgefühl nicht auch gleichzeitig ein Handeln resultiert, das einen ausgeprägten Gemeinsinn erkennen lässt. Dafür sind offenbar vielschichtige Lernerfahrungen erforderlich und ein Denken in größeren Zusammenhängen. Die Herausforderung hierfür ist in jedem Rollenspiel mitgegeben. Wenn Kindern bekannt ist, in welchem Spiel sie sich mit einander befinden, dann ist evident, was der jeweils andere denkt und fühlt, besonders dann, wenn man durch Rollentausch auch einmal von der jeweils anderen Warte aus sich an dem Spielplan beteiligt hat. Die meisten Kinder geben dann ihr Bestes, um das gemeinsame Spiel zu erhalten.

Unterstützt wird auch hier der Erwerb dieses Könnens durch ein Wissen, das Kindern über Märchen und Geschichten vermittelt werden sollte (vgl. Kasten 5, Integration/Wissen, 2). Im Zuhören bekommen die Kinder die Gelegenheit, sich mit ganz unterschiedlichen Helden zu identifizieren und seelenruhig solche Sichtweisen und Wertvorstellungen kennen zu lernen, die

19 vgl. Forschung über Empathie, auf die Donata Elschenbroich, 2002, aufmerksam macht, sowie Bas Kast, 2003

ihnen vorher im täglichen Leben nicht direkt zugänglich waren.[20] Darüber hinaus bekommen sie über Bücher eine Ahnung von der historischen Perspektive der Wirklichkeit, die ihr Leben im Hier und Jetzt ergänzt. Mit geschriebenen und nacherzählten Geschichten öffnen wir Kindern Horizonte für Sinnzusammenhänge über ihr eigenes kleines Dasein hinaus. Wenn uns Erwachsenen dies als wertvolles Bildungsgut bewusst ist, dann werden wir achtsam mit Büchern umgehen und nicht willkürlich etwas vorlesen, was uns zufällig unter kommt. Der geschriebene und bebilderte Müll in Kindergärten ist nach meinen Beobachtungen immens und spottet jeglichem Bildungsauftrag. Das ist bedauerlich, weil über den Sinngehalt von Geschichten Kinder lernen, selber Sinn aufzuspüren beziehungsweise durch eigene Überlegungen und Handlungen herzustellen. Denn so verstandene Bildung eröffnet bereits Kindergartenkindern die Möglichkeit, hinter den sichtbaren Gegenständen, den augenblicklichen Ereignissen und dem persönlichen Erleben den übergeordneten Sinn zu erkennen und das Tatsächliche als ein Zeichen für einen generalisierten Zusammenhang zu erkennen, nämlich das gemeinschaftlich kreierte Wertesystem.

Erkennen, Herstellen und Verändern von Sinnzusammenhängen ist ein systemisch-konstruktivistischer Vorgang, der durch Kommunikation entsteht und durch Gefühle der Zustimmung getragen wird. Bereits jedes Kindergartenkind sollte aktiv mit Herz und Verstand daran beteiligt sein (vgl. Kasten 5, Integration/Können, 3). Konstruktion von Sinn ist die hohe Schule von Integration, aber unerlässlich, wenn wir unsere Zukunft nicht auf jeweils einseitiger Anpassung aufbauen wollen, was ohnehin zum Scheitern verdammt wäre. Was Vielen bisher verborgen geblieben zu sein scheint, ist das Phänomen, dass Kinder in ihrem spontanen Gruppenspiel mit verteilten Rollen alle Voraussetzungen mitbringen, Wertesysteme zu konstruieren, die alle Beteiligte mit ihren ganz persönlichen Wünschen und Hoffnungen einbinden. Für solche geistig-seelischen Prozesse benötigen Kinder allerdings eine umsichtige Betreuung, weil zu große Kindergruppen und die Fülle von Störungen durch unzureichende Organisation von Raum und Zeit die zarten Pflänzchen mit dem Namen „Sinn" viel zu schnell wieder einknicken lassen. Besonders wertvoll finde ich den Aspekt der Veränderung von Sinnzusammenhängen, weil dann ersichtlich wird, dass Kinder Neuland betreten. So spielen sie beispielsweise „Dornröschen" auf ihre Weise und nicht wie es im Märchen vorgegeben ist, schaffen das schlafende Mädchen, das auf den Prinzen wartet, ab und lassen die Feen auf den Tischen tanzen. Wenn allen Spielgefährten dies als das Non-plus-ultra ihrer augenblicklichen (Spiel-)Wirklichkeit erscheint,

20 vgl. Dietrich Schwanitz, 1999

40

dann kann ich nur sagen: Hut ab! vor solch einer frei erfundenen Emanzipation.

Tragfähig als Bildungsgut, das den Augenblick überlebt, wird ein solches Können als Gruppenleistung meines Erachtens jedoch erst dann, wenn auch Wissen entsteht, nämlich über gesellschaftliche Strukturen, auf die Integration dauerhaft angewiesen ist. Für Kindergartenkinder finde ich es deswegen wichtig, dass sie Kenntnisse über ihre eigene familiäre Herkunft haben. Deswegen schlage ich im Bildungskanon vor, darauf zu achten, dass jedes Kind sowohl seinen vollen Namen und seinen Geburtsort kennt, als auch seine Verwandten über mehrere Generationen. (vgl. Kasten 5, Integration/Wissen, 3) Denn ganz ähnlich wie bei dem Erlernen von Sprache ist es sicher auch für das Erlernen sozialer Fähigkeiten so, dass frühe Bindungserfahrungen hirnorganische Felder besetzen, die es zu reaktivieren gilt, wenn soziale Fähigkeiten im erweiterten Kontext gefragt sind. Aus eigenen Familien-therapeutischen Erfahrungen kann ich sagen, dass es sehr hilfreich ist für die Lebensbewältigung, wenn Generationen übergreifende Bindungen sprachlich thematisiert werden, um in dem Wertesystem der Herkunftsfamilie seine eigenen geistig-seelischen Ressourcen zu entdecken. Für Kindergartenkinder – besonders für solche, die in Trennungsfamilien aufwachsen – ist es von unschätzbarem Wert, wenn sie realisieren, dass es außer Mama oder Papa auch zwei Großelternpaare und diverse Onkel und Tanten, Cousins und Cousinen gibt. Besonders wertvoll für Kinder ist das Bewusstsein für die Generationenabfolge, weil sie über die Großeltern oder sogar die Urgroßeltern einmal mehr historische Entwicklungen nachvollziehen und auf ihre eigene Weise bewerten lernen können. Dieses Wissen über die eigenen Wurzeln ist meines Erachtens unter anderem eine Grundvoraussetzung für Integration, weil (kognitiv-soziale)Netze sich am besten da knüpfen lassen, wo schon einmal Knoten vorhanden waren. Auch hier sind Gruppengespräche unverzichtbar, unterstützt vielleicht durch Fotocollagen, die jedem Kind vermitteln, dass es sich in einem Geflecht von Bindungen befindet, auch wenn die tatsächlichen Kontakte zu Verwandten eher selten sein sollten.

Die Freiheit, die ich meine

Freiheit, die ich meine, ist neben Liebe ebenfalls eine große Herausforderung in einem Bildungsprogramm, das Kinder auf die Komplexität unserer Gesellschaft vorbereiten will. Wir alle kennen die Freiheitsliebe der Kinder, und seit mehreren Jahrzehnten ist ein freiheitlicher Umgang mit ihnen unser Ideal – vor allem im Kindergarten. Dazu passt so gar nicht, dass heutzutage mehr und mehr von Grenzen gesprochen wird, die Kinder angeblich dringend brauchten. Das finde ich nicht glücklich. Denn solche Empfehlungen bringen nach meinen Beobachtungen genau den Erziehungsstress hervor, von dem ich eingangs bereits gesprochen habe und den es zu vermeiden gilt. Ich möchte im Zusammenhang von Bildung an dieser Stelle einmal mehr darauf aufmerksam machen, dass ein Leben in Freiheit ein Grundbedürfnis ist, das es zu schützen gilt. Ein Leben ohne Freiheit verkümmert. Denn es kommt darauf an, dass ein Mensch in allen Lebenssituationen, in denen er sich befindet, herausfinden muss, welches Tun und Trachten für ihn ganz persönlich angemessen ist. Er trifft Entscheidungen, die im sozialen Kontext seines Lebens sein Wohl zu begünstigen und sein Wehe zu vermeiden geeignet erscheinen. Ein solcher Freiheitsbegriff ist somit mit der Entscheidungsfähigkeit verknüpft und dem daraus erwachsenden Verantwortungsgefühl, für sein eigenes Denken, Fühlen und Handeln einzustehen. Das ist sehr anspruchsvoll. Aber Kinder bestehen darauf, sich auf ein Leben auf hohem Niveau einzulassen. Allerdings ist das nur realisierbar im Kontext von liebevoller Eingebundenheit in einer Gemeinschaft (love), die als wertvoll erkannt ist, und in einem Wertesystem, das Sicherheit verspricht (survival). Der Bildungskanon verweist mit dem Fokus auf Freiheit darauf, dass ein Kind sich entscheiden, reflektieren und planen können muss (vgl. Kasten 5, Freiheit/Können, 1) Das bedeutet, es soll Motive seines Handelns in Sprache bringen und darauf aufbauend in der Kommunikation mit anderen Schlüsse daraus ableiten können, wie als Konsequenz seines Erlebens sein zukünftiges Verhalten ausgerichtet werden muss. Solche kognitiven Erfahrungen, die gefühlsmäßige Stellungnahmen thematisieren und Gruppenaktionen vorbereiten, dürfen an keinem Tag fehlen. Denn abgesehen von den sprachlichen Fähigkeiten, die sich damit kontinuierlich erweitern, wird damit Kindern bewusst, dass persönliche Freiheit nur im Kontext von „love" zu haben ist. Dabei sollte man sich in Kindergruppen aber davor hüten, Gruppenentscheidungen per Abstimmung herbeizuführen, um „Demokratie" zu spielen. Denn statt Gräben aufzureißen zwischen einzelnen Gruppierungen („wir sind dagegen"), kommt es darauf an, Kindern die Idee von Konsens erlebbar zu machen, was in Spielprojekten vortrefflich klappt. Denn Kinder sind einander erstaunlich zugewandt, wenn es darum geht, ein schönes Spiel zu erhalten. Sie gehen dann mehr auf einander zu und respektieren sich gegenseitig mehr als manch' ein bereits verbildeter (!) Erwachsener.

Gleichwohl sollte ein Kind im Bildungsprozess mit dem Fokus auf Entscheidungsfreiheit auch ein klares Wissen darüber erlangen, was es will. (vgl. Kasten 5, Freiheit/Wissen, 1) Ein Ich-weiß-nicht ist nicht zu akzeptieren und auch nicht Sprunghaftigkeit, wenn es um Bildung im Umgang mit Freiheit geht. Allerdings besteht der pädagogische Auftrag in diesem Kontext darin, Voraussetzungen zu schaffen, dass ein Kind überhaupt Wahlmöglichkeiten erkennen kann. Mit einem Sammelsurium von Beschäftigungsmaterialien in offenen Regalen ist es sicher nicht getan. Und auch nicht mit der üblichen zeitlichen und räumlichen Vermischung von Angeboten und „Freispiel", bei der es nicht darauf ankommt, ob ein Kind ein Spiel oder eine Beschäftigung aufgreift und wieder fallen lässt, dazu springt oder sich entfernt. Solche Angewohnheiten haben nichts mit dem Anspruch der Kinder auf Bildung zu tun. Vielmehr wird sich pädagogische Qualität nicht zuletzt daran messen lassen müssen, in welcher Form Lernfelder bestellt sind, und zwar mit inhaltlich strukturierten Projekten als auch mit organisierten Lernzeiten innerhalb und außerhalb der Einrichtung. Denn der Umgang mit Freiheit muss gelernt werden. Erst wenn ein Kind überblicken kann, was es in einem definierten Sinnzusammenhang wählen kann und will, wird es auch lernen, sich gemeinsam mit anderen Kindern für ein Vorhaben mit all seinen Fähigkeiten zu engagieren.

Denn ein Kind will lernen, für sich und für seine Kindergruppe Verantwortung zu übernehmen (vgl. Kasten 5, Freiheit/Können, 2). Das gilt aber nur für Aufgaben, die es selber als sinnvoll erkennt. Es hat dagegen nichts mit der freundlich gemeinten Gewohnheit zu tun, mit der die Erzieherin, einzelne Kinder dazu auffordert, ihr zu „helfen", beispielsweise die Blumen zu gießen, den Tisch zu decken, die Brötchen zu backen und so weiter. Dieses weit verbreitete „Willst du mir helfen?" spiegelt ein laienhaftes Verständnis von Betreuung wieder und verkennt sträflich die Ernsthaftigkeit, mit der Kinder eigenverantwortlich handeln wollen. Eine solche Kommunikation ist ohnehin nicht aufrichtig, denn ein helfendes Kind ist nicht eigentlich hilfreich, indem es dem Erwachsenen vor den Füßen hängt, wenn es darum geht, die Alltagsroutine zu bewerkstelligen. Nein, umgekehrt wird ein Schuh daraus: Es ist die Erzieherin, die dem Kind helfend zur Seite steht, wenn es selbst gewählte Aufgaben selbstbestimmt zu bewältigen versucht. Und auch im Spiel mit anderen Kindern muss ein Kind kapieren, dass bei einem Misslingen nicht (nur) die anderen zur Rechenschaft gezogen werden sollen, sondern auch eigenes Verhalten überprüft werden muss. Ganz nach der Devise: was kann ich selber dazu beitragen, dass das gemeinsame Spiel mir morgen mehr Spaß macht als heute?

Im Fokus von Entscheidungsfreiheit kommt es grundlegend darauf an, dass Kinder bei getroffener Wahl Verbindlichkeiten eingehen und bei Schwierigkeiten, in denen sie sich immer wieder zusammen mit anderen Kindern wieder finden, nicht aufgeben, ihre Grundbedürfnisse zu erfüllen. Auch so etwas lernen Kinder nicht durch gut gemeinte Ermutigungen, sondern indem die Erzieherin ihnen hilft, verschiedene Sichtweisen ins Spiel zu bringen. Ein gebildetes Kindergartenkind kann bei Problemen Lösungen finden (vgl. Kasten 5, Freiheit/Können, 3), weil es gelernt hat, Fantasie zu entwickeln, planvoll zu handeln und seine eigenen Maßstäbe zu setzen. Davon wird gleich noch mehr die Rede sein, wenn wir im Bildungskanon bei „fun" angelangt sind. Hier soll im Zusammenhang mit Entscheidungsfreiheit, was selbstverständlich bei geeigneter Betreuung zu Entscheidungs*fähigkeit* führt, betont werden, dass „Probleme lösen" ein hohes Bildungsgut ist. Das bezieht sich sowohl auf Auseinandersetzungen, die das Kind in Sachzusammenhängen als auch in sozialen Konflikten sucht. So stehen Kinder im Rahmen von Spielprojekten im Bauspiel mit großem Material (Stühle, Tische, Bänke, Bretter, Decken etc.) immer wieder vor der Situation, dass Gebäude (Schiff, Höhle, etc.) nicht stabil sind, oder dass Material beschafft oder umfunktioniert werden muss, um bestimmte Bauvorhaben fertig zu stellen (Was könnten wir als Spinnrad verwenden?). Genauso stellt sich immer wieder die Frage, wo Kinder sich informieren können, wenn sie Sachkenntnissen auf der Spur sind (Wie sehen Wale denn nun wirklich aus?). Solche Problemlösungen machen Kindern in der Regel viel Spaß, wenn sie einmal begriffen haben, dass sie es sind, die Initiative ergreifen müssen, um Antworten auf eigene Fragestellungen zu finden.

Vergleichsweise schwieriger ist es, wenn bei Gruppenspielen oder bei Gruppenarbeit gegenteilige Meinungen verschiedener Kinder aufeinander prallen, oder wenn sie sich in gemeinsamen Aktionen gegenseitig stören und in ihrem Tatendrang behindern. Bei solchen Konflikten, die meistens mit heftigen Gefühlsausbrüchen begleitet sind, ist die Erzieherin oftmals schnell dabei zu schlichten und Vorschläge für Lösungen zu unterbreiten. Die Herausforderung für die Pädagogik besteht jedoch in jedem Fall darin, dem Kind nicht vorschnell beizubringen, was richtig und falsch ist, sondern ihm Raum und Zeit zu geben, eigene Wege einzuschlagen, um Lösungen zu suchen und zu finden. Auch die Lehrerfrage, die die Antwort schon kennt, ist nicht die Methode der Wahl. Auf der anderen Seite ist ein Weggucken auch nicht angebracht, was bei Kinderstreit gerne gemacht wird. Eine Konfliktkultur wird dabei nicht aufgebaut. Denn die Altersmischung in den Kindergruppen ist in der Regel zu gering, als dass sozial-kompetente Kinder erfolgreich den Ton angeben, Lösungsvorschläge unterbreiten oder Aufgaben der Moderation übernehmen könnten. Nein, der Erwachsene muss auf den Plan und es als ein Highlight seiner Berufsausübung verstehen, wenn er in der Kindergruppe Gelegenheiten erkennt, an Suchprozessen für Lösungen teilzunehmen. Für solche pädagogischen Aufgaben geht es sicher nicht in erster Linie um perfekte, Kind- orientierte Formen der Kommunikation, sondern vielmehr um eine innere Haltung, die auf die Konstruktion von Lösungen im Zusammenspiel aller Beteiligter vertraut. Dafür empfiehlt es sich, Gruppenöffentlichkeit herzustellen und auch solche Kinder an dem Lösungsprozess zu beteiligen, die nicht unmittelbar an den Streit involviert waren.[21] Bei dem Aufbau einer

---

21 vgl. hierzu die Ausführung über Kinderkonferenzen in: Erdmute Partecke, 2002

Konfliktkultur in der Kindergruppe ist ergänzend darauf zu achten, dass die Kinder ein Wissen darüber erwerben, dass es bei auftauchenden Problemen immer mehrere Lösungen gibt (vgl. Kasten 5, Freedom/Wissen, 3) Ein solcher Erkenntnisgewinn, der durch reflektierende Gruppengespräche zu erreichen ist, wird von Kindern in der Regel mit Begeisterung aufgenommen und auf neue Situationen übertragen. Allerdings gelingt das nur, wenn die Erzieherin bei dem Suchprozess eine neutrale Position einnimmt und sich besonders dann mit den Kindern über Lösungsansätze freut, die nicht ihren eigenen Überlegungen entsprechen.

Fantasie beflügelt Denken, Fühlen und Handeln

Fantasie beflügelt Denken, Fühlen und Handeln. Denn im System der Grundbedürfnisse ist dieser „Stoff", der das Lernen befördert, dort angesiedelt, wo „fun" maßgeblich Erleben und Verhalten begleitet. Und das, was wirklich Spaß macht im Leben, braucht gleichzeitig Freiheit. So gehen „freedom" und „fun" eine überaus ersprießliche Beziehung ein, wenn es darum geht zu lernen. Deswegen fokussieren wir im Bildungskanon „Fantasie" in enger Nachbarschaft zu „Freiheit" zunächst auf das lustvolle Gestalten mit mehrdeutigem Material (vgl. Kasten 5, Fantasie/Können, 1). Auch wenn für Außenstehende (beispielsweise für kritische Eltern) nicht gleich erkennbar ist, wenn Kinder sich in Fingerfarben, Kleister und Pappmache suhlen oder mit großen Kartons, Sperrmüllkommoden und diversen Brettern großräumig hantieren, dass es sich hierbei um Bildungsangebote handelt, so ist jedoch gerade all dies eine große Herausforderung für Kinder, gestalterisch tätig zu sein. Frei von jeglichen Leistungsansprüchen und Erwartungen an perfekte Produkte, kommen Kinder gerade in solchen Situationen oftmals zu ganz erstaunlichen Resultaten. Oder aber sie erfahren „nur" ihre Sinne und erproben ihre Motorik mit gestalterischen Ergebnissen, die aus ihrer augenblicklichen Fantasie entspringen. Genau darauf kommt es an – und am Beispiel des freien Gestaltens mit Material wird es sinnbildlich deutlich –: Wann immer Kinder lernen, sind die Prozesse des Handelns und Erkennens das primär Bildende und nicht das oberflächlich schnelle, sichtbare Resultat. Denn der Spaß entsteht primär im Vollzug und erst sekundär durch das Ergebnis. Und es ist der Spaß, der dazu führt, dass gleiche oder ähnliche Vorgänge wiederholt werden und damit letztlich zu Lernzuwachs führen. Dabei ist von besonderem Wert, wenn eine Kindergruppe in einem integrativen Prozess eingebunden ist und Kinder in räumlicher Nähe zu einander sich in ihrem schöpferischem Schaffen gegenseitig inspirieren und ihre Fantasie entfalten.

Ergänzend dazu ist durch Exkursionen der Erwerb von Wissen zu ermöglichen, indem die Kinder in Museen, Theatern und im Stadtbild die Gelegenheit bekommen, bildende und darstellende Kunst, Musik und Architektur kennen zu lernen (vgl. Kasten 5, Fantasie/Wissen, 1).

Ein weiterer elementarer Aspekt im Kontext des Bildungsgutes Fantasie ist, dass Kinder notwendigerweise die Möglichkeit erhalten zu experimentieren (vg. Kasten 5, Fantasie/Können, 2). Damit ist nicht in erster Linie gemeint, dass wir Kindergartenkinder zu naturwissenschaftlichen Versuchen anleiten, sondern dass wir ihnen Raum geben, Gegenstände des Alltags so auszuprobieren, wie es ihnen gefällt. Neben der Unterweisung von dem „richtigen" Gebrauch diverser Utensilien aus Küche, Stube und Garten brauchen Kinder vielfältige Gelegenheiten zu erkunden, wozu ein Kehrblech, eine Wasserkanne, ein Essbesteck, eine Zeitung, eine Tischdecke, eine Wäscheleine, ein Einkaufskorb, eine Wassermelone oder ein Kochtopf mit Deckel auch noch gut sind. Im häuslichen Rahmen einer Dreizimmerwohnung mag dies für Erwachsene vielleicht eher ungemütlich sein. In einer öffentlichen Einrichtung mit dem Label „Familien-ergänzend" jedoch sollten solche Experimente ihren legitimen Platz haben, wenn es darum geht, dass kleine Kinder (besonders in der Krippe) kognitive Operationen mobilisieren, um Erkenntnisse von der Wirklichkeit zu erlangen, in der sie sich für ein langes Leben einzurichten beginnen. Somit sind die selbsttätige Beantwortung elementarer Fragestellungen für ein Kind unerlässlich: Was passiert, wenn ich etwas über die Kante schiebe? Den gefüllten Behälter umkippe? Wie lassen sich Stuhl- und Tischbein verbinden? Wie Gegenstände von A nach B transportieren, wie verstecken und wieder hervorholen? Welche Wirkung hat mein Tritt gegen dieses runde Ding? Wie doll muss ich schubsen, damit der Bausteinturm (oder das andere Kind) umkippen? Wenn Kinder wiederholt in derartigen Situationen angetroffen werden, dann liegt es ihnen völlig fern, den Erwachsenen zur Weißglut zu bringen, andere Kinder zu ärgern oder ihre eigenen Grenzen auszutesten. Es handelt sich vielmehr um „Versuchsanordnungen", die Kindern geeignet erscheinen, die Welt in ihren Gesetzen zu verstehen.[22] Dies ist nach meinen Beobachtungen nicht zuletzt deswegen so wertvoll, weil auf der Grundlage solcher lustvoller Experimente auch weiterführende Fragestellungen sich entwickeln, die geradewegs zu naturwissenschaftlichen Interessen führen, wie wir sie von Schulanfängern kennen. Genauso ist ein solcher Forschergeist geeignet, auch im sozialen Kontext selber herauszufinden, wie ein erspießliches Zusammenleben vielleicht ganz anders als zunächst vorgegeben funktionieren könnte.

22 vgl. Donata Elschenbroich, 2001

Einen besonders guten Rahmen für einen derartig kreativen Umgang mit der dinglichen und sozialen Wirklichkeit bietet wieder einmal – ganz klar! – das Gruppenspiel mit verteilten Rollen, weil darin sich die Fantasie weitgehend ungetrübt entfalten kann. Denn es ist das Spiel mit seiner Spontaneität und seiner Sinn gebenden, zwischenmenschlichen Gebundenheit, das Kindern ermöglicht, die Wirklichkeit nach ihrem eigenen Ermessen zu gestalten und dabei wertvolle Erkenntnisse für das Leben zu gewinnen. Somit hat ein Kind ein beachtliches Bildungsgut erworben, wenn es spielen und mit seinen Spielgefährten gemeinsam erfinderisch sein kann (vgl. Kasten 5, Fantasie/Können, 3)

Begleitend zu diesem Handlungs-orientierten Bildungsgut ist es wünschenswert, dass ein Kind auch Wissen darüber erwirbt, was Forschung ist, zumal wenn es gelingt, zu vermitteln, dass auch Erwachsene Fantasie einsetzen, um zu Erkenntnissen zu gelangen. (vgl. Kasten 5, Fantasie/Wissen, 2) Vielleicht zeigen sich ja Forschungszentren aufgeschlossen für den Besuch einer engagierten Kindergartengruppe!

Desgleichen ist unverzichtbar, dass Kinder Wissen darüber gewinnen, was Wertvorstellungen und Regeln sind. Dies scheint zunächst überflüssig erwähnt zu werden. Ist es doch die Domäne von Erziehung, Kinder so zu beeinflussen, dass sie sich nach vorgegebenen Normen verhalten. Aber lernen die Kinder dabei auch, dass Wertvorstellungen und Regeln Erfindungen und keine Naturgesetze sind? Im Kontext von Freiheit und Fantasie besteht die pädagogische Herausforderung darin, dass Kinder erkennen, dass es keine unabdingbaren Richtlinien für *richtig* und *falsch* gibt, sondern „nur" Verabredungen darüber, wie in einer Gemeinschaft das Leben zum Wohle aller geordnet werden soll. Kinder brauchen das Wissen davon, dass es erlaubt ist, ganz neue Regeln zu erfinden, wenn dies die Situation verlangt (vgl. Kasten 5, Fantasie/Wissen, 3). Ein gebildetes Kind sollte dieses Wissen verinnerlicht haben, um mit einer solchen Grundhaltung später als Heranwachsender und Erwachsener die Integration ausländischer Menschen in unser Gesellschaftssystem mit tragen zu können. Deswegen sollte (bei allem Gleichmaß, den der Kindergartenalltag für die Sicherheit der Kinder verlangt) immer wieder neu sprachlich thematisiert werden, nach welchen Verabredungen diesmal besondere Gruppenereignisse inszeniert werden sollen. Auch hier bietet sich das Gruppenspiel mit verteilten Rollen als ein vortreffliches Erfahrungsfeld an, wenn beispielsweise die Kindergruppe im Vorgespräch klärt, wie sich *diesmal* die Affen in der Wildnis einrichten wollen, um viel Spaß mit einander zu haben.

Meiner Ansicht nach stellen solche Erfahrungen mit Freiheit und Fantasie im Zusammenspiel mit aktiv gestalteter Integration Bildungsgüter dar, die den späteren Umgang mit gesellschaftlichen Herausforderungen wie Macht,

Freizeit, Genussmittel und lebenslanges Lernen nachhaltig bestimmen. Liebe, Freiheit und Fantasie sind desgleichen die Grundlagen für eine systemisch-konstruktivistische Pädagogik, die auf ein Sinn stiftendes Lernen vertraut. Die Spielprojekte „Dornröschen" und „Wildnis" sollen dies veranschaulichen.

Kinder spielen „Dornröschen" und lernen Gemeinsinn

Wir erinnern uns, Kinder haben einen ganz ausgeprägten Gemeinschaftssinn und bauen ihr Leben in zwischenmenschlicher Wärme und Geborgenheit auf. Dennoch ist – wie bereits dargelegt – Integration nicht einfach gegeben, wo Kinder an einem Platz versammelt sind. Das wird besonders deutlich, wenn hinter dem munteren Getümmel, das einem bereits in der Eingangshalle des Kindergartens entgegen brodelt, manch' ein Kinderdrama zutage tritt. Da ist Kevin, der morgens schon nicht gut drauf ist und in der Bauecke mutwillig anderen Kindern die Bausteingebäude umstößt, Sven, der sich von seinem besten Spielgefährten herum schubsen lässt, und Henry, der mit dem Rollbrett durch die Gegend düst und absichtlich andere Kinder in voller Fahrt anrempelt.

Niedliche Kinder, vorwiegend Jungen, stören den Frieden, stürmen und drängen, schießen quer, trampeln durch die Spiele der anderen Kinder, zerstören und sorgen für Aufruhr. Sie sind Anstifter für Unfug, halten sich nicht an Regeln, gelten als Bestimmer, die andere Kinder nach ihrer Nase tanzen lassen. Sie werden als verhaltensgestört bezeichnet, mit medizinischen Diagnosen belegt („ADS") und gegenüber den Eltern als Problemkinder dargestellt. Sie wirken angestrengt, verkrampft, zerrissen, aggressiv, schlimmer noch: sie sind Außenseiter.

Und da gibt es Kinder wie Louisa, die sich abseits halten, stumm sind und keinen Zugang zu irgendeiner Beschäftigung finden. Oder Sandra, die bei Kreisspielen niemanden anfassen will. Oder Sebastian, der im Morgenkreis nicht seinen Namen sagt und nicht weiß, wie er sich an irgendeinem Spiel beteiligen kann. Da gibt es Kinder, die nicht von der Seite der Erzieherin weichen, und wiederum andere, die sich jeglicher Ansprache widersetzen.

Auch diese stillen, zurückgezogenen Kinder geben zu denken. Denn sie leben ein Leben auf Sparflamme, verzichten auf die Entfaltung ihrer Fähigkeiten, entwickeln keine Vorlieben und lernen nicht ihre Stärken kennen. Denn sie sind isoliert, und das schadet ihnen.

Auch Mädchen und Jungen halten sich in Kindergruppen vorwiegend getrennt von einander in ihren definierten Arealen „Puppenecke" und „Bauecke" auf. Und Kinder unterschiedlicher kultureller und nationaler Herkunft bleiben mehr als es ihnen gut tut in separierten Cliquen unter sich, wohl wissend, dass dies nicht erwünscht ist. Desgleichen führen sehr häufig Kinder mit einer körperlichen oder geistigen Behinderung auch in solchen Gruppen ein randständiges Dasein, die Integration ausdrücklich auf ihre Fahnen geschrieben haben. Denn dabei sein ist eben nicht alles. So erleidet beispielsweise Tobias permanent eine Diskriminierung, indem die anderen Kinder in guter Absicht dazu angehalten werden, ihm in der Alltagsroutine zu „helfen" (beim An- und Ausziehen, Auspacken und Öffnen der Frühstücksdose etc.). Denn diese „Wohltaten" verweisen ihn einseitig auf seine Defizite, wenn er gleichzeitig bei allen Spielhandlungen in der Gruppe links liegen gelassen wird.

Alle diese Kinder sind im Stress, und ihre Reaktionen darauf schaden nicht nur der Gemeinschaft, sondern besonders ihnen selbst. Denn Stress vermindert die Lern- und damit auch die Leistungsfähigkeit, wie neurologischen Befunden belegen.[23] Und da hilft es herzlich wenig, wenn die Erzieherin als Stressableiter fungiert und sich für den Nervenkrieg mit den unliebsamen Zöglingen zur Verfügung stellt: beschwichtigen, nötigen, erpressen, trösten, ablenken etc. pp. Und überhaupt! Die meisten erzieherischen Maßnahmen in Kindergruppen für die Herstellung oder die mühsame Aufrechterhaltung von Gemeinschaft sind wirkungslos. Das weiß zwar jede, aber dennoch lassen Erzieherinnen nicht nach, auf die Kinder einzuwirken, damit diese ihr Verhalten – verdammt noch mal! – endlich verändern. Logisch wäre allerdings zu unterlassen, was denn doch nicht dauerhaft hilft. Stattdessen gibt es Gezeter, Geschrei und bittere Tränen, wenn Störenfriede nicht einsehen wollen, was verboten ist oder stillen Protest, wenn gehemmte Kinder sich gegenüber allem guten Zuspruch vollends verschließen. Damit wird täglich deutlich: mit Reagieren auf Fehlverhalten einzelner Kinder ist es nicht getan. Auch Appelle an die Artigen, benachteiligte Kinder mitspielen zu lassen und aufmunternder Zuspruch an die Schwierigen, Spielzeug zu teilen, abzuwarten und Rücksicht zu nehmen, sind vergebliche Liebesmühen. Denn die Anlässe für solche Interventionen wiederholen sich so lange, bis eine Lösung auf einer grundsätzlichen Ebene gefunden ist.

Hier wird nun der Zusammenhang von Betreuung und Bildung anschaulich. Denn die so geplagten Kinder, die neben ihrer Isolierung in der Kindergruppe oftmals auch noch demütigende „Konsequenzen" zu erleiden haben, entbehren eine Betreuung, die es ihnen ermöglicht, sich in tragfähiger Kommunikation mit anderen Kindern zu bilden. Sie sind bereit zu lernen, und sie tun ihr Bestes. Aber es gelingt ihnen nicht, weil die Umgebung den besonders sensiblen, leicht verletzbaren Kindern ein Wohlverhalten erschwert. Denn der falsch verstandene Freiheitsbegriff führt dazu, dass in vielen Einrichtun-

23 vgl. Manfred Spitzer, 2002

gen jegliche Verbindlichkeiten fehlen, Raum- und Zeitstruktur diffus sind und organisierte Lernzeiten mit definierten Handlungsabfolgen und überschaubaren Gruppendifferenzierungen nicht vorhanden sind. Dies führt zu einer Verunsicherung vieler Kinder, die dann mit Stressreaktionen sich selbst und anderen Kindern das Leben schwer machen.

Dabei ist nicht zu übersehen: Alle Kinder wollen ganz klar ein gutes Auskommen haben mit all den andern. Sie sehnen sich förmlich danach, mit Spielgefährten etwas Gemeinsames zu erleben, sich mit ihnen zu vergleichen, auch zu messen, ihre Stärken zu entwickeln und zu zeigen. Und sie sind erstaunlich kompromissbereit, wenn sie einmal erlebt haben, dass beglückende Erlebnisse besonders dann herbeigeführt werden können, wenn unterschiedliche Spielideen und Spielhandlungen verschiedener Kinder sich ergänzen. So ist beispielsweise Simon gleich bei der Sache, wenn Tom ihm erklärt, wie ein Fleisch fressender Dinosaurier sich zu verhalten hat, obwohl er es ist, der bisher ewig und immer der „Bestimmer" sein wollte. Denn die Kompetenz des Spielgefährten ist in dem Moment wertvoll, wenn es um das gleiche Spielanliegen geht, beispielsweise, Kraft und Stärke unter Beweis zu stellen. Kinder, die in einer solchen Weise mit einander spielen, sind integriert. Verweist doch die Wortbedeutung von Integration mit dem lateinischen Ursprung von integrare = „heil machen, unversehrt machen, wiederherstellen, ergänzen"[24] auf das Herstellen eines Ganzen. Allerdings verlangt dieser Vorgang von den Kindern neben geistiger Beweglichkeit, emotionalem Engagement und tatkräftigem Handeln auch Ruhe und Besinnung und verbindliche Formen der Kommunikation. Hier nun liegt Handlungsbedarf seitens der Pädagogik.

Es reicht nicht, unbequemen Kindern einen „Bewegungsdrang" zu unterstellen und sie bei Störfällen in den „Toberaum" zu schicken. Es ist genauso unsinnig, sie mit Regeln zu umzingeln, um sie unter Kontrolle zu halten.

Leitgedanken für Integration

 1 Integration ist ein Prozess, der Sinn herstellt. Den Bezug zu diesem Sinn erkennen alle Kinder, wenn sie gemeinsam spielen, arbeiten und lernen.

 2 Integration wird durch Kommunikation aller Kinder im gesamten Gruppenverband hergestellt und erhalten.

 3 Integration setzt für alle Kinder Freiheit der Wahl im Erleben und Handeln voraus.

Kasten 6

24 vgl. Duden: Das Herkunftswörterbuch, 1989

Und genauso ist es müßig darüber zu lamentieren, dass es immer mehr Problemkinder gäbe. Und wir machen es uns zu einfach, wenn wir die Schuldigen draußen suchen (die Familien! Die Gesellschaft!). Fakt ist: solange nicht klare Strukturen für Betreuung in den Kindergärten etabliert sind, so lange werden störende Kinder auf der Strecke bleiben, noch bevor sie schulpflichtig sind. Das Recht der Kinder auf Bildung verlangt eine Betreuung, die Integration ermöglicht. Denn Integration ist kein Zustand, sondern muss verwirklicht werden in einem aktiven, immer währender Prozess.

Ein pädagogisches Handeln für Integration lässt sich nach drei Leitgedanken ausrichten,[25] um auf dieser Grundlage Kindern die Gelegenheit zu geben, ein Leben in Integration aktiv zu lernen. Voraussetzung für alle drei genannten Gesichtspunkte (vgl. Kasten 6) ist die Forderung, *alle* Kinder im Blick zu behalten. So ist nicht zu akzeptieren, dass mehr oder weniger unter der Hand Angebote laufen, die nur die eine oder andere Gruppierung von Kindern anspricht, derweil die größere Anzahl von Kindern sich verstreut und sich der Beliebigkeit von Beschäftigungen und Begegnungen preisgibt. Nein, im Zentrum des Geschehens sollte ein Gruppenereignis stehen, das alle Kinder fesselt. Deswegen gilt für unser Spielprojekt „Dornröschen", mit dem wir den Bildungskanon eröffnen, und für alle nachfolgenden Spielprojekte desgleichen: Jedes Kind in der Gruppe kennt den Namen des betreffenden Spielthemas: „Dornröschen". Und jeden Morgen wird das Spiel als Gruppenspiel eröffnet und auch gemeinsam wieder beendet. In dieser Verbindlichkeit erfährt jedes Kind, dass alle in einem Boot sitzen, das durch Wellen und Wogen und durch gute und schlechte Zeiten zu segeln ist: Gutes Gelingen liegt in den Händen und der Verantwortung *aller* Beteiligter. Die Form, in die Integration gegossen wird, ist das inszenierte Rollenspiel, das auf das spontane Spiel der Kinder schon ab 2½ Jahren zurückgreift und somit den Spielimpulsen aller Kinder entspricht. Der Sinngehalt des Spielmotivs, den alle Kinder – sei es intuitiv oder ganz bewusst – wahrnehmen, ist es, der alle Kinder in ihren Spielhandlungen mit einander verbindet (vgl. Kasten, 6, Satz 1). So ist das Märchen „Dornröschen" ein Sinnbild für das Zusammenleben ganz unterschiedlicher Menschen und Tiere am gleichen Ort zur gleichen Zeit in der Geborgenheit einer (vorübergehenden) Abgeschlossenheit: „Da wuchs die Hecke riesengroß." Ähnliche Spielmotive, die ein Geben und Nehmen, ein Versorgen und Versorgtwerden als Sinngehalt in den Mittelpunkt des Erlebens und Handelns rücken, sind bewährte Spielgeschichten wie „Arche Noah", „Bauernhof" oder „Pu, der Bär".[26]

25 vgl. hierzu auch die Definition von Georg Feuser, 1984
26 Für die Wahl des geeigneten Spielthemas vgl. Erdmute Partecke, 2002

Verbindend im Gruppenspiel sind, durch die Sinngebung geleitet, auch die sprachliche Kommunikation und die vielfältigen Möglichkeiten der handelnden Kooperation, die das Gruppenspiel ausmachen (vgl. Kasten 6, Satz 2). Ein solches soziales Miteinander beispielsweise in unserem Märchenschloss ist so komplex, dass es ein schier unerschöpfliches Lernfeld abgibt. Hier setzt das soziale Lernen ein, und zwar in einem Umfang, wie es der Kindergartenalltag sonst überhaupt nicht zulässt. Somit ist ein betreutes Spiel mit verteilten Rollen die Methode der Wahl und das Herzstück für jegliche Bildungsangebote, die sich um „Dornröschen" (und all die anderen Spielmotive) ranken. Denn die Bereitschaft zu einem umfassenden Lernen ist riesengroß, wenn wir das Spiel als *die* Domäne kindlicher Experimentierfreudigkeit pädagogisch nutzen. Und so lässt sich zunächst einmal das Bildungsgut Integration mit „Dornröschen" verwirklichen.

Allerdings ist für ein solches Lernen, das Integration aktiv herstellt, eine pädagogische Haltung der Erzieherin Voraussetzung, die es jedem Kind freistellt, im Lernprozess auf seine Weise selig zu werden (vgl. Kasten 6, Satz 3). Das heißt, es darf mit Fug und Recht eine Lernsituation ganz nach Lust und Laune mit mehr motorischen oder sozialen oder emotionalen oder kognitiven Verarbeitungskomponenten beantworten. Dafür ist allerdings eine Methodenvielfalt notwendig, die einer solchen Ganzheitlichkeit Rechnung trägt. Die „Methoden-Baukästen" der nachfolgenden Spielprojekte geben dafür Beispiele.

Auf dem strukturierten Hintergrund einer solchen Pädagogik, die den Betreuungsauftrag system-psychologisch umsetzt, können sich Bildungsgüter in voller Schönheit entfalten. Zu allererst Integration. Denn Integration ist ein Bildungsgut und gleichzeitig Voraussetzung für jegliche Bildung schlechthin, weil Bildungsgüter nur in geistig-seelischen und sozialen Beziehungen erworben werden. Es gibt viel zu lernen, wenn es um die Gestaltung von Gemeinschaft und nicht nur um einfache Anpassung oder beziehungsloses Nebeneinander geht. Da sind alle Kinder gefordert und nicht etwa nur solche, die es augenscheinlich nötig hätten, weil sie im Abseits stehen.

Der Methoden-Baukasten „Dornröschen"

Ein Spielprojekt verknüpft das Gruppenspiel der gesamten Kindergruppe mit der Welt der Erwachsenen und damit die Vorliebe der Kinder für Spiel und Spaß mit dem Ernst des Lebens. Spiel und Arbeit sind eine Einheit und immer mit dem Lerneifer der Kinder verbunden. Die Gruppenleiterin entwickelt im Dialog mit der Kindergruppe eine umfangreiche Erlebniswirklichkeit, die sich über mehrere Wochen täglich in ganz unterschiedlichen Facetten nach

Methoden-Baukasten „Dornröschen"			
Erlebnis- und Verhaltensweisen im System der Autonomie			
somatisch sensorisch + motorisch	**emotional**	**sozial**	**kognitiv**
Bauspiel Mit Möbeln und großem Material: Schloss mit Thronsaal, Küche und Ställen	**Gruppengespräch** Das hat mir gefallen Das hat mir nicht so gut gefallen, Das will ich morgen anders machen	**Rollenspiel** Gruppendifferenzierung nach Spielplätzen in spontaner Wahl: Thronsaal, Schlossküche, Ställe	**Bildbetrachtung** Schloss, Schlossküche, Schlossbewohner Buch: Die schönsten Märchen der Gebr. Grimm (vgl. Lit.)
Rhythmik-Spiel Das kleine Mädchen in einem wundersamen Schloss	**Gruppengespräch** Die Geburt eines Kindes Wer freut sich mit? Wer nicht?	**Rollenspiel** Gruppendifferenzierung nach variablen Spielmotiven	**Vorlesen** Grimms Märchen „Dornröschen"
Bewegungsspiele Reiterspiele Feenzauber	**Spiel der Stille** „Da wuchs die Hecke riesengroß ..."	**Rollenspiel** Rollenwahl und -wechsel nach Spielmotiven wie: Die Feen zaubern; Die Prinzen kommen; Ritterspiele; Hochzeit	**Sachgespräch/Erkundung/Gestaltung** Wie ich einmal etwas Interessantes in einem anderen Land gesehen habe
Werken Das Schloss wird festlich dekoriert	**Lieder und Reigen** Wenn im Schloss ein Ball gegeben wird. „Wie schön, dass du geboren bist ..."	**Gruppendifferenzierung** nach päd. Kriterien wie: Große/Kleine, Mädchen/Junge u.a. für Gruppengespräche	**Sachgespräch/Erkundung/Gestaltung** Was mir mein Opa von früher erzählt hat Sitten und Gebräuche, wenn wir Feste feiern
Hausarbeit Waschen u. Putzen Tisch festlich decken für ein Fest: Geburt/Hochzeit.	**Gruppengespräch** Als ich einmal allein Zuhause war. Wenn ich zaubern könnte	**Mahlzeiten** Tafeln wie die Raubritter Tafeln wie die feinen Prinzen und Prinzessinnen Tierfütterung	**Sachgespräch/Erkundung/Gestaltung** Über Arbeit im Schloss und anderswo Bei uns Zuhause und anderswo.
Werken Mit hartem und weichen Material: Das Schloss und um das Schloss herum	**Singspiel** Dornröschen war ein schönes Kind	**Rollenspiel** Gruppendifferenzierung nach Spielmotiven wie: wohnen und arbeiten rund um das Schloss.	**Gruppengespräch** Reflexion und Planung: Wie klappt bei uns das Zusammenspiel und die Zusammenarbeit?

Kasten 7

den spontan auftauchenden Spielideen der Kinder ausdifferenziert. Ein solches Projekt ist deswegen in der Abfolge der Ereignisse nicht im eigentlichen Sinne planbar. Dennoch empfiehlt es sich, Methoden-Bausteine zu sammeln, die variabel platziert, jederzeit dem Projekt Struktur geben und Impulse für die Verwirklichung des jeweiligen Bildungsgutes bereithalten. Denn Lernen als sozialer Prozess wird all zu leicht durch situative Bedingungen gestört und unterbrochen und muss deswegen von der Erzieherin immer wieder neu hergestellt werden. Dafür greift sie dann in ihren Methoden-Baukasten und

entnimmt solche Bausteine, die einem Spielprojekt immer wieder neuen An-
schwung geben.

Dabei ist für die Klarheit der pädagogischen Arbeit zwischen den Methoden zu unterscheiden, die die Kindergruppe in das gemeinsame Rollenspiel
begleiten, und solchen Methoden, die zusätzliche Akzente setzen, um dem
Bildungskanon gerecht zu werden. Das bedeutet: es findet eine Gleichzeitigkeit von betreutem Spielen in der Gruppe und betreutem Lernen in der
Gruppe statt. Dies ist mir wichtig hervorzuheben, da in der Regel ein Nacheinander praktiziert wir (erst die Arbeit, dann das Spiel), was oftmals auf
Kosten von Integration geht, Arbeit für viele Kinder unbeliebt macht und
Spiel in der Bedeutung für Bildung abwertet. Mit Spielprojekten soll, wie bereits erwähnt, die hohe Lernmotivation, die sich im Spiel zeigt, für sämtliche Bildungsimpulse genutzt werden. Dafür ist zu beachten, dass alle Erleb-
nis- und Verhaltensweisen, die ein Spielprojekt abruft, sich über das gesamte
System der Autonomie ausbreiten. Deswegen sieht der Methoden-Baukasten (vgl. Kasten 7) vor, dass die pädagogischen Kindergartenmethoden nach
somatischen, emotionalen, sozialen und kognitiven Schwerpunkten sortiert
werden, um dann kontinuierlich und ausgewogen mit ausgewählten Angeboten Spielen und Lernen anzuregen und zu begleiten. Dies erscheint für ein
Spielprojekt ganz selbstverständlich, ist aber für Bildungsangebote, die von
Haus aus eher einseitig im kognitiven Bereich angesiedelt sind, eine interessante pädagogische Herausforderung, wenn nämlich beispielsweise elementare mathematische Vorstellungen oder Wortschatzerweiterungen mit somatischen, emotionalen und sozialen Erlebnissen verknüpft werden sollen.
Umgekehrt ist es auch besonders wertvoll, wenn Vorgänge der Integration,
um die es hier zunächst vorrangig geht, auch mit kognitiven Impulsen im Bewusstsein der Kinder verankert werden, obwohl starke Akzente im sozialen,
somatischen und emotionalen Erlebnis- und Verhaltensweisen spontan im
Vordergrund stehen.

Das Spielprojekt „Dornröschen", als Modell für Integration lässt sich ganz
selbstverständlich mit einem *kognitiven Angebot* eröffnen, nämlich mit dem
Vorlesen des Märchens der Gebrüder Grimm. Denn im Hinblick auf den Bildungskanon ist dies eine schöne Gelegenheit, mit dem Sinngehalt eines Märchens bereits kleine Kinder an überkommenen Wertvorstellungen teilnehmen zu lassen und ihnen eine erste Ahnung von historischen Perspektiven der
Wirklichkeit zu vermitteln („Vor Zeiten war ein König und eine Königin … ").
Wichtig ist, dass mit der Vorlese-Situation eine bedeutsame Atmosphäre geschaffen wird, die geeignet ist, auch solche Kinder zu fesseln, die noch zu klein
oder unerfahren sind, einem längeren Text (drei Seiten) aufmerksam zu folgen.
Denn die Erfahrung zeigt, dass in einer heterogen zusammengesetzten Kindergruppe manch ein Kind ein kognitives Angebot ganz emotional aufgreift und

gleichwohl ein interessanter Spielgefährte bei späteren Gruppenerlebnissen zu dem gestellten Thema sein kann.

In der Chronologie der Ereignisse im Fokus von Integration wäre im Anschluss an das Hören des Märchens ein Festessen denkbar, um gleich zu Beginn des Spielprojektes (besonders für Spiel-unerfahrene Gruppen) ein *sozial* attraktives Grunderleben zu ermöglichen, wenn die Kindergruppe sich an einer festlich gedeckten Tafel versammelt, in Sahnetorten schwelgt und miterlebt, wie es im Märchen heißt: „… und die Königin gebar ein Mädchen, das war so schön, dass der König vor Freude sich nicht zu fassen wusste und ein großes Fest anstellte." Und für alle Geburtstagskinder der Welt lässt sich nun auch vortrefflich das Lied anstimmen: „Wie schön, dass du Geburtstag hast …" Versteht sich von selbst, dass alle Kinder bei den Vorbereitungen für dieses Festessen beteiligt werden und somit eine erste Idee von kooperativer Zusammenarbeit erfahren, wenn es darum geht, mit viel *somatischem* Einsatz Tische zu rücken, Tischdecken auszubreiten, Geschirr und Besteck heranzuschaffen und richtig zu platzieren und sogar für das leibliche Wohl zu sorgen: Kuchen kaufen gehen.

Wenn dann an nachfolgenden Tagen das Rollenspiel losbrandet, dann wird dieses mit einem zünftigen Bauspiel eingeleitet. Dies ist eine deutlich *somatische* Herausforderung und darf an keinem Tag fehlen. Denn mit Möbeln und großem Material (Decken, Bretter, Matten, Stellwände etc.) wird im Gruppenraum ein Schloss mit Thronsaal, Turmzimmer, Küche und Ställen gebaut, in dem dann sogleich in verteilten Rollen agiert wird. Eine solche Spielwirklichkeit entfaltet sich ganz selbstverständlich und ist pädagogisch vergleichsweise einfach zu betreuen, wenn der Gruppenraum von allen Funktionsecken (Puppenecke, Bauecke, Kuschelecke etc.) befreit ist und die Kinder damit sogleich begreifen, dass sie es sind, die sich ihre Spielwelt nach den eigenen Spielideen gestalten können. Die zupackende Aktivität, die eine Kindergruppe mit solchen Bauvorhaben an den Tag legt, fasziniert auch solche Mütter, die vielleicht zunächst etwas skeptisch an der Gruppentür stehen und der vertrauten Gemütlichkeit nachtrauern, die in einer solchen Spielwerkstatt nicht mehr durchgängig vorzufinden ist.

Tipp

Wenn Sie sich aus dem Baukasten bedienen oder Ihre eigenen Bausteine in den Baukasten einsortieren, dann bedenken Sie, womit Sie speziell in Ihrer Kindergruppe den Prozess der Integration am besten unterstützen können.

Wer eine solche Dynamik liebt (und in einer Kindergruppe arbeitet, die schon Erfahrungen mit großräumigem Rollenspiel gesammelt hat), der hebt sich den Baustein „Vorlesen des Märchens" für später auf und wählt als Einstieg eine Bildbetrachtung. Der Vorteil einer solchen Vorgehensweise liegt darin, dass das Spielgeschehen vorrangig von der Fantasie der Kinder getragen wird und durch das Märchen nur eine Ergänzung erfährt. Ich empfehle für einen solchen eigendynamischen Einstieg die wunderschönen Bilder aus den Märchenbüchern,[27] die im Stuhlkreis präsentiert werden, und zwar in der Weise, dass vier Bilder die Runde machen und jeweils drei bis fünf Kinder ein Bild betrachten und sich gegenseitig alles zeigen und dazu erzählen, was sie auf dem jeweiligen Bild entdecken. Auf diese Weise sind alle Kinder zur gleichen Zeit aktiv und in den kleinen Erzählgruppen entsteht ein lebhafter Austausch, indem nicht nur *ein* Kind der *Erzieherin* etwas erzählt, sondern viele Kinder gleichzeitig sich mitteilen können und dabei erfahren, dass ihre späteren Spielgefährten bereits jetzt schon interessante Partner sein können (vgl. Kasten 7, kognitiv). Nachdem jede Erzählgruppe im Stuhlkreis ausführlich Gelegenheit gehabt hat, alle ausgewählten Bilder zu betrachten, findet eine neue Gruppendifferenzierung statt: Es werden an drei verschiedenen Stellen im Gruppenraum Symbolbilder für Thronsaal, Schlossküche und Ställe ausgelegt und auf ein Signal (Klangschale) werden die Kinder aufgefordert ihre Wahl zu treffen (Rufen und Rennen). Auf diese Weise treffen sich an den verschiedenen Spiel-Plätzen Gleichgesinnte, die nun beim Bauen und Spielen die besten Voraussetzungen haben, ein Wir-Gefühl zu entwickeln und zu erleben.

Das Bewusstsein für *soziale* Erlebnisse wird besonders auch dadurch erreicht, dass die Kinder im Zuge ihres großräumigen Bauens durch das Märchen inspiriert, in Rollen schlüpfen und sich in kleinen Untergruppen handelnd auf einander beziehen. Wenn im weiteren Verlauf des Spielprojektes das Spiel im Morgenkreis täglich neu organisiert wird und die Kinder ihre Vorlieben für ihre ganz persönlichen Interpretationen von „Dornröschen" äußern, dann wird deutlich, dass es keine Haupt- und Nebenrollen, sondern ausschließlich gleichbedeutende Verkörperungen von Menschen und Tieren gibt. Und so lässt sich die gesamte Kindergruppe als Einstieg in das gemeinsame Spiel nach Akteuren differenzieren, die sich an den drei (später vielleicht auch mehr) definierten Plätzen im Schloss ansiedeln, wie es die Bauvorhaben bereits vorgegeben haben. Und siehe da, die Küche ist bevölkert von diversen Kleintieren wie Mücken und Flöhen, Katzen und Hunden, einem Küchenjungen und einer Köchin; in den Ställen gibt es verschiedene Pferde und vielleicht auch einen versprengten Ritter; im Turmzimmer finden sich mit Sicherheit wunderschöne Feen ein; und ach ja! etliche schlafende Dornröschen. Und ein Königspaar gibt es im Thronsaal auch noch. Die Kinder greifen solche Motive des Märchens auf, mit denen sie sich besonders beschäftigen, sei

27 Die schönsten Märchen der Gebrüder Grimm, 2001. Das große bunte Märchenbuch, 2001

es um sie besser zu verstehen, sei es um ihre Ichstärke zu beweisen oder ihrem Einfallsreichtum freien Lauf zu geben. Sie spielen also nicht das Märchen chronologisch nach wie für eine Theateraufführung, sondern benutzen die vorgegebenen Motive für die Konstruktion ihrer eigenen Wirklichkeit, ohne den zugrunde liegenden Sinngehalt ganz zu verlassen. Somit gehen in einer solchen Inszenierung Instruktionen einer traditionellen Pädagogik (Vorgaben, hier mit Vorlesen) mit Konstruktionen einer zukunftsweisenden Pädagogik (Herstellen einer eigenen Lern- und Erlebniswelt durch die Kinder selber) eine gelungene Synthese ein.

Dies ist sehr bedeutsam für den Prozess der Integration. Denn allen Kindern ist nach dem Hören und Erzählen des Märchens intuitiv oder ganz bewusst klar, was sich im Kontext von zarten Prinzessinnen, mutigen Prinzen, von Feen, Küchenjungen und Stallburschen schickt und was nicht. Sie lernen ein Wertesystem kennen und sind bereit, dieses zu schützen, um ihr gemeinsames Spiel zu erhalten. Denn wohlgemerkt, es ist ihr eigenes Bedürfnis, in Integration zu leben, und sie genießen es in vollen Zügen, wenn es ihnen mittels ihres gemeinsamen Spiels gelingt, Vereinzelung, Langeweile und Bedeutungslosigkeit zu überwinden. Gleichzeitig verändern sie durch die Gewichtung ihrer selbst erfundenen Spielhandlungen die Moral der Geschichte, wenn sie beispielsweise vorübergehend die Hauptattraktion darin erkennen, dass in der Schlossküche Fliegen und Flöhe Geborgenheit in den Fellen von Hunden und Katzen suchen. Und auch die Gruppenleiterin kann sich als Ko-Konstrukteurin in den Erkenntnisprozess von Wertvorstellungen einbringen, wenn sie beispielsweise Dornröschen nicht nur als ein artiges kleines Mädchen erscheinen lässt, sondern auch als eines, das neugierig ist und sich traut, die geheimen Kammern des Schlosses zu erkunden.

Zunächst lebt das Spiel von dem Sich-Einrichten und all den Spielritualen, die die Kinder aus früheren Spielerfahrungen mitbringen („Vater-Mutter-Kind", „Tiere"). Dann aber werden von den Kindern mehr und mehr solche Motive aufgegriffen, die das Märchen vorgibt oder besser noch als zusätzliche Möglichkeiten des Erlebens und Gestaltens zulässt: Feen zaubern, Ritter messen ihre Kräfte in Ritterspielen, Prinzen kommen und wollen die schöne Prinzessin besuchen. Solche Spielideen verwirklichen sich teilweise spontan oder werden in Gruppengesprächen erfunden und verabredet, so beispielsweise auch die Erweiterung des Spielrahmens durch Motive wie: Wohnen und arbeiten rund um das Schloss. Dies alles setzt voraus, dass die ganze Kindergruppe sich jeden Morgen zu Gesprächen im Stuhlkreis versammelt und der Spielbogen von 1½ Stunden Dauer als organisierte Lernzeit definiert wird, wo niemand fehlen darf.

Das Gefühl der selbstverständlichen Zugehörigkeit in kleinen überschaubaren Gruppierungen wird im weiteren Verlauf der Spielwochen auch dadurch unterstützt, dass wiederholt pädagogische Gruppen gebildet werden. So ist mit leichter Hand zu organisieren, dass einmal nur die kleineren Kinder und andermal nur die größeren Kinder zu Gesprächskreisen zusammengeholt werden oder den Gruppenraum alleine nutzen können, während die jeweils anderen Kinder beispielsweise das Spiel in der Halle, im Außengelände oder im Wald fortsetzen. Begleitend zu allen Spielphasen bietet es sich an, dass das Frühstück Themen-orientiert gestaltet wird. Der Methoden-Baukasten beinhaltet beispielsweise den *sozialen* Baustein: „Tafeln wie die Raubritter", „Tafeln wie die feinen Prinzessinnen und Prinzen" oder auch „Tierfütterung". Um diese schöne Möglichkeit für das Erleben von Wir-Gefühl, verbunden mit Kreativität, nicht zu verschenken, ist allerdings Voraussetzung, dass der Rhythmus über den Kindergartentag *Gruppenmahlzeiten* vorsieht (und nicht Vereinzelung im Einüben von Kantinenessen).

Ein Spielprojekt hat immer einen großen Anteil an *somatischen* Erfahrungen, wie eingangs bereits in Bezug auf das Bauspiel erwähnt wurde. So ganz besonders in dem Projekt „Dornröschen", wo unser Augenmerk vorrangig auf Integration gelenkt ist. Denn über Körperlichkeit ist Gemeinschaft ganz elementar erlebbar. So etwa über Bewegungsspiele, die in keinem Methoden-Baukasten fehlen dürfen und eingebettet in die Spielfantasie des Projektthemas alle Kinder zusammenhalten, wenn beispielsweise Ritter faire Kämpfe ausfechten oder Feen die gesamte Schlossgesellschaft in die unterschiedlichsten Tierarten verwandeln, die es ausdrucksstark vorzuführen gilt. Oder durch richtige Arbeit mit Körpereinsatz, wenn es heißt, mit viel – „in echt"! – Wasser, Fenster, Tische und Fußböden zu wischen, Tücher und Decken in Wannen zu waschen, Brötchen zu backen, einer Kommode einen goldenen Anstrich zu verpassen oder an der Werkbank zünftige „Hausmeisterarbeiten" zu verrichten. Dies alles im Sinnbezug der Spielgeschichte, versteht sich, wenn es beispielsweise darum geht, ein Hochzeitsfest vorzubereiten.

Ein besonderer Baustein im *somatischen* Bereich ist in jedem Spielprojekt ein Rhythmikspiel, wenn sich nämlich Körperlichkeit mit Wir-Gefühl verbindet. Abgesehen von der integrativen Wirkung, wenn alle Kinder im Parallelspiel in die jeweils gleichen Spielfantasien eintauchen und ihre eigenen Bewegungsabläufe erfinden, ist ein Rhythmikspiel eine schöne Gelegenheit, dass Kinder für sich selbst herausfinden können, welche Rolle sie in dem weiteren Spielverlauf am liebsten übernehmen würden, und zwar im glücklichsten Fall einmal eine andere als die bisher vertraute. Somit stellt ein Rhythmikspiel auch ein Lernfeld zur Verfügung, in dem die Entwicklung von Empathie eine substantielle Chance hat und desgleichen Impulse für neue Sichtweisen auf den Sinngehalt der Spielgeschichte gegeben werden können. Davon wird später noch etwas ausführlicher die Rede sein.

Zunächst einmal mehr ein Blick in meinen bunten Methoden-Baukasten. Denn da gilt es noch aus der Sparte „emotional" den einen oder anderen Baustein genauer zu betrachten. Hier ist das Singspiel „Dornröschen war ein schönes Kind" angesiedelt und da bieten sich Lieder und Reigen an, wenn es darum geht, im Festsaal einen Ball zu geben. Aber neben solchen traditionellen Kindergartenangeboten kommen hier auch Spiele der Stille und sensible Gespräche zur Geltung als unverzichtbare Bildungsangebote. Denn jetzt ist Herz gefragt und „uncool" sein das Gebot der Stunde, was bereits für manch' ein kleines Kindergartenkind eine Herausforderung von ganz besonderer Art bedeutet. Der „Dornröschen-Baukasten" beinhaltet (vgl. Kasten 7) beispielsweise in Anlehnung an die geschilderten Ereignisse, die die Königsfamilie im Schloss betreffen, Gesprächsthemen wie: „Die Geburt eines Kindes – wer freut sich mit? Wer nicht?", „Als ich einmal allein Zuhause war" und „Wenn ich zaubern könnte." Kein Spielprojekt kann auf solche Gesprächsanregungen verzichten, weil in solchen Momenten eine ganze Kindergruppe bereichert wird, wenn einige Kinder sich in ihren kleinen Ängsten, Befürchtungen und Hoffnungen offenbaren, die anderen Kinder daran Anteil nehmen und sich in den Erzählungen vielleicht selber wiederfinden.

Ergänzt werden solche besinnlichen Phasen in dem Spielprojekt durch etwas handfestere Unterhaltungen, die im Methoden-Baukasten ihren Platz unter „kognitiv" haben. Denn neben den Handlungs-orientierten Bildungsangeboten, die über das Spiel verwirklicht werden, gilt es auch, aktiv solches Wissen aufzubauen, wie es der Bildungskanon vorschlägt (vgl. Kasten 5). Das geschieht vorrangig durch Gespräche, die sich um „die Sache" ranken. Im Fokus von Integration spielt uns das Märchen „Dornröschen" eine ganze Reihe von Themen zu wie: „Sitten und Gebräuche, wenn wir Feste feiern.", „Wie ich einmal etwas Interessantes in einem anderen Land gesehen habe.", „Was mir mein Opa einmal von früheren Zeiten erzählt hat." „Über Arbeit im Schloss und anderswo" und „Bei uns Zuhause und anderswo". Mit solchen Auseinandersetzungen kann die Kindergruppe behutsam von der Fantasiewelt ihres Gruppenspiels in die Wirklichkeit ihres Alltagslebens begleitet werden. Ein solcher Brückenschlag weitet ein Spielprojekt ganz erheblich aus, wenn nur einmal bedacht wird, dass solche Themen vortrefflich geeignet sind, besonders Kinder kurz vor Eintritt in die Schule anzuregen, sich in dafür definierten Zeiten der Ruhe und Besinnung mit Aufgaben am Tisch (Zeichnen, Herstellen von Fotocollagen, basteln etc.) konstruktiv mit ausgewählten Fragestellungen des Projektes zu befassen.

Eine ebenfalls *kognitive* Notwendigkeit besteht darin, das im Rahmen eines Spielprojektes täglich der Stand der Dinge reflektiert und die Fortsetzung geplant wird. Mit dem Fokus auf Integration ist dabei zu klären: wie klappt das Zusammenspiel, wie klappt die Zusammenarbeit aller Beteiligter im Schloss?

Das 4-Punkte-Programm für die Verwirklichung von Integration

Der Methoden-Baukasten, den ich mit seinen vielseitigen Inhalten vorgestellt habe, gibt einen Eindruck davon, wie in einer Kindergruppe ein Leben in Integration aussehen kann. Vieles ereignet sich spontan und wie von selbst. Aber täuschen wir uns nicht! Die Betreuerin eines solchen Spielprojektes muss jeden Tag aufs Neue in methodischer Klarheit aus dem Stuhlkreis heraus die Kindergruppe in das gemeinsame Spiel begleiten und wie dargelegt, die Kinder in ihrem Spiel inspirieren, besonderen Spielzügen einzelner Kinder Beachtung schenken, im Dialog mit der Gruppe den Spielfaden immer weiter spinnen und nicht zuletzt sich auch als Ko-Konstrukteurin in der Spielwirklichkeit so einbringen, dass kreative Momente für das globale Thema zum Tragen kommen und nicht verloren gehen. Damit hat sie die Grundvoraussetzungen für sämtliche Bildungsangebote geschaffen und muss diese sorgsam erhalten.

Und jetzt geht es eigentlich erst richtig los. Denn mit der gelebten Integration, wie soeben skizziert, soll Integration in der Weise gelernt werden, dass jedes Kind die Chance erkennt, spezifische soziale Fähigkeiten zu erwerben und dauerhaft in sein Verhaltensrepertoire aufzunehmen. Dafür sind Spielbegleitende Impulse notwendig.

Die nachfolgende Übersicht (vgl. Kasten 8) macht auf solche Handlungskriterien aufmerksam, die ein Kind lernen muss zu verinnerlichen, um sie dann fortlaufend im Umgang mit anderen Menschen als soziales Verhalten umsetzen zu können. Es sind dies: Kooperation, Interaktion, Empathie und Sinngehalt, die in den Bildungskanon mit dem Fokus auf Integration eingewoben sind (vgl. Kasten 5) und hier jetzt ganz direkt als Lernziele definiert und methodisch genau platziert werden. Selbstverständlich findet dies alles „irgendwie" in unterschiedlicher Intensität ohnehin statt. Aber eingebunden in die vielfältigen Erlebnis- und Verhaltensweisen im Kontext eines Spielprojektes lassen sich geistige und handelnde Aktivitäten im Prozess der Integration gezielt anstoßen und unterstützen.

Mit dem 4-Punkte-Programm für die Verwirklichung von Integration (vgl. Kasten 8) soll der pädagogische Blick für den Gruppenprozess geschärft werden: wird Integration aktiv hergestellt und von allen Kindern getragen? Oder versandet der Prozess und braucht deswegen neue Anstöße? Ich erweitere mein eigenes pädagogisches Handeln, indem ich darauf vorbereitet bin, in bestimmten Situationen des Spielgeschehens, den Kindern Impulse für Denken,

60

Fühlen und Handeln zu geben – und zwar möglichst *bevor* der Gruppenverband zerfällt oder einzelne Kinder durch Streit, Ungeschicklichkeit oder Unerfahrenheit ins Abseits geraten. Resignation oder Überdruss wären dann die fatalen Folgen.

Die Förderung sozialer Fähigkeiten nach den hier vorgeschlagenen Kriterien führt die Erzieherin in einen engagierten Dialog mit ihrer Kindergruppe und befreit sie von traditionellen Aufgaben der Disziplinierung. Denn an die Stelle von Ermahnungen und Verweisen auf Regeln, die sich gezielt auf einzelne Kinder beziehen, rücken Impulse, die geeignet sind, das soziale Potential einer ganzen Gruppe abzurufen.

In der Logik dieses pädagogischen Ansatzes, der Bildungsgüter mit dem Spiel der Kinder in Gruppen verknüpft, ist es selbstverständlich erforderlich, dass die Erzieherin ihren traditionellen Platz am Basteltisch aufgibt und sich dort aufhält, wo das Rollenspiel stattfindet. Schluss mit Beschäftigungsangeboten für all die kleinen „Basteltanten" (vorwiegend Mädchen), während zur gleichen Zeit bewegungsfreudige Kinder sich in Fantasiespielen zu verwirklichen trachten! Das passt nicht zusammen. Denn in einem derart diffusen Durcheinander ist wirkliches Engagement nicht zu realisieren, weder für das eine noch für das andere. Die Devise lautet: Jedes zu seiner Zeit im Organisationsplan der Woche.

Das 4-Punkte-Programm für die Verwirklichung von Integration

1 Kooperation
Die Kinder haben ein gemeinsames Vorhaben. Sie lernen, planvoll an einer gemeinsamen Sache zu arbeiten.

Sprachliche Begleitung:
Denk- und Handlungsanstöße durch Fragen. Anregungen für Planung und Reflexion, die das gemeinsame Ziel und das Hand-in-Hand-Arbeiten hervorheben.

2 Interaktion
Zwei oder mehrere Kinder oder Kindergruppen kommunizieren mit einander. Sie lernen, sich sprachlich und handelnd auf einander zu beziehen.

Sprachliche Begleitung:
Formulierungen wie „ich bin gespannt, was passiert, wenn ...", um die Kinder neugierig auf Interaktionen zu machen.
Zusätzliche Gespräche über Themen, die der Bildungskanon vorschlägt (vgl. Kasten 5 und 7).

3 Empathie
Die Kinder erwerben die Fähigkeit, sich in einen anderen Menschen hineinzuversetzen und sein Denken, Fühlen und Handeln zu verstehen.

Sprachliche Begleitung:
Denk- und Handlungsanstöße durch Fragen. Reflexionen über die Spielhandlungen der **anderen** Kinder. Zusätzliche Gespräche über Themen, die der Bildungskanon vorschlägt (vgl. Kasten 5 und 7)

4 Sinngehalt
Die Kinder verknüpfen Handlungsabläufe zu einer Spielgeschichte. Sie lernen, wie Handlungsmuster bestimmter Rollen Sinnzusammenhänge stiften, und wie Wertesysteme konstruiert werden. Die Kinder lernen intuitiv zu handeln.

Sprachliche Begleitung:
Denk- und Handlungsanstöße durch Fragen. Zusätzliche Gespräche über Themen, die der Bildungskanon vorschlägt (vgl. Kasten 5 und 7).

Kasten 8

Kooperation im Bauspiel

Sprachliche Interaktion im Märchenschloss

Spielprojekte brauchen pädagogische Spielbegleitung mit den bereits angekündigten Impulsen für Lernen in einem klaren dafür definierten zeitlichen und räumlichen Rahmen. Denn Spiel als Bildungsgut ist nicht mit dem herkömmlichen „Freispiel" zu verwechseln, in dem der Zufall regiert. Aber keine Sorge, der Spielspaß für die Kinder wird im Rahmen von Spielprojekten durch pädagogische Auflagen eher vermehrt als geschmälert. Denn Lernen macht Spaß, und die Freiheit wird ebenfalls größer, weil Störungen reduziert werden und an die Stelle von Beliebigkeit echte Entscheidungen treten.

Kooperation und Interaktion im Märchenschloss

In einem Spielprojekt stellen die Kinder täglich neu eine Raumstruktur her, und zwar ganz so, wie es ihre selbst gewählten Spielvorhaben verlangen. Dafür benutzen sie vorhandene Möbel sowie zusätzliches großes Material wie Decken, Matten, Bretter und Spanplatten etc. Abgesehen davon, dass sie dabei begreifen, dass Konsum (Spielzeug!) durch eigene Fantasie und Schaffenskraft ersetzt werden kann, sind sie auf diese Weise ganz direkt auf einander angewiesen. *Kooperation* heißt die Devise jeden Morgen aufs Neue. Denn kein Tisch lässt sich von einem Kind allein bewegen, keine Matte allein transportieren, keine Spanplatte allein über zwei Stühle wuchten und so weiter, und so weiter. Da müssen schon mehrere Kinder zupacken und mit einander klären, wie sie sich gegenseitig unterstützen statt sich zu behindern. Wenn der Thron im Märchenschloss installiert werden muss, dann gilt es sogar, zwei Tische übereinander zu stapeln, damit das Königspaar auch wirklich über dem munteren Treiben des Fußvolkes wachen kann. Und wenn die Feen „wie in echt" in ein Turmzimmer einziehen und von den übrigen Schlossbewohnern verborgen, sich geheimnisvoll einrichten wollen, dann müssen sie sich schon etwas einfallen lassen, beispielsweise wie eine zweite Etage zu errichten ist, Decken gespannt und befestigt werden können und der Treppenaufgang hergestellt werden kann.

Kooperation (vgl. Kasten 8) ist immer dann gefragt, wenn ein gemeinsames Vorhaben zustande gebracht werden soll. Da eröffnet der Umgang mit großem Material eine vortreffliche pädagogische Domäne, ergänzt durch viele andere Aktivitäten, die der Methoden-Baukasten ebenfalls in der Rubrik „somatisch" ausweist, wenn durch eine Spielgeschichte gestützt, planvolles Handeln gefragt ist. Eine Erzieherin, die erkannt hat, dass Integration ganz substantiell durch Kooperation hergestellt und gehalten wird, die wird die Kinder darin unterstützen, ihre Vorstellungen und Vorhaben sprachlich auszudrücken und mit anderen Kindern Absprachen darüber zu treffen, wie beispielsweise ein Stall oder die Schlossküche gebaut und eingerichtet werden soll.

Die Methode der Wahl ist die Frage. Mit einer kleinen Frage lässt sich immer wieder der Lernprozess in einem Spielprojekt gestalten und komplexe Entwicklungen in der gesamten Kindergruppe in Gang halten, an denen alle Kinder beteiligt werden und die insgesamt Integration ausmachen. Mit kleinen Fragen kann man Kindern leicht auf die Sprünge helfen, ohne sie in ihrem eigenverantwortlichem Tun einzuschränken (vgl. Kasten 9). Damit es gelingt, Hand-in-Hand zu arbeiten, ist beispielsweise eine kleine Stehkonferenz angesagt, wenn drei Kinder sich zusammengefunden haben, um einen Thronsaal herzustellen, aber etwas ziellos zu agieren scheinen. Hilfreich sind Fragen wie: „Was ist euer Plan? Was gehört in einen Thronsaal? Welches Material ist geeignet? Von wo müsst ihr euch das besorgen? Wie müsst ihr zupacken, damit ihr schwere Bauteile bewegen könnt? Wie groß muss euer Gebäude sein,

Impulse für Kooperation

- Was ist euer Plan: was gehört in den Thronsaal?
- Wie könnt ihr den Tisch kippen (die Stellwand schieben, die Matten tragen)?
- Wie arbeitet ihr Hand-in-Hand, wenn ihr euch einrichtet?
- Wie müsst ihr zusammenarbeiten, damit die Decke befestigt werden kann?
- Wie wollt ihr die Arbeit aufteilen, wenn ihr den Tisch deckt?
- Wer geht einkaufen und wer macht den Salat?
- Benutzt gemeinsam dieses Werkzeug!
- Guckt von einander ab, wie man das macht! (Gemüse putzen, Strecken abmessen, Ton formen etc.)
- Wie stellen wir eine Collage her?
- Berichtet, wie ihr den Stall gemeinsam gebaut habt!

Kasten 9

damit ihr alle darin Platz habt? Wie müsst ihr zusammenarbeiten, wenn diese Decke befestigt werden soll?" etc.

Die Bauphase als Auftakt für jedes Rollenspiel ist ein sehr ausdrucksvolles Modell für strukturierte Integration, wenn nämlich an verschiedenen Plätzen des Gruppenraumes drei bis vier Kindergruppierungen von je vier bis fünf Kindern bei der Arbeit sind, dabei ihren gewählten Ausschnitt des Ganzen mit ihren persönlichen Anliegen im Blick haben, indem sie sich mit einer überschaubaren Anzahl von Spielgefährten arrangieren, und dennoch gleichzeitig eingebunden sind in das globale Spielvorhaben, das die gesamte Kindergruppe verfolgt. Die Herausforderung für Kooperation ist dabei ganz beträchtlich. Denn wenn Kinder nach ihren spontanen Vorlieben ihre Rollen wählen, dann treffen sie an dem dafür bestimmten Bauplatz auf Partner und Partnerinnen, mit denen sie vielleicht gar nicht unbedingt gerechnet haben, nämlich vielleicht nicht auf die besten Freunde, sondern auf solche Spielgefährten, die das Schicksal ihnen zugeführt hat. Und sogleich wird deutlich: es geht nicht um meinen Thronsaal, sondern um unseren, nicht um mein Bauteil (die besonders attraktive Kiste), sondern um etwas, was ich zwar gefunden habe, aber wir gemeinsam verwenden werden. Es geht auch nicht darum, dass ich die Erzieherin bitte, mir bei komplizierten Vorhaben zu helfen (die Spanplatte soll über den umgekippten Tisch gezogen werden), sondern dass ich das in Absprache mit den anderen Schlossbewohnern und unter Einsatz eigener Muskelkraft bewerkstellige. Dabei heißt Kooperation auch, dass jeder da Hand anlegt, wo er seiner eigenen Einschätzung nach eine ihm gemäße Aufgabe erkennt und bewältigen kann. So kooperiert beispielsweise ein kleines Kind ganz vortrefflich mit den großen, die einen Stall mit Stühlen und Stellwänden aufbauen, indem es Tücher und Decken herbei schafft, die als Heu und Stroh gebraucht werden, wenn später die Pferde in den Stall einziehen. Und selbst ein Kind mit einer Behinderung kann ein Kooperationspartner unter Gleichgesinnten sein, wenn es beispielsweise den Zipfel einer Decke solange festhält, bis der Stallbursche einen Bindfaden für eine zünftige Halterung besorgt hat. Solche Formen der Kooperation werden sehr selbstverständlich, wenn das Spielthema allen bekannt ist und alle Kinder die Gelegenheit bekommen, vielseitige Erfahrungen mit ganz unterschiedlichen Gruppenkonstellationen zu sammeln.

Sehen und verstehen

Ein Bauarbeiter kippt seinem Kumpel die Tischkante auf den Fuß … und übt sich in Kooperation.

Anschließend können diese sozialen Fähigkeiten auch auf komplexere Aufgaben übertragen werden, beispielsweise auf Hausarbeit (vgl. Kasten 7), die

„in echt" kooperativ mit der ganzen Gruppe auszuführen ist (und nicht nur von solchen kleinen Sozialarbeiterinnen, die fortwährend der Erzieherin helfen wollen).

Schlussendlich ist auch das Aufräumen ganz hervorragend dazu geeignet, im sportlichen Geist, kooperativ zu wirken. Und dann sind es häufig gerade die Kleinen, denen es Spaß macht mit anzupacken und zu zeigen, dass sie Bescheid wissen, an welche definierten Plätze (Stauraum!) alle Baumaterialien zurück zu schaffen sind.

Aber so weit sind wir ja noch gar nicht. Zunächst ist ja das Rollenspiel dran. Dafür wird *Interaktion* notwendig (vgl. Kasten 8). Und das ist für manch' ein Kind gar nicht so einfach. Denn nun muss sich jeder Rollen- gemäß verhalten und sich sprachlich und handelnd ganz direkt auf den jeweils andern beziehen. Es ist Rede und Gegenrede, Aktion und Reaktion gefragt, wenn ein schönes Spiel gelingen soll. Dafür muss jedes Kind lernen, sich expressiv gegenüber seinen Spielgefährten zu verdeutlichen, damit seine Anliegen zufriedenstellend zum Tragen kommen. Dafür ist erforderlich, dass die anderen Kinder erwartungsgemäß auf seine Angebote der Kommunikation reagieren und es selber wieder rückwirkend die Handlungskette weiter knüpft. Das klappt in der Subkultur beispielsweise einer Schlossküche in der Regel ganz leidlich; und auch im Stall wird der Bursche schon ganz gut mit den Pferden klar kommen. Deswegen ist es ratsam, jeden Morgen vor Spielbeginn eine derartige klare Gruppendifferenzierung vorzunehmen, wie es die Spielgeschichte und die speziellen Wünsche der Kinder nahe legen. Dann amüsieren sich die Floh-Kinder und die Fliegen-Kinder, wenn sie bei den Hunde-Kindern auf den Rücken hocken und sich von Zeit zu Zeit von diesen abschütteln lassen, um dann erneut in ihren Pelzen Platz zu nehmen. Und der Küchenjunge muss über diese ganze Bagage irgendwie herüber steigen, um die Zutaten für seine Suppe (Bausteine) zusammen zu suchen, um später das Essen an Mensch und Tier zu verteilen. Das wird wohl klappen.

Sehen und verstehen

Ein Floh springt auf den Rücken eines Hundes, und der Hund schüttelt den Floh ab, der sogleich wieder auf den Hund springt ... und damit Interaktionen übt.

Aber die Überbrückung von einer Spielinsel zu einer anderen verlangt Spielübersicht und auch ein wenig Mut, sich in fremde Gewässer vorzuwagen. Denn man weiß ja nicht so genau, wie die anderen Mitspieler reagieren, wenn ein Neuankömmling zunächst einmal ihre eingeschliffenen Bahnen stört. Dann sind Impulse hilfreich (vgl. Kasten 10) und auch ein wachsames Auge der Erzieherin für ein gutes Gelingen, wenn beispielsweise ein Küchenjunge nicht nur in seinem Eckchen kocht, sondern sich anschickt, auf einem großen Tablett die Köstlichkeiten in den Speisesaal zu dem Königspaar zu transportieren. Die sollten sich nämlich darüber freuen und flugs überlegen, welches Bauteil zum Spaß eigentlich die große Festtafel abgeben könnte.

Kleinere und Spiel-unerfahrene Kinder freuen sich über Impulse, die das Spiel über ihre eigenen Ideen hinaus ausweiten und ihren Handlungsspielraum erweitern. Auch hier empfiehlt es sich, solche kleinen Fragen an die Spielgruppe zu stellen, wie sie als Spiel-begleitende Impulse (vgl. Kasten 10) vorgeschlagen werden, so zum Beispiel: „Was macht der Koch, wenn das Kätzchen schnurrt?" – „Was sagt der Stallbursche, wenn die Hunde angesprungen kommen? Und wie antworten dann die Hunde?"

Solche Interaktionen zwischen den verschiedenen Spielgruppen können ganze Interaktionsketten nach sich ziehen und das ganze Spiel vielleicht in ganz neue Bahnen lenken. Mit der Formulierung: „Ich bin gespannt, was passiert, wenn … " kann die Erzieherin mögliche Interaktionen vorschlagen um den Kindern eine Idee davon zu geben, wie interessant solche Prozesse der Integration sein können. Für Spiel- unerfahrene Gruppen ist es hilfreich, solche Impulse zu geben, die neugierig auf neue Spielentwicklungen machen, etwa in der Art wie: „Ich bin gespannt, wer zuerst bemerkt, dass ein Prinz eingetroffen ist." Oder: „Ich bin gespannt, was passiert, wenn die Feen im Schloss zu Besuch kommen." Wichtig bei jeder Spielbegleitung dieser Art ist, dass Impulse wirklich auch als solche gemeint sind und keine Anordnungen darstellen. Denn bei aller Liebe für die Förderung sozialer Kompetenzen, bleibt es der Entscheidungsfreiheit eines jeden mitspielenden Kindes überlassen, das eigene Spiel so zu gestalten, wie es ihm zum gegebenen Zeitpunkt gemäß ist.

Impulse für Interaktion

- Was macht der Koch, wenn das Kätzchen schnurrt?
- Was machen die Fliegen an der Wand, wenn der Küchenjunge mit der Fliegenklatsche kommt? Und was machen die Fliegen, wenn der Küchenjunge wieder weg gegangen ist?
- Was sagt der Stallbursche, wenn die Hunde angesprungen kommen? Und wie antworten dann die Hunde?
- Was macht der Küchenjunge, wenn das Pferd wiehert? Und was macht das Pferd, wenn der Küchenjunge die feinsten Leckerbissen bringt?
- Was macht der Prinz, als er merkt, dass alle Schlossbewohner schlafen; und was machen die Schlossbewohner, wenn sie merken, dass ein Prinz gekommen ist?
- Was antwortet der Prinz, wenn die Prinzessin sagt: ich will dich heiraten; und was macht die Prinzessin, wenn der Prinz wegreitet?

Kasten 10

Denn Spielprojekte sind zwar inszeniert, aber gleichwohl freies Spiel. Und nur auf dieser Grundlage macht Lernen Sinn.

Es ist jedoch wichtig, ein Augenmerk darauf zu haben, ob *alle* Kinder sich engagieren. Denn es gibt immer einmal wieder all zu bequeme „Schlaumeier", die die meiste Spielzeit unter einer Deckenhöhle verschlafen und Dornröschen ein schönes Kind sein lassen. Sie sollten durch Spiel-begleitende Impulse durchaus angestoßen werden, beherztes Auftreten zu üben, Spielübersicht zu gewinnen und eine deutliche Kommunikation an den Tag zu legen.

Eine Vorübung für *Interaktionen* in solchen größeren Zusammenhängen, die die gesamte Kindergruppe einbeziehen, ist ein gebundenes Singspiel, das sich für dieses Spielthema anbietet: „Dornröschen war ein schönes Kind." Hierbei werden in einfacher Form Spiel-tragende Begegnungen und Abläufe vorgegeben, die geeignet sind, erste eigenständige Interaktionen herzustellen, wenn beispielsweise das eine Kind sich aufgerufen fühlt, von dem Gesang der Kindergruppe begleitet, als Fee in den Kreis zu treten, und ein anderes dem eigenen Impuls nachkommt, den Prinzen zu spielen, etc. Pädagogisch wertvoll dabei sind die eigenen Initiativen einzelner Kinder. Es ist ein Kunstfehler dirigistisch vorzugehen und die einzelnen Akteure vorher zu benennen.

Auch die Mahlzeiten, die der Methoden-Baukasten als sozialen Baustein vorsieht (vgl. Kasten 7), geben allen Kindern ein Forum, um einfache Formen von Kooperation und Interaktion zu erproben, beziehungsweise in den Genuss von gelebter Integration zu gelangen. Denn bei solchen Gruppenereignissen, die sich täglich wiederholen, gilt diesmal nun wirklich die Devise: Dabei sein ist alles. Allerdings gehört dann auch dazu, dass nicht jedes Kind seinen eigenen Teller holt und dann auch wieder entsorgt, sondern dass in Aufgabenteilung täglich viele Kinder etwas für die Gemeinschaft tun, wovon später noch die Rede sein wird, wenn das pädagogische Potential rund um Mahlzeiten in voller Schönheit ausgekostet wird (vgl. Umgang mit mathematischen Vorstellung im Spielprojekt „Spaßfamilien auf Reisen").

Zu einem selbst-gestalteten Gemeinschaftserleben gehört außerdem, im anschließenden Gruppengespräch zu reflektieren und zu planen. Denn dann geht es täglich darum zu klären: Wie klappt bei uns das Zusammenspiel, und wie klappt die Zusammenarbeit? Was müssen wir tun, damit es allen gut geht? Um die innere Bereitschaft zu erhalten, sich solchen Auseinandersetzungen zu stellen, ist es jedoch nach meinen Beobachtungen außerordentlich wichtig, auch hier kein Kind zu nötigen, einmal etwas zu sagen, auch wenn es wünschenswert ist, dass nicht nur immer dieselben Kinder sich äußern. Die gestellten *Fragen* sind meistens bedeutsamer für die Bewusstseinsbildung als die oftmals zu schnellen Antworten. Denn manch eine Frage beantwortet sich erst im Nachhinein, und es wäre schön, wenn dies die Erzieherin bemerkte, beispielsweise wenn ein Kind im Kontext von Kooperation sich umsichtiger verhält als bisher, weil die Botschaften einer wohl wollenden Reflexion bei ihm angekommen sind.

Darüber hinaus verlangt jedes Spielprojekt den gedanklichen Brückenschlag in die soziale Wirklichkeit außerhalb des Kindergartens. So gilt es im Fokus auf Integration ein Wissen über Kooperation und Interaktion auch jenseits der vergleichsweise kleinen Spielwirklichkeit aufzubauen, beziehungsweise auch abzurufen. Das verlangt ein Denken in größeren Zusammenhängen und ist deswegen für manch' ein Kind eine besondere kognitive Herausforderung. Für solche Gesprächssituationen, die in keinem Spielprojekt fehlen dürfen, empfiehlt es sich, den Methoden-Baustein: „Gruppendifferenzierung nach pädagogischen Kriterien" zu verwenden (vgl. Kasten 7), um in kleinen Gruppen für solche Gespräche Ruhe und Besinnung eintreten zu lassen. Der Gesprächsfaden sollte dabei geschickterweise so gespannt werden, dass von den kooperativen und interaktiven Beispielen der Spielhandlungen im Märchenschloss ausgehend, die Zusammenarbeit von Menschen in der Erfahrungswelt der Kinder „in echt" zusammengetragen werden; beispielsweise zu dem Thema: „Über die Arbeit im Schloss und anderswo" und „Bei uns Zuhause und anderswo." Bei solchen Gelegenheiten können Kinder ihre Beobachtungen und Kenntnisse in Sprache bringen und im Hören der Beiträge der anderen ein Bewusstsein davon aufbauen, wie ein Zusammenleben auf die Mitwirkung aller Beteiligter angewiesen ist. Hier wie bei allen Gesprächen gilt, dass ganz unterschiedliche Gesprächsbeiträge der Kinder gleichwertig neben einander stehen bleiben, um besonders in international zusammengesetzten Gruppen den Kindern fortlaufend ein multikulturelles Wertesystem erfahrbar zu machen.

Empathie für Pferd, Küchenjunge und Prinzessin

Mit diesen Empfehlungen, die in dem Bildungskanon fest verankert sein sollten, sind wir bereits da angelangt, wo es gilt, solche sozialen Fähigkeiten zu fördern, die auf *Empathie* aufbauen (vgl. Kasten 8). Eine derartige pädagogische Orientierung ist sicher sehr anspruchsvoll. Denn wie wir alle wissen, gelingt es manchem Menschen ein Leben lang nicht, der Wortbedeutung von Empathie gerecht zu werden, nämlich sich in andere Menschen hinein versetzen zu können und sie in ihrem Denken, Fühlen und Handeln wenigstens ansatzweise zu verstehen.

Deswegen möchte ich einmal mehr auf Rhythmikspiele[28] aufmerksam machen die dann pädagogisch besonders wertvoll sind, wenn sie den Kindern die

---

28 vgl. hierzu grundlegende Ausführungen in: Erdmute Partecke 2002

Rhythmikspiel „Dornröschen"

Ich erzähl' Euch die
Geschichte von einer kleinen
Prinzessin,
die in einem wundersamen Schloss
wohnt
und einmal etwas ganz
Seltsames erlebt,
weil sie so neugierig ist.

Das Schloss, in dem sich alles zuträgt,
hat viele prunkvolle Gemächer:
solche, in denen gegessen wird,
und solche, in denen geschlafen wird,
und solche zum Lesen,
zum Erzählen und zum Spielen.

Ganz oben im Schlossturm gibt
es eine kleine Kammer,
hinter einer verschlossenen Tür.
Die hat das kleine Mädchen
noch nie geöffnet.

Ganz unten im Keller
da ist die große Schlossküche
und viele Vorratskammern,
in denen die köstlichsten
Leckerbissen aufbewahrt werden.

Und draußen im Hof, in den Ställen
da sind die Pferde,
die gebraucht werden für Ausritte
und für herrliche Kutschfahrten
weit über die Hügel
bis ins ferne, ferne Land
bis dorthin, wo die schönen
Prinzen wohnen.

Die Prinzessin mit dem Namen ...
liebt es,
durch das wundersame Schloss zu
schlendern,
besonders dann, wenn ihre Eltern,
der König und die Königin,
ausgegangen sind.

(Alle Kinder machen mit)

Dann hüpft sie:
hüpf ... hüpf ... hüpf
Und dann springt sie:
hops ... hops ... hops
Dann schlittert sie über den blinkigen
Fußboden: hui ...
Und dann tanzt sie geschwinde,
geschwinde
im Kreis herum.

Und immer im Kreis herum:

herum ... herum ... herum
Und ihre Arme fliegen durch die Luft
wie ein Wirbelwind,
wie ein Wirbelwind
Uiiii ... und dann ausruhen.

Und was ist da?

Prinzesschen glaubt es kaum:
ein Frosch
Ganz grün ist er, ganz nass ist er
Und er sitzt auf dem blinkigen Fuß-
boden.
Seine Füßchen, wie niedlich!
Seine Haut, wie kühl!
Und er macht einen
grooooßen Satz und landet: flip.

Und er macht einen
grooooßen Satz und landet: flip.

Das Fröschelchen macht: quak
Und ganz leise ist zu hören:
„liebes Kind, nimm dich in
Acht, hab Acht, hab Acht!"

Und noch einmal:
„Liebes Kind, nimm dich in
Acht, hab Acht, hab Acht!"

Und weg ist er.
Wo ist er hin?
Dann und wann kommen die weisen Frauen.
Die schweben durch die Flure
so fein und leise wie nur Feen es tun.
so fein und leise wie nur Feen es tun.

Sie fassen sich bei den Händen
und gehen zu Zwein.
Ganz fein, ganz fein.
Und sie wispern ganz leise,
und sie summen eine kleine Melodie.
Ganz leise, ganz fein.
Und sie huschen beiseite,
und sind nicht mehr zu sehen

Aber da! Ha, Ha!
Da kommt der Koch, ho, ho.
Er kommt gerannt.
Und er stürzt vorbei mit
erhobener Hand.
Was ist los, was ist passiert?
Er rennt und rennt.

Aber da! Ha, Ha!
Da kommt der Küchenjunge, juchhe ...
Und er winkt mit der Mütze

Und schmeißt sie durch die Luft,
juchhe ...
Er schlägt Kabolster.
Und klatscht in die Hände:
klatsch, klatsch.
Was ist los, was ist passiert?
Er lacht, und er lacht.

Dann und wann kommen die weisen Frauen.
Die schweben durch die Flure
so fein und leise wie nur Feen es tun.
so fein und leise wie nur Feen es tun.

Sie fassen sich bei den Händen
und gehen zu Zwein.
Ganz fein, ganz fein.
Und sie wispern ganz leise,
und sie summen eine Melodie.
Ganz leise, ganz fein.
Und sie huschen beiseite,
und sind nicht mehr zu sehen.

Da plötzlich! Ein Getrampel:
galopp, galopp.
Die Pferde sind frei.
Sie preschen durchs Schloss,
Sie sind schön, und sie sind stolz.
Wo wollen sie hin?
Und sie stürmen vorbei:
galopp, galopp.
Galopp mit Tempo, rasant und vorbei.
Sie sind schön, und sie sind stolz.
Und schon vorbei.

Da ruft der Stallbursche:
Haltet sie auf!
Da hüpft die Prinzessin:
hüpf ... hüpf ... hüpf
Und dann springt sie:
hops ... hops ... hops
Dann schlittert sie über den blinkigen
Fußboden: hui ...
Und dann tanzt sie geschwinde,
geschwinde im Kreis herum.
Und immer im Kreis herum:
herum ... herum ... herum.
Und ihre Arme, die fliegen durch die
Luft: hui ...
wie ein Wirbelwind, wie ein Wirbel-
wind: huiiii ...
Und dann öffnet sie die Tür zu der
Kammer im Turm: Ahhhh!

Und was sieht sie da?
Was entdeckt sie da?

Oh!

Kasten 11

69

Gelegenheit geben, sich in ganz unterschiedliche Rollen der Spielgeschichte einzufühlen, indem sie Anregungen bekommen, sich vorübergehend mit den Helden ihrer Fantasiewelt zu identifizieren und körperliche Bewegungen mit ihren eigenen geistig-seelischen Bewegungen zu verbinden. Dabei sollten die Impulse, die das Rhythmikspiel bereithält, auf Unterschieden der Erlebnisqualitäten in den Spielfiguren aufgebaut sein, damit das Kind in der Lage ist, das jeweils Wesentliche zu erkennen. Das Beispiel (vgl. Kasten 11) taucht mit den Motiven in die Fantasiewelt des Märchens „Dornröschen" ein, ohne jedoch eine reine Wiederholung des bereits Bekannten zu sein. Die skizzierte Spielgeschichte setzt vielmehr bewusst neue Akzente, um die Kinder zu eigener Fantasietätigkeit zu inspirieren. Dafür werden kleine Spannungsmomente aufgebaut, die nachträglich noch als Rohmaterial für weiterführende Spielereignisse nach Lust und Laune der Kinder genutzt werden können. Zunächst einmal geht es darum, dass im rhythmischen Wechsel der Motive Innerlichkeit in Bewegung umgesetzt wird. Dabei führt die sprachliche Begleitung lebhaft aber so locker durch die Bewegungsabfolgen, dass jedes Kind seinen ganz eigenen Spaß daraus entwickeln kann.

Ein solches Rhythmikspiel sollte in einem großen Freiraum stattfinden, beispielsweise in der Bewegungshalle oder im Außengelände, aus einem Sitzkreis heraus entwickelt werden und im Nachhinein den Kinder die Gelegenheit geben zu fantasieren, was wohl in diesem Schloss vor sich geht, und in welche Rolle sie bei einem anschließenden freien Spiel schlüpfen würden. Da sie in dem Rhythmikspiel alle möglichen Rollen selber einmal eingenommen haben, können sie zum einen besser wählen, wen sie selber verkörpern möchten, und zum andern haben sie eine Ahnung davon bekommen, um welche Wesen es sich jeweils handeln könnte, die die anderen Kinder in ihrem Spiel mit Leben füllen.

Einfühlungsvermögen setzt einen psychologischen Vorgang voraus, der angestoßen sein muss, Ausdrucksverhalten anderer Menschen zu deuten und in Bezug zu eigenem Erleben zu setzen: habe ich mich nicht selber früher einmal ähnlich verhalten, mich ähnlich geäußert? Dafür ist Ratefähigkeit notwendig, genauso wie eine geistig-seelische Aktivität mit dem Namen Mitgefühl. Wenn all solche verwobenen Vorgänge in sensiblen Unterhaltungen in Sprache übersetzt werden, dann erwächst daraus, da bin ich mir ganz sicher, die Fähigkeit der Kinder, sich auch in ihrem weiteren Leben handelnd an Prozessen der Integration zu beteiligen.

Spiel-begleitend empfehle ich Impulse, die geeignet sind, die Aufmerksamkeit einzelner Kinder auf die jeweiligen unmittelbaren Mitspieler zu lenken (vgl. Kasten 12), um Ansätze von Mitfühlen in ein Mitdenken und Handeln zu überführen.

Impulse für Empathie

- Das Pferd wiehert: Was kann das bedeuten? Was wirst du jetzt tun, wenn du der Küchenjunge bist?
- Die Eltern von Dornröschen sind nicht Zuhause; da geht sie ganz allein durch das Schloss: wie kommt sie auf die Idee? Was willst du tun, wenn du zum Spaß die Königin bist und bemerkst, dass Dornröschen nicht in ihrem Bett ist?
- Ich bin gespannt, was du gleich tun wirst, wenn du herausgefunden hast, warum die Fee ganz allein in ihrer Kammer sitzt.
- Unser Dornröschen liegt schon wieder in ihrem wunderschönen Bettchen und schläft: was meinst du, was wünscht sie sich insgeheim? Was gefiel dir am besten, als du gestern Dornröschen warst?
- Unser König sitzt auf seinem Thron, und ich frage mich, was könnte ihn aufheitern?
- Der Ritter rennt die ganze Zeit schon mit diesem Stock in der Hand herum: was meinst du, was er vorhat?
- Was hat wohl die dreizehnte Fee gedacht, als sie hörte, das sie nicht zu dem Geburtstagsfest eingeladen war?

Kasten 12

So weiß selbstverständlich manch' ein kleines Kindergartenkind sogleich Bescheid, warum die böse Fee so böse war, wenn ihm durch den Impuls einer kleinen Frage plötzlich klar wird, dass sie nicht wie alle anderen zum Geburtstag eingeladen worden war. Und auch das Dornröschen gibt den anderen Schlossbewohnern zu denken, wenn es fortwährend in seinem Bettchen liegt und schläft. Da fällt der Impuls vielleicht auf fruchtbaren Boden, der daran erinnert, was man selbst in einer solchen Situation am liebsten von den anderen erwartet hätte.

Begleitend zu solchen empathischen Grunderfahrungen sind Gespräche zu sehen, die in dem Methoden-Baukasten unter „emotional" angesiedelt sind (vgl. Kasten 7) und solche Erlebnisse von Kindern berühren, die im familiären Kreis eher selten thematisiert werden. Der Zugewinn für Empathie ist darin zu sehen, dass durch die Ernsthaftigkeit solcher Gespräche in der Kindergruppe Feingefühl sowohl sich selbst als auch anderen gegenüber angebahnt wird. Für die Entwicklung von Gesprächsbereitschaft empfiehlt es sich, dass die Betreuerin die Kommunikation mit einer Icherzählung beginnt, in der sie eine Episode aus ihrer eigenen Kindheit schildert und beispielsweise darlegt, wie sie sich als kleines Mädchen verhalten hat, als sie einmal allein Zuhause war, oder als ihr kleiner Bruder geboren wurde. Ein solches Modellverhalten ist sehr gut geeignet, dass Kinder sich aufgerufen fühlen, eigene Emotionalität in Sprache zu übersetzen, zu reflektieren und und damit ein Mitschwingen mit anderen Kindern zu erzeugen, wenn diese sich in ähnlichen Situationen wieder erkennen.

Im Rollenspiel wird Empathie sichtbar, wenn Kinder auf einander zu gehen und ihre eigenen Spielanliegen einfühlsam mit den Wünschen und Vorstellungen ihrer Spielgefährten verbinden. Davon geben all die Kätzchen und Hündchen ein Bild, die selbstredend liebkost, gefüttert und umher geführt werden wollen und später im Rollentausch sich desgleichen wie erwartet verhalten, wenn sie es sind, die anderes Kleingetier hegen und pflegen. Und da gibt es schon den dreijährigen Küchenjungen, der wohl weiß, was jetzt seine Aufgabe ist zu tun, wenn das Pferd im Stall weit weg am anderen Ende des Schlosshofes ganz erbärmlich wiehert. Dann fühlt er sich aufgerufen, quer durch die ganze Spielszene zu laufen, um eine Ladung Bausteine genau dort abzuladen, wo es gilt, ein hungriges Tier zu füttern. Aber manch' ein Kind benötigt eine sanfte Spielbegleitung, damit sich sein Herz und sein Verstand öffnen für solche beglückenden Spielhandlungen. Da sind wieder die kleinen Fragen angebracht (vgl. Kasten 12), die Impulse geben, ohne Vorschriften zu machen, beispielsweise: „Wenn die Eltern von Dornröschen nicht Zuhause sind, dann geht sie ganz allein durch das Schloss; wie kommt sie auf die Idee? Was willst du tun, wenn du zum Spaß die Königin bist und bemerkst, dass Dornröschen nicht in ihrem Bett ist?". Oder: „Ich bin gespannt, was du gleich tun wirst, wenn du herausgefunden hast, warum die Fee ganz allein in der Kammer sitzt."

Sehen und verstehen

Da wieherte das Pferd ... und erweckte Empathie

Lebenszusammenhänge rund um das Schloss

Eng mit solchen Impulsen verbunden, die geeignet sind, Empathie anzustoßen, sind Gespräche, die im Fokus von Integration mehr kognitiver Natur sind und den *Sinngehalt* sozialer Systeme beleuchten (vgl. Kasten 7). Der Bildungskanon weist Sinnsuche als Bildungsgut aus, da bereits Kindergartenkinder die Möglichkeit erhalten sollen, Sinnzusammenhänge kennen zu lernen, um sich rückwirkend an der Konstruktion von Sinn zu beteiligen. Das mag zwar etwas überhöht klingen. Aber ohne eine solche Sichtweise in der Pädagogik wird es meines Erachtens nicht gelingen, Integration als immer währenden Prozess zu verstehen und entsprechend zu gestalten, und zwar vornehmlich auch nach der Kindergartenzeit, wenn die Kinder als zukünftige Jugendliche und junge Erwachsene in die Gesellschaft hinein wachsen.

Wie bereits oben dargelegt, transportieren die Spielprojekte mit ihrem Namen, nämlich beispielsweise „Wir spielen Dornröschen", Sinnzusammenhänge, weil alle Aktivitäten die die Angebote bereithalten, zusammenpassen, Sinn ausmachen und dem Sinngehalt des Spielthemas gewidmet sind, etwa in der

Art, dass jedes Kind erfährt: Wir in unserem Schloss richten uns mit einander so ein, dass es allen gut geht. Dafür gibt jeder etwas und bekommt auch jeder etwas, und gemeinsam haben wir alles, was wir brauchen (love). In den nachfolgenden Spielprojekten werden zwar die Akzente etwas verschoben. Dann rücken Abenteuer (freedom und fun), Identität (power) oder Sachlichkeit (Survival) in den Vordergrund des Erlebens. Immer aber geht es um den Sinngehalt des Lebens, den die Kinder in ihrem Gruppenspiel nachvollziehen (rekonstruieren) oder im günstigsten Fall sogar selber hervorbringen (konstruieren). Somit entsteht Integration.

Impulse für Sinngehalt

- Wo genau soll die große Hecke sein, über die später der Prinz klettert?
- Zeige ganz deutlich, ob du ein Pferd im Schlosshof bist, dass zum Spaß ausrückt, oder ob du ganz zahm bist und auf die Weide geführt werden willst.
- Wenn der König und die Königin ihr Königskind im Schloss allein lassen, weil sie die Feen besuchen gehen, soll dann Dornröschen zum Spaß ganz traurig sein, oder soll sie neugierig überall herum gucken?
- Wenn hier der König in seinem Arbeitszimmer arbeitet und Dornröschen in der Schlossküche schläft, wer begrüßt die Ritter und die Feen, wenn sie im Schloss zu Besuch kommen?
- Wie geht das Spiel weiter, wenn wir Hochzeit spielen? Und wie geht das Spiel weiter, wenn wir Ritterspiele spielen?
- Wenn die Feen zaubern, was soll dann zum Spaß passieren?

Kasten 13

Deswegen sollten in dem Spiel „Dornröschen", in dem die Kinder erste Erfahrungen im bewussten Umgang mit Integration sammeln, Spiel-begleitend vielfältige Impulse gesendet werden, die auf ganz unterschiedlichen Abstraktionsebenen auf den möglichen Sinngehalt des Gruppenspiels hinweisen (vgl. Kasten 13). Das beginnt mit Bauvorhaben, die stimmig zu dem erwarteten Spielablauf passen müssen („wo genau ist die Hecke, über die später der Prinz klettert?") über organisatorische Fragen („Wer begrüßt die Feen … ?") bis hin zu zukunftsweisenden Fantasien, die dem Spiel vielleicht einen veränderten Sinnbezug zuspielen („Wenn die Feen zaubern … "). In solchen Momenten kommen Intuition, Kenntnisse und Visionen ins Spiel. Und das nicht zuletzt zur Freude einer aufmerksamen Spielbegleiterin!

Die Bausteine für den Erwerb eines Wissens bezüglich solcher Zusammenhänge sind vorwiegend im kognitiven Bereich angesiedelt (vgl. Kasten 7). Und so geht es noch einmal mehr um Gespräche. Um eine angenehme Gesprächssituation zu schaffen und den Kindern den Zusammenhang des jeweiligen Sachthemas mit dem Rollenspiel zu verdeutlichen, bietet es sich an, den

Bezug zu dem Märchen herzustellen, indem passende Passagen als Auftakt zu dem jeweiligen Gespräch noch einmal vorgelesen werden (vgl. Kasten 14), um dann zu klären: So war es bei „Dornröschen", und wie ist es bei uns? Dabei werden Sitten, Gebräuche und Arbeit sowohl in ihrer historischen Perspektive („Vor langer Zeit") als auch in ihrer räumlichen Entfernung („in einem fernen Land") thematisiert und mit solchen Erfahrungen verglichen, die die Kinder heute in ihrem Alltag machen. Die Gesprächsleiterin sollte diese Perspektiven nicht aus dem Blick verlieren, weil sonst vielleicht eine muntere Kindergruppe am Ende den Wald voller Bäume nicht mehr sieht. Gespräche sind das Salz in der Suppe, wenn aufgeweckte Kinder die Gelegenheit bekommen, ihre Bildung zum Besten zu geben oder einen Zugewinn an Bildung zu verzeichnen. Tom, Moritz, Paul und Marie lassen grüßen.

Zitate aus „Dornröschen" als Auftakte zu Gruppengesprächen

- „... Er lud nicht nur seine Verwandten und Bekannten, sondern auch die weisen Frauen dazu ein, damit sie dem Kind hold und gewogen wären. Es waren ihrer dreizehn in seinem Reiche, weil er aber nur zwölf goldene Teller hatte, von denen sie essen sollten, so musste eine von ihnen daheim bleiben." (Sitten und Gebräuche)
- „... Er wusste auch von seinem Großvater, dass schon viele Königssöhne gekommen wären und versucht hätten, durch die Dornenhecke zu dringen, aber sie wären darin hängengeblieben und eines traurigen Todes gestorben." (die historische Perspektive)
- „... Und der Wind legte sich, und auf den Bäumen vor dem Schloss regte sich kein Blättchen mehr. Rings um das Schloss aber begann eine Dornenhecke zu wachsen, die jedes Jahr höher ward und endlich das ganze Schloss umzog und darüber hinaus wuchs, dass gar nichts mehr zu sehen war, selbst nicht die Fahne auf dem Dach. Es ging aber die Sage in dem Land von dem schönen schlafenden Dornröschen ... " (das Interessante, Schöne und Geheimnisvolle in einem fernen Land)

Kasten 14

Dennoch sind solche Sachgespräche sicherlich nicht einfach durchzuführen, zumal wenn an dieser Stelle der integrative Ansatz der Pädagogik nicht aufgegeben werden soll. Deswegen ist hier (wie auch bei andern Gesprächsanlässen) eine vorübergehende Gruppendifferenzierung anzuraten und in jedem Fall sind die Gespräche mit Anschauungsmaterial zu unterstützen. Denn zwölf Teller mit Goldrand, Fundstücke und Andenken aus fernen Ländern, Ansichten von verwunschenen Schlössern, das Handwerkszeug eines Schmieds, Schusters, Maurers oder Computerfachmanns ziehen auch solche Kinder in ihren Bann, die nicht jedes Mal den ganzen Bogen der Erkenntnis schlagen können oder wollen. Wenn dann aber ein leibhaftiger Opa in der Kindergruppe auftaucht und von Seinerzeit erzählt, beispielsweise wie es war, als auf dem Platz, wo jetzt der Kindergarten steht, Schafe und Ziegen auf einer bunten Wiese weideten, dann weiß jedes Kind Zuhause etwas zu vermelden und auch den eigenen Großvater vielleicht in einem anderen Licht zu sehen. Da würde es mich gar nicht wundern, wenn manch' eine Kostbarkeit zur Begutachtung in den Kindergarten wanderte.

Sehen und verstehen

Ein Dreikäsehoch, der die goldene Uhr von seinem Urgroßvater in den Kindergarten mitbringt, der ... hat begriffen, was es mit der historischen Perspektive von Bildung auf sich hat.

Möglicherweise bereiten die Themen, die die Kindergruppe gedanklich (und womöglich tatsächlich) aus dem Kindergarten hinaustragen, ein neues Spielprojekt vor. So wäre etwa denkbar dass das Thema „Berufe" in den Mittelpunkt des Interesses rückt oder auch „Ferne Länder". Aber halt! Es wäre schade, ein so schönes Thema wie „Dornröschen" zu früh aufzugeben. Immerhin gibt es ja auch im Schloss und um das Schloss herum viel zu arbeiten. Und auch die Prinzen kommen von weit her und können bei der Ankunft im Schloss viel erzählen (vgl. Kasten 7). Ein Spielprojekt braucht einen weiten Atem, damit kleinere Kinder in ruhe Fuß fassen können, um Spielmotive, die sie von den größeren Kindern kennen, selber zu übernehmen, und um dabei zu begreifen, worin der Sinn des Spiels überhaupt liegt. Und nicht zuletzt, um den Prozess der Integration selbstbewusst mit zu gestalten.

Kinder spielen „Wildnis" und lernen Lernen

Mit dem Spielprojekt „Wildnis" sind wir im Fokus von Freiheit und Fantasie des Bildungskanons (vgl. Kasten 5) angelangt und damit bei den Quellen, aus denen Begeisterung gespeist wird. Eng vernetzt mit dem Wir-Gefühl, wie ich es im Rahmen des Spielprojektes „Dornröschen" vorgestellt habe, geht es in jedem spontanen Spiel in Gruppen um die Weltsicht der Kinder und um ihre Begabung, fortlaufend Erkenntnisse über die Wirklichkeit, in der sie leben, aufzubauen. Dafür ist ein Lernumfeld vonnöten, das Entscheidungsfreiheit und damit auch Lustgewinn durch selbstbestimmtes Tun zulässt. Denn nur so werden geistige Strukturen aufgebaut, die dauerhaft für alle weiteren Lernergebnisse aufnahmebereit sind. Eine so elementar begründete Begeisterung, zu der Kinder prädestiniert sind, verdient, so finde ich, mit Fug und Recht das Label „Bildungsgut". Ich widme diesem Herzstück des Lernens deswegen ein eigenes Spielprojekt, obwohl alle hier aufgezeigten Kriterien für ein geglücktes Spiel und damit für ein geglücktes Lernen auch in all den anderen Domänen des Bildungskanons nicht weg zu denken sind. Denn viele Dimensionen des Lernens laufen gleichzeitig und mit einander verknüpft ab, können aber nur der Reihe nach dargestellt werden. Und auch für die pädagogische Qualität empfiehlt es sich, in der zeitlichen Abfolge von Spielprojekten das Augenmerk ganz gezielt auf jeweils spezifische Lernvorgänge zu lenken, damit pädagogische Impulse nicht verpuffen, sondern auf fruchtbaren Boden fallen. Und somit geht es jetzt hier mit „Wildnis" um Entscheidungsfreiheit und Fantasie und damit im weitesten Sinne um Kreativität.

Systemisch-konstruktivistische Sichtweisen der Pädagogik, gestützt auf neurobiologische Forschung[29] gehen davon aus, dass Menschen von Geburt an die Bereitschaft mitbringen, komplexe Aufgaben zu lösen, weil dies die Voraussetzung dafür ist, das Leben zu meistern. Deswegen vollbringen sie nicht nur vom ersten Tag an erstaunliche Leistungen, sondern sie lernen auch von Anfang an zu denken. So wird uns beispielsweise vor Augen geführt, was bisher niemand für möglich gehalten hätte, dass Babys beispielsweise bereits kurz nach der Geburt akustische und visuelle Reize unterscheiden können, ihre Mütter an Geruch, Stimme und Aussehen wiedererkennen und dass sie bereits mit ein paar Monaten Lebenszeit schon mit quasi wissenschaftlichem Elan ans Werk gehen, um die Welt zu erforschen, wie ich eingangs bereits skizziert habe, als ich den Bildungskanon vorstellte. Wir erinnern uns: Babys stellen Hypothesen auf, die es zu verifizieren oder zu falsifizieren gilt: Fällt der Löffel auf die Erde und bleibt dort liegen, wenn er von der Tischkante geschoben wird? Ist ein Ball aus der Welt, wenn er hinter die Tür gerollt ist und nicht mehr gesehen wird, oder ist er konstant vorhanden und muss nur wieder geholt werden? Nach welchen Kategorien lassen sich Gegenstände sortieren: passt der Flaschenkorken mit der blinkigen Kappe zu den anderen, oder ist er etwas ganz anderes und muss aus dem Korb aussortiert werden? Wer ist der Verursacher solcher Ordnungen? In den häufigen Wiederholungen des eigenen Tuns erproben Kleinkinder, wer hier der Macher ist und welche Wirkungen herbeigeführt werden können. Das muss doch herauszufinden sein! Wohlwollende und amüsierte Eltern oder Großeltern lassen vergnügte Babys ausführlich experimentieren. Und der Blickkontakt mit einem in Liebe verbundenen Erwachsenen hilft den kleinen Forschern ihre Erkenntnisse zu strukturieren: ja, weiter so! oder: oh, oh, sei vorsichtig! Wer Zeit und Muße hat, Kleinkindern nahe zu sein, der weiß ganz einfach, dass diese eifrigen kleinen Wesen nicht erzogen werden müssen nach der Devise: *Ich* sage dir, was du zu tun und zu lassen hast. Hör' endlich auf, den Löffel runter zu schmeißen! Lass verdammt noch mal endlich die Korken in dem Korb, in den

---

29 vgl. Alison Gopnik et al., 2001

ich sie eingeräumt habe! Es muss ihnen auch nicht beigebracht werden, was die liebe Mama oder den lieben Papa nun wirklich böse macht. Kinder wollen nämlich nicht testen, wo ihre Grenzen sind, sondern sich vergewissern, wie die Welt, in der sie sich befinden, beschaffen ist. Das ist nur durch Wiederholungen von Handlungsabläufen zu klären, weil dann ersichtlich wird, ob Baby sich geirrt, es sich um ein zufälliges Ergebnis gehandelt hat oder ob da echte Kausalzusammenhänge am Werke gewesen sind. Gleichzeitig ist so ein kleiner Forscher oder kleine Forscherin ohnehin ganz existentiell daran interessiert, seine Bindungen zu ausgewählten Menschen zu pflegen und beileibe nicht aufs Spiel zu setzen. Denn ohne liebevolle Betreuung ist jeglicher Forschergeist schlecht zu Fuß. Da ist Humor die beste aller Umgangsformen, wenn das Energiebündel Baby nicht nachlässt, dem Erwachsenen zuzusetzen, wenn dieser eigentlich nur eine Verschnaufpause braucht oder „wichtige Dinge" zu erledigen hat. Und dann kann es richtig lustig werden, wenn ein Tom im Alter von einem Jahr seiner Großmutter wiederholt versucht die Brille von der Nase zu reißen und schon vor seiner wild entschlossenen Tat schelmisch guckt und juchzt und erst dann loslegt zu grapschen, wenn seine große Spielpartnerin den Kopf zurückwirft und mit weit aufgerissenem Mund schallend zu lachen beginnt. Welch' eine vergnügliche Erfahrung, wenn sich die Hypothese bewahrheitet: immer wenn ich die Hand ausstrecke, wird sie lachen. Das probier' ich doch gleich noch mal. Das macht Spaß, und das werde ich behalten. Dabei kann ein Baby auch vortrefflich lernen, dass es ein ganz und gar nicht langweiliges Zusammenleben mit anderen Menschen gibt. Eine Erfahrung, auf die man später einmal beruhigt zurückgreifen kann, wenn der Abenteuergeist nach Halt sucht. Diese Grunderfahrung ist sicher allemal so wichtig wie das Kennenlernen eines so merkwürdigen Gegenstandes, den man „Brille" nennt und den jemand im Gesicht hat.

Ich wünschte, dass die Faszination, die die Forschung über Babys ausstrahlt, sich auch auf Kinder im Kindergartenalter fortsetzen würde. Denn diese sind auch noch sehr klein, und wir sollten den Blick einmal darauf richten, was sie zu leisten in der Lage sind, wenn sie sich in einem Lernumfeld befinden, das Herausforderungen bereit hält. Aber die Verhältnisse in Kindergärten sind nicht so. Der Alltag dort wird mehr, als man eigentlich laut sagen darf, von Routine beherrscht, die Kinder durch den Tag zu schleusen. Und die Schlafmützigkeit, die all zu viele Einrichtungen kennzeichnet, kann auch nicht mit wildem Raumschmuck übertüncht werden. Deswegen spielen wir „Wildnis", geben Freiheit und Fantasie Raum und hoffen anschließend auf ein Kind wie Lea, das Begeisterung zeigt und nach dem Aufräumen den Seufzer ausstößt: „Oh! haben wir schön gespielt!"

Der Methoden-Baukasten „Wildnis"

Spielprojekte, die umfassendes Lernen beinhalten, benötigen kein Spielzeug, wohl aber sehr vielseitiges Zeug zum Spielen, wie alle Methoden-Baukäsen ausweisen. So auch besonders hier in dem Spielprojekt „Wildnis", wo es schwerpunktmäßig um schöpferisches Gestalten geht. Mit dem Namen „Wildnis" möchte ich exemplarisch symbolisieren, dass der Wert von Lernen in Spielprojekten darin liegt, dass die Kinder aufgerufen sind, die (Spiel-)Wirklichkeit nach ihren eigenen Ideen im Zusammenwirken mit allen Beteiligten zu konstruieren und eine solche Ordnungsstruktur herzustellen, die ihrer Fantasie entspringt und sich an den Gegebenheiten orientiert, die sie als brauchbar erkennen. Dies bedeutet zwar Verzicht auf schöne Gewohnheiten des Konsumierens und hübscher Gemütlichkeit, stellt aber eine Bereicherung dar, die die meisten Kinder ganz unmittelbar erleben. Denn, so sollte man meinen, wer hätte nicht Lust, die Welt ganz neu zu erfinden?

Allerdings gibt es viele Kinder, die völlig unerfahren sind in all dem, was doch selbstverständlich sein sollte, nämlich Freiheit und Fantasie spielerisch zu nutzen und dabei Eigenständigkeit im Denken, Fühlen und Handeln aufzubauen. Deswegen ist auch hier, wie bereits für die gelebte Integration, ein Methoden-Baukasten nützlich, um die Kindergruppe in ihr Spiel zu begleiten (vgl. Kasten 15).

Das Spielprojekt „Wildnis" benötigt als Starthilfe eigentlich nur eine satte Abbildung von Natur,[30] einen frei geräumten Gruppenraum, einen Stauraum (auch Keller, Außengelände, Halle) als Fundstelle für vielseitiges Material und eine souveräne Spielbegleiterin, die keine Angst vor Wildwuchs kindlicher Fantasie hat, sondern den Kindern mit aufmerksamer Wertschätzung begegnet. Dann läuft das ganze Programm über alle Erlebnis- und Verhaltensweisen im System der Autonomie, und zwar ganz nach der Dynamik, wie es die Kindergruppe verlangt.

Das Spielprojekt „Wildnis" lebt zunächst von der Freude der Kinder im Umgang mit Material, das sie ganz nach ihren eigenen Einfällen für die Umsetzung ihrer Spielvorhaben nutzen. Das darf allerdings nicht zu knapp sein. Mit Bastelpapier und einigen Schachteln und Klopapierrollen ist es nicht getan. Da müssen schon neben den beweglichen Möbeln, Decken und Matten, die jeder Methoden-Baukasten in der Rubrik „Bauspiel" ausweist, auch zünftige Bretter, Spanplatten, Pappen und Stellwände verschiedener Größen sowie Taue, Bänder und Tücher her, um dem Anspruch auf Körperlichkeit im großräumigen Gestalten gerecht zu werden. Ganz zu schweigen von all dem Kleinmaterial, das ebenfalls in dem Baukasten ausgewiesen ist, um der Schöp-

30 vgl. Rene Mettler, 1993

Methoden-Baukasten „Wildnis"
Erlebnis- und Verhaltensweisen im System der Autonomie

somatisch sensorisch + motorisch	emotional	sozial	kognitiv
Bauspiel mit Möbeln, Brettern, Tüchern, Decken, Matten, Tauen etc.: Die Wildnis	**Expressivität** Zeige deutlich, wer du zum Spaß bist!	**Rollenspiel** Spontane Spielaktionen: In der Wildnis	**Bildbetrachtung und Gespräch** Buch: „Der Dschungel" (vgl. Lit.)
Bewegungsspiel Affen in der Wildnis Mit Operationen wie: Linie, Einwickeln, Rotation, Transportieren, Verbinden	**Körperkontakt** Affen entflohen sich gegenseitig	**Rollenspiel** Affenfamilien richten sich ein, ziehen um und versorgen sich mit Bananen und Kokosnüssen	**Planungsgespräch** Wie stellen wir in unserem Gruppenraum eine Wildnis her?
Bewegungsspiel Im Außengelände und in der Natur: Tiere in der Wildnis	**Fantasiegespräch** Wenn ich ein Affe wäre, dann würde ich Zuhause …	**Mahlzeit** Integriert in das Rollenspiel: Essen wie die Affen	**Erfinden einer Spielgeschichte** Eines Tages taucht in der Wildnis ein … auf und da …
Rhythmikspiel Omi und das Äffchen	**Stegreifspiel Ernst und Spaß** Wir spielen Konflikte: Ein Affe bei uns Zuhause	**Rollenspiel** Gruppendifferenzierung nach spontaner Rollenwahl	**Reflexionsgespräch** Was/wie haben wir gespielt? Was/wie spielen wir weiter?
Schöpferisches Gestalten Material: Pappmaschee, Kleister, Fingerfarben Collagen: Wildnis	**Stegreifspiel** Unwetter in der Wildnis	**Rollenspiel** Gruppendifferenzierung nach neuen Spielmotiven, z.B.: Forscher in der Wildnis.	**Planen – Handeln – Beobachten** Was passiert, wenn …?
Schöpferisches Gestalten mit diversem Material: Wir bauen eine Spaßmaschine	**Konflikte** Streit geht alle an	**Rollenspiel** Gruppendifferenzierung Junge/Mädchen Kleine/Große	**Exkursion** Wir besuchen Affen im Zoo; Wir gehen in den Wald Wir besuchen Stätten der Kunst und der Forschung

Kasten 15

fungskraft nachzukommen, die Kinder in der Regel an den Tag legen, wenn sie ihrer Fantasie in Werkstücken Gestalt verleihen. Dabei ist neben all dem weichen Material, das Erzieherinnen überaus zu lieben scheinen, auch an hartes Material zu denken, das beispielsweise an Werkbänken zu bearbeiten ist.

Die Materialfrage ist ganz wesentlich, weil die Betonung des Spielprojektes „Wildnis" ganz klar zunächst im *somatischen* Bereich (vgl. Kasten 15) liegt. Und wenn nicht bereits im Spielprojekt „Dornröschen" der Gruppenraum sich von einem Kinderstübchen in eine Spielwerkstatt gewandelt hat, die jeden Tag anders aussieht, dann spätestens jetzt, wenn es heißt, eine „Wildnis" entstehen zu lassen. Denn der Eifer der Kinder ist ganz enorm, zunächst einmal Material herbei zu schaffen. Das liegt sicher unter anderem daran, dass sie mit dem Angebot, das dieses Spielprojekt ganz besonders betont, da anschließen, wo sie sich in ihrem Kleinkind-Dasein nicht ausgiebig genug erproben konnten, nämlich Dinge zu transportieren. Der „Transport" gehört nämlich neben „Linie", „Einwickeln", „Rotation", „Verbinden" zu solchen Lernoperationen,[31] die Kinder unbedingt benötigen, um sich ein Bild von der Wirklichkeit zu machen. Es sind solche Experimente, auf die ich bereits mehrfach im Kontext von Freiheit und Fantasie (freedom und fun) hingewiesen habe, damit derartige Aktivitäten kleiner Kinder nicht als Unart, sondern vielmehr als schöpferische Kraft erkannt werden. Hier nun in der „Wildnis" sollen solche Handlungen offiziell zugelassen, wenn möglich für einige Kinder erstmalig herausgelockt werden, wovon noch die Rede sein wird, wenn begleitende Impulse für alle möglichen Formen von Kreativität ins Spiel kommen (vgl. weiter unten)

Zunächst mutet also die Körperlichkeit (vgl. Kasten 15) an, wenn die „Wildnis" im Gruppenraum entsteht, wenn nämlich Bretter vom Außengelände und aus dem Keller herbei geschafft und senkrecht (zwischen je zwei Stuhllehnen) und waagerecht (über je zwei Tische) verbaut, Taue und diverse Bänder wie Schlingpflanzen um Tisch- und Stuhlbeine gebunden und diverse Vorratskisten mit Bausteinen als Kokosnüsse und Bananen in Tierbehausungen unter diversen Deckenhöhlen verborgen werden und sogleich ein ganzer Pulk munterer Affen über den Erlebnisparcours hüpft. Körperlichkeit mit viel Gelenkigkeit, Balance, Schnelligkeit, gepaart mit Aufmerksamkeit beherrscht sogleich die Szene, noch bevor das Bauspiel ganz vollendet ist. Und noch während viele Kinder sich mit Hingabe der möglichen Verwendung einzelner Bauteile widmen, ist die Wildnis bereits belebt von Fantasie, die sich im Rollenspiel verwirklicht. Und in den wöchentlich wiederkehrenden angeleiteten Bewegungsspielen im Außengelände und in der Turnhalle ergeben sich schier unerschöpfliche Möglichkeiten, mit Bewegungsabläufen zu experimentieren, wenn es gilt, all die Tiere der Wildnis darzustellen.

Aber das Spielprojekt bleibt beileibe nicht in solchen Spielarten stecken, die der Methoden-Baukasten unter *somatisch* ausweist. Sondern die Herausforderungen in diesem Spielthema sind ganz auf die Erfindungsgabe der Kinder ausgelegt. Die Dynamik der handelnden Auseinandersetzung mit dem vielseitig verwendbarem Material führt zu einem Gesamterleben, in dem sich sogleich *soziale* und *kognitive* Erlebnisanteile verwirklichen.

Speziell im *kognitiven* Bereich entstehen in Kombinationen mit den Bauaktivitäten derart viele Lernprozesse, die gar nicht alle genannt werden können, aber im Zusammenhang der Spielprojekte der Kapitel zwei und drei noch nä-

---

31 vgl. Donata Elschenbroich, 2001

her beleuchtet werden, wenn es beispielsweise um das Lernen von Sprache und den Erwerb elementarer mathematischer Vorstellungen geht. Im Bereich dieses Spielprojektes, wo Kreativität im Zentrum der Betrachtung steht, sei zumindest angemerkt, dass durch den Umgang mit Brettern und Möbeln, die miteinander konstruktiv zu haltbaren Landschaften verbunden werden, das räumliche Vorstellungsvermögen ganz erheblich geschult wird. Die Erfahrung zeigt, dass wenig Aufsicht notwendig ist, um auf Sicherheit zu achten, weil die Kindergruppe umsichtig zu Werke geht. Denn alle Kinder wissen, was gespielt wird, nämlich Tiere in der Wildnis, die sich auf gar keinen Fall verletzen wollen.

Das Rollenspiel lebt ausschließlich von spontanen Einfällen der Kinder, die sich von ihrem eigenen Bauspiel inspirieren lassen, und – na klar! – Affen spielen, die sich schnell zu Affenfamilien zusammenfinden. Gleichwohl gibt es auch Individualisten, die vielleicht ein gefährliches Tier abgeben oder Spielfiguren aus früheren Spielprojekten in die neue (Spiel-)Welt hinüber retten und deswegen beispielsweise sich in Rollen von zahmen Haustieren in kuschelige Eckchen flüchten, zumal sicher auch ein Dinosaurier zwischen all den Tierhöhlen unterwegs ist. Dies alles sollte die Spielbegleiterin wohl beachten und jeden Tag zu Beginn des Spiels für klare Gruppendifferenzierung sorgen, wie es der Methoden-Baukasten vorsieht, als auch trotz der Eigendynamik des Spiels nicht auf den Baustein verzichten, der sie daran erinnert, dass Planungsgespräche immer dazugehören (vgl. Kasten 15, kognitiv). Ganz wichtig bleiben in diesem Spielprojekt auch die Reflexionsgespräche, da der Umgang mit Freiheit den bewussten Umgang mit Entscheidungen verlangt, wie später die Spiel-begleitenden Impulse noch verdeutlichen werden.

Wenn die Kreativität der Kinder sich über mehrere Tage entwickelt hat, die „Wildnis" immer wieder durch veränderte Bauideen neue Züge gewonnen hat, die Affenfamilien sich zu stabilen Einheiten mit unterschiedlichen Wohnsitzen entwickelt haben, mit Kind und Kegel vielleicht mehrfach umgezogen sind, um in der Wildnis sich immer wieder neu einzurichten, dann ist es sicher an der Zeit, das die Spielleiterin erneut in ihren Methoden-Baukasten greift und mit der Kindergruppe aus den Spielmotiven eine eigene Spielgeschichte erfindet, um die Kinder darin zu unterstützen, Spielfantasie dahingehend auszuweiten, dass neben dem kreativen Gestalten mit Material jetzt auch soziale Kreativität verwirklicht wird und der „Wildnis" Struktur verleiht. Denn Affen sind ja hervorragend dazu geeignet, verrückte Sachen zu machen, beispielsweise die Welt (vorübergehend) einmal ganz auf den Kopf zu stellen, um sie dann allerdings wieder in verlässliche Angeln zu heben.

Provozierte Konflikte, die der Methoden-Baukasten (vgl. Kasten 15) im *emotionalen* Bereich ansiedelt, können als Stegreifspiel wiederholt in ein laufendes Rollenspiel integriert werden, indem einzelne Kinder sich darin erproben, wie sie vielleicht in der Rolle einer Omi nicht in der Wildnis, sondern in einem hübschen Wohnzimmer, mit einem frechen Äffchen zurechtkommen. *Somatisch*-emotional können solche Episoden auch mit einem Rhythmikspiel vorbereitet werden, indem wie bei dem vorangegangenen Spielprojekt bereits einmal geschildert (vgl. Kasten 11), die Rollenfiguren „Omi" und „Äffchen" in rhythmisch sich wiederholenden Bewegungsabläufen gegenübergestellt und dabei beide gleichermaßen mit liebenswerten, aber deutlich unterschiedlichen Zügen gezeichnet werden. Auf der Grundlage solcher lustigen Spielformen lassen sich auch tatsächliche Konflikte bearbeiten, indem beispielsweise streitende Kinder daran erinnert werden können, dass es bei Problemen im Erstfall genauso mehrere Lösungen gibt wie in den Affenspielen, die deswegen so amüsant sind, weil jedes Omi-Äffchen-Gespann sich etwas anderes ausdenkt, um sich nach anfänglichem Krawall zu vertragen.

Zusätzlich hält der *emotionale* Bereich im Methoden-Baukasten (vgl. Kasten 15) noch andere schöne Möglichkeiten bereit, auf die Kinder häufig selber kommen, sich aber genauso gerne dazu anstiften lassen, wenn in ihren Reihen kein besonderer Pfiffikus ist. Das wäre die emotionale Nähe der Kinder untereinander durch Körperkontakt: Affen entflohen sich gegenseitig. Und das wäre der mächtige Radau, der gefragt ist, wenn ein Unwetter in der Wildnis losbricht. Wie veranstalten wir das am besten? Welch eine Frage! Da werden zwischen Stühlen aufgestellte Spanplatten zum Vibrieren gebracht, über die Lehnen aufgestapelter Stühle zieht mit einem Knüppel ein grollendes Geräusch, und der Schlag mit einem Brett auf die Tischplatte gibt einen kräftigen Donnerschlag her.

Natürlich sollte auch nicht vergessen werden (und deswegen empfehle ich meine Methoden-Baukästen), dass auch dieses Spielprojekt Gelegenheiten bereit hält, mit eher weichen Gruppengesprächen, den Sinngehalt des Spielprojektes (sei kreativ!) aus dem Gruppenraum hinaus zu tragen, etwa mit dem Fantasieangebot: „Wenn ich ein Affe wäre, dann würde ich Zuhause ... "

Abschließend sei erwähnt, dass kreatives Gestalten im Sinne von Malen und Werken natürlich auch deutliche Beachtung verlangt. Dabei geht es in erster Linie um den *Prozess* des Gestaltens und erst in zweiter Linie um das Endprodukt, um dabei allerdings unter Umständen ganz hervorragende Kunstwerke zu erhalten. Und die Krönung des Spielprojektes wäre sicher wohl ein Trip aus der Wildnis hinein in die Zivilisation, um zum einen die Affen im Zoo tatsächlich zu besuchen und zum anderen, um Kunst und Forschung „vor Ort" kennen zu lernen. Dafür wäre allerdings die organisatorische Kreativität der Gruppenleiterin gefragt, die nämlich dann ganz geschickt mit ihrem Methoden-Baustein „Gruppendifferenzierung" umgehen müsste.

Das 6-Punkte-Programm für die Verwirklichung von Kreativität

Wie soeben skizziert, führt das Spielprojekt „Wildnis" die Kinder in ein buntes Treiben, in das alle Kinder einbezogen sind. Dennoch sollte die Gruppenleiterin ein waches Auge darauf habe, was dabei gelernt werden kann. Immerhin verbergen sich in dieser Wildnis neben all den Kriterien für Integration zusätzlich solche bedeutsamen Vorgänge, die gleichzeitig mit einer besonderen Herausforderung für Freiheit und Fantasie verknüpft sind, wie sie der Bildungskanon (vgl. Kasten 5) vorsieht. Dieses Gespann der Bildungsgüter verlangt zum einen den bewussten Umgang mit Entscheidungen, Verantwortung und Problemlösungen (Freiheit) und zum anderen die Fähigkeiten zu Gestaltung, Experiment und Erfindung (Fantasie). Um dem Anspruch eines solchen Bildungsangebotes gerecht zu werden ist eine aufmerksame Spielbegleitung notwendig.

Mit dem nachfolgenden 6-Punkte-Programm für die Verwirklichung von Kreativität (vgl. Kasten 16) möchte ich Zeichen für komplexe Lernvorgänge setzen. Gleichzeitig werde ich an Beispielen verdeutlichen, wodurch anspruchsvolle Begriffe wie Entscheidung, Verantwortung, Problemlösung, Gestaltung, Experiment und Erfindung zu Tu-Wörtern herunter gefahren werden können, wenn es darum geht, Kinder in ihren spontanen Spielhandlungen pädagogisch zu begleiten.

Lernen, was dem Lernen dient

Spaß schließt Ernsthaftigkeit nicht aus, das zeigen Kinder, wenn sie spielen, zumal wenn sie sich in einem Projekt befinden, wo voller Einsatz verlangt wird. So ist es zu allererst ein sehr bedeutsamer Akt, eine *Entscheidung* (vgl. Kasten 16) zu treffen. Dass dies nicht nur lustig ist, erkennen wir an Kindern, die überhaupt keine Ahnung davon haben, wie sie es anstellen können, etwas auszuwählen, was ihnen im Nachhinein auch wirklich gefällt. Sie erkennen nicht einmal den Unterschied von zwei Möglichkeiten. Und umgekehrt ist zu beobachten, dass andere Kinder wiederum mit einer traumhaften Sicherheit genau das aus einer Vielfalt von Möglichkeiten herausgreifen, das sie für sich im Kontext des Projektthemas als passend erkannt haben. Viele Kinder sind jedoch zögerlich, schielen auf das, was andere wählen, und sind unzufrieden, wenn ihre Entscheidung, die eigentlich gar keine richtige war, ihnen nicht den Spaß verschafft, nach dem sie sich sehnen. Denn wer nicht authentisch ist, der kann nicht guter Dinge sein.

Nun ist es ja tatsächlich so, dass im Grunde genommen jedem Tun eine Entscheidung vorausgegangen ist. Denn es ist bereits eine Entscheidung, etwas zu tun oder etwas nicht zu tun; etwas jetzt zu tun oder nachher. Und jeg-

Das 6-Punkte-Programm für die Verwirklichung von Kreativität

1 Entscheidung
Die Kinder lernen den Unterschied zwischen zwei oder mehr Möglichkeiten zu erkennen. Sie lernen eine Alternative auszuwählen und entschieden zu handeln.

Sprachliche Begleitung:
Denk- und Handlungsanstöße durch Fragen, die gleichwertige Alternativen vorschlagen. Die Kinder sollen angehalten werden, nach getroffener Wahl Verbindlichkeit einzugehen.

2 Verantwortung
Die Kinder lernen, auf Fragen, die das eigene Tun betreffen, Antworten geben. Sie lernen, die Wirkung des eigenen Tuns auf die Zukunft zu bedenken. Verantwortliches Handeln setzt die Fähigkeit voraus, Prozess-orientiert zu denken.

Sprachliche Begleitung:
Denk- und Handlungsanstöße durch Fragen, die auf die Zukunft verweisen.

3 Problemlösung
Die Kinder lernen, sich schwierigen Aufgaben zu stellen. Sie lernen, mit Denken und Handeln verschiedene Lösungswege zu suchen und umzusetzen. Sie lernen, bei Streit Konsens herzustellen. Spaß am Denken steht im Vordergrund.

Sprachliche Begleitung:
Denk- und Handlungsanstöße durch Fragen mit Wir-Formulierungen (wie wollen wir …?)
Suchprozess durch zusätzliche Fragen ausweiten.

4 Gestaltung
Die Kinder lernen zu formen, etwas „auf die Beine stellen" oder etwas darzustellen.
Sie lernen, Sinn herzustellen.
Prozess-orientiertes Gestalten hat Vorrang.

Sprachliche Begleitung:
Denk- und Handlungsanstöße durch Fragen.

5 Experiment
Die Kinder lernen, etwas auszuprobieren und zu überprüfen, ob es stimmt, was sie vorher vermutet haben. Sie stellen Versuche an.
Spontane Experimente (Linie, Transport, Einwickeln, Verbinden, Rotation) sind kognitive Operationen.

Sprachliche Begleitung:
Die Kinder werden angeregt, vor dem Experiment Vermutungen hinsichtlich der Ergebnisse zu formulieren.

6 Erfindung
Die Kinder lernen, sich etwas auszudenken und im Handeln zu verwirklichen.
Alles „just for fun"!

Sprachliche Begleitung:
Denk- und Handlungsanstöße in planenden und reflektierenden Gesprächen

Kasten 16

licher Bewegung liegt natürlich eine Entscheidung zugrunde, es sei denn jemand ist Opfer von unkontrollierten Muskelspannungen. Das ist wohl wahr, aber auch im sozialen Kontext wird häufig der Eindruck erweckt, dass Menschen nicht eigentlich wollen, was sie gerade tun. Das ist bedauerlich. Denn ohne bewusste Entscheidungen erfolgt auch kein beherztes Handeln, und ohne beherztes Handeln auch kein Lernen, zumindest nur auf Sparflamme. Das wiederum hat rückwirkend Auswirkungen auf den Spaß, der dann nämlich verdorben ist, wenn der „Glückseffekt"[32] ausbleibt, der sich dann einstellt, wenn eigenes Tun als Leistung erkannt wird. Deswegen geht es zu allererst in der Kindergruppe darum, zu lernen, was dem Lernen dient. Und das heißt: bewusste Entscheidungen treffen.

Somit sind durchaus Impulse nützlich, die geeignet sind, manch' einem versprengten Äffchen in der „Wildnis" auf die Sprünge zu helfen. Dafür sind

32 vgl. Forschungsergebnisse von Hirnforscher Henning Scheich, Die Zeit/Nr. 48, 02

Wildnis „in echt"   Spielspaß mit Ton

Fragen an das Kind zu richten, die gleichwertige Alternativen vorschlagen. Das Entscheidende für eine Entscheidung ist das kleine Wörtchen „oder". Die Beispielliste (vgl. Kasten 17) zeigt, wie die sprachlichen Impulse für Entscheidungen aussehen könnten. Die Wahl zwischen rechts und links von „oder" hilft dem Kind Strukturen in seinem vielleicht bisher diffusen Erleben einzuziehen und Durchblick zu gewinnen in einer Wildnis namens Freiheit: Willst du hartes *oder* weiches Material verwenden? Suchst du Baumaterial im Außengelände *oder* im Keller? Willst du ein kleines *oder* ein großes Tier sein? etc. Von der Beantwortung solcher Fragen gehen Handlungsimpulse aus, die ein Kind handlungsfähig machen und anschließend auch sowohl zu Verhaltenssicherheit in komplexeren Situationen führen als auch eigene Denkleistungen vorbereiten: Richtet sich die Affenfamilie häuslich ein, oder zieht sie weiter an einen anderen Platz? Was sollen zum Spaß die Bananen sein, die gelben Bausteine oder die geknoteten Tücher? etc.

Impulse für Entscheidung

- Willst du weiches **oder** hartes Material verwenden?
- Suchst du nach Baumaterial im Außengelände **oder** im Keller?
- Willst du ein kleines **oder** großes Tier sein?
- Was sollen zum Spaß die Bananen sein: die gelben Bausteine **oder** die geknoteten Tücher?
- Richtet sich die Affenfamilie häuslich ein **oder** zieht sie weiter an einen anderen Platz?
- Was hat dir gefallen, was hat dir nicht gefallen: was willst du anders machen, wenn wir morgen weiter spielen?
- Willst du dich ausruhen **oder** mitspielen; dich ausruhen **oder** aufräumen?

Kasten 17

85

Solche notwendigen Entscheidungen treten deutlich neben dem Bauspiel besonders im Rollenspiel zutage, wo es immer wieder neu darum geht, eine Rolle zu wählen und damit gleichsam sein eigenes Geschick zu lenken. Denn das Leben eines Affenbabys ist in der Wildnis sicher von ganz anderer Art als das eines solitären Dinosauriers oder gar eines Jägers, der seine ganz besonderen Abenteuer sucht. In diesem Zusammenhang sei noch einmal die pädagogische Kraft von Rhythmikspielen erwähnt, die eigens dazu erfunden wurden, dass Kindergartenkinder lernen, für sich selber Stellung zu beziehen.

Ebenso wichtig ist es, Kinder mit Entscheidungsfragen auf ihre augenblickliche Befindlichkeit zu lenken, damit sie lernen zu reflektieren und ihre eigenen Entscheidungen nachträglich zu bewerten. Das setzt voraus, dass mit der vorher getroffenen Entscheidung Verbindlichkeit einhergeht – nach der Devise: du hast gesagt, was du tun willst, und nun tu es auch! Danach können wir gemeinsam klären, ob du es beim nächsten Mal anders machen willst. Hier ist Engagement der Betreuerin gefragt, der es nicht egal sein darf, wenn ein Kind ratlos in der Landschaft steht. Eine betuliche Freundlichkeit und ein geduldiges Zuwarten sind hier fehl am Platze. Der Methoden-Baukasten weist solche Gespräche im Gruppenverband als kognitiv aus, weil die Kinder täglich dazu aufgefordert werden, sprachlich auszudrücken, was vorher vielleicht nur emotional vorhanden war. Diese Bewusstheit durch Sprache halte ich für außerordentlich wichtig, weil dann ein Kind tatsächlich lernt zu wissen, was es will, ganz so, wie es im Bildungskanon (vgl. Kasten 5) ausgewiesen ist. Denn wer weiß, was er will, kann planvoll seine Welt gestalten.

Sehen und verstehen

Wenn Julchen träumt, … dann braucht sie einen Impuls.

Eng verbunden mit der Entscheidungsfähigkeit, die Kinder entwickeln müssen, um ihr weiteres Lernen in die eigene Hand nehmen zu können, ist die *Verantwortung* (vgl. Kasten 16), die sie lernen müssen zu tragen. Gemeint sind nicht die kleinen Hilfestellungen, die größere Kinder den kleineren gerne geben (Schuhe anziehen) oder jedwede schnellen Dienstleistungen (Essenwagen schieben). Solche Beispiele sind zwar auch nett und erleichtern vielleicht den Alltag im Kindergarten, sie sind aber häufig nur auf einen Mechanismus der einfachen Anpassung an vorgegebene Normen zurückzuführen. Ich denke vielmehr an etwas Grundsätzlicheres, nämlich an eine kognitive Leistung. Gemeint ist die Fähigkeit, nicht nur auf den Punkt, sondern in Prozessen zu denken. Das heißt, ein Kind muss lernen, dass sein augenblickliches Handeln Auswirkungen auf eine Zukunft hat, die es zunächst vielleicht gar nicht in der Lage ist zu überblicken. Denn das Privileg eines Kindes ist seine Spontaneität und seine ausschließlich Gegenwarts-bezogene Daseinsform. Dennoch beginnt es gleich an nachher und an morgen zu denken, wenn ein lustvolles Ereignis andauern soll. Ein schönes Spiel soll beispielsweise fortgesetzt und wenn nicht möglich, auf jeden Fall eben nachher oder spätestens morgen wieder aufgenommen werden. Mit dieser zeitlichen Perspektive gilt es, eigenes Handeln zu verknüpfen: *Was* musst du heute tun, damit du morgen auch noch Spaß hast? *Wie* musst du das heute tun, damit wir alle morgen wieder Spaß zusammen haben? Verantwortung zu tragen hat also mit der Fähigkeit zu tun, das eigene Handeln in seinen Auswirkungen auf entfernte mögliche Ereignisse zu emanzipieren, die einen selbst und in einem erweiterten Kontext auch all die anderen betreffen.

Impulse für Verantwortung

- Was wird gleich mit dem Eimer Wasser passieren, den du hier hin gestellt hast?
- Wofür ist das große Brett gut, das du geholt hast?
- Wird die Brücke, die du gebaut hast, halten, wenn die Affen darüber hüpfen?
- Hast du überlegt, wie viele wilde Tiere von dem Futter fressen müssen?
- Habt ihr überlegt, was passieren könnte, wenn ihr zaubert?
- Was werden die Affenkinder machen, wenn ihr sie beim Umzug hier zurück lasst?
- Was wird gleich passieren, wenn du das Unwetter in der Wildnis losbrechen lässt?
- Was werden die anderen Kinder machen, wenn du als Feuerwehrmann in der Wildnis aufkreuzt?
- Wie müssen wir das Material zum Spielen aufräumen, damit wir es morgen schnell wieder finden?
- Was kannst du von Zuhause mitbringen, damit das Spiel morgen noch schöner wird als heute?

Kasten 18

Der Fragenkatalog (vgl. Kasten 18) zeigt, wie mit Fragen Denkanstöße gegeben werden können, die das gegenwärtige Handeln des Kindes mit Zukunft verknüpfen. Gleichzeitig soll dafür sensibilisiert werden, dass kindliches Tun in der Regel gutwillig ist und keine negativen Konsequenzen verdient, wohl aber wertschätzende Kommunikation mit Impulsen, die Prozesse thematisieren. Das fängt im Kleinen an, beispielsweise mit Fragen, wie: was wird gleich mit dem Eimer Wasser passieren, den du da hingestellt hast? Wofür ist das große Brett gut, das du eben geholt hast? Und es setzt sich fort mit Fragen, die größere Zusammenhänge beleuchten, wie: Habt ihr überlegt, was in der Wildnis passieren könnte, wenn ihr zaubert? Was werden die anderen Kinder machen, wenn du als Feuerwehrmann in der Wildnis auftauchst? Mit all solchen Impulsen wächst das Gefühl für Verantwortung, und zwar für das eigene Wohlergehen als auch für die guten Ereignisse der ganzen Spielgruppe. Perfekt ist die Ernsthaftigkeit, die sich mit Spaß verbindet, wenn ein Kind etwas für das Spiel von Zuhause mitbringt, wohl wissend, dass dies ein Beitrag für die Gemeinschaft ist. So ein verantwortungsvolles Verhalten ist ein schönes Zeichen davon, dass Impulse ihre Wirkung zeigen, die Spiel-begleitend und in Gruppengesprächen kontinuierlich platziert wurden, wie es der Methodenbaukasten (vgl. Kasten 15) ausweist.

Sehen und verstehen

Wenn Tom Cornflakes, die er von Zuhause mitgebracht hat, großflächig auf dem Fußboden verstreut, um die Affen zu füttern, … so ist dies ein Zeichen davon, dass er Verantwortung übernimmt.

Pluralität und Mehrdeutigkeit versprechen Abenteuer

Unter Kreativität verstehen wir gemeinhin zu allererst das schöpferische Gestalten mit Material. Und das ist meistens Spaß pur. Wenn wir jedoch an Lustgewinn denken, der auch da vorhanden sein soll, wo es im erweiterten Sinne um künstlerisches Gestalten geht, da gilt es, sich auf diverse *Problemlösungen* (vgl. Kasten16) einzulassen. Denn da, wo der Umgang mit Freiheit (freedom) sich mit Fantasie (fun) verbindet, sind zunächst manche Schwierigkeiten zu überwinden, ganz ähnlich wie bereits im Zusammenhang mit der Entscheidungsfindung skizziert. Für solche kognitiven Leistungen, zu denen Kinder fortwährend herausgefordert werden, ist es meines Erachtens sehr wesentlich, dass eine Erzieherin in sich selber den Gedanken zulässt, dass es angesichts von Problemen immer mehr als nur eine Lösung gibt. Denn in dem Moment, wo die gemeinhin fest verankerte Eingleisigkeit verlassen wird (ICH sage dir, was jetzt zu tun ist), da macht Nachdenken und Vorausdenken jedem unverbildeten Kind Spaß. Das gilt für die Art und Weise, wie sich verschiedene Materialteile zusammen fügen lassen, für die Planung des Spielverlaufs, für die Schlichtung bei handfestem Streit bis hin zu der Lösung von Denksportaufgaben.

Impulse für Problemlösung

- Wie befestigen **wir** die Bauteile?
- Was soll zum Spaß das Fernrohr sein, das der Wildhüter braucht?
- Wie transportieren **wir** das Affenbaby, wenn die Affenfamilie umzieht?
- Bei Streit: was können **wir alle** tun, damit es allen wieder gut geht?
- Wie können **wir** den Ausgang der Geschichte diesmal ganz anders spielen?
- Was machen **wir**, wenn einige Kinder „Wildnis" weiter spielen wollen und einige Kinder „Feuerwehr"?
- Ich bin gespannt, wie **ihrt** diese Denksportaufgabe löst.

Kasten 19

Für all solche Situationen, die Problemlösungen verlangen, weil das vorher bekannte Verhalten diesmal in dieser definierten Situation nicht greift, weil also Schwierigkeiten zu überwinden sind, baut die systemisch-konstruktivistische Pädagogik auf soziale Kreativität. Das bedeutet: an Lösungen, die gefunden werden sollen, sind unmittelbar oder mittelbar alle zu beteiligen, die sich in dem Kontext des Problems befinden. Um solche komplexen Vorgänge in einer Kindergruppe zu unterstützen, sind deswegen Impulse geeignet, die im Plural formuliert sind (vgl. Kasten 19), beispielsweise: Wie können *wir* diese Bauteile mit einander verbinden? Wie können *wir* am besten das Affenbaby transportieren, wenn die Affenfamilie umzieht? Und bei Streit ist die Frage aller Fragen: Was können *wir* tun, damit es *allen* wieder gut geht? Solche Denkanstöße, die sich an die ganze Gruppe richten, fördern naturgemäß eine Mehrzahl unterschiedlicher Vorschläge zutage, so dass beinahe so etwas wie ein sportlicher Eifer entstehen kann, gemeinsam etwas auf die Beine zu stellen, wo gerade eben noch Vereinzelung in Unfrieden herrschte. Mit einer pädagogischen Haltung, die grundsätzlich an möglichst unterschiedlichen Lösungen interessiert ist und somit Pluralität als eine Quelle von Ressourcen erkennt, kann es gelingen, das in einer Kindergruppe – besser noch in einer ganzen Einrichtung – eine Konfliktkultur entsteht, auf der die Kinder auch nach der Kindergartenzeit aufbauen können. Denn die Erkenntnis „Pluralität von Lösungen" hinterlässt sicher ganz nachhaltig hirnorganische Spuren, weil Probleme im Rahmen von Spielprojekten meistens eine intensive Emotionalität aufweisen.

Spannend wird ein solcher Prozess der Problemlösungen dann, wenn Kinder realisieren, dass es immer wieder neu darum geht heraus zu finden, wie sie *diesmal* handeln wollen. Somit wird ein rigides Verhalten nach fixen Regeln im Sinne von „immer so!" ersetzt durch „diesmal so!", beispielsweise bei Stegreifspielen, die in ein laufendes Rollenspiel eingestreut werden und von der Wiederholung leben: bei jedem neuen Durchgang heißt die Aufgabe für die jeweils neuen Rollenspielpartner: Wie werden *diesmal* sich die Omi und das Äffchen verhalten, wenn sie versuchen mit einander aus zu kommen? Was machen sie ganz anders als die anderen?

Sehen und verstehen

Wenn Kevin-Omi dem Störenfried Anna-Äffchen vorschlägt, dass es zuerst auf dem Sofa hüpfen darf und dann Ruhe geben soll, damit Omi sich danach ausruhen kann, ...

Und wenn Lea-Omi dem Störenfried Moritz-Äffchen vorschlägt, dass sie zuerst beide vom Tisch springen und dann zusammen in den Wald gehen, ...

... dann geben alle vier Kinder Beispiele für „Pluralität von Lösungen".

Selbst wenn es um abfragbare Leistungen geht, die Schulfähigkeit auf den Tisch bringen, ist es für ein Kind viel anregender und für seine Persönlichkeitsentwicklung auch viel wertvoller, gemeinsam mit allen anderen nach Lösungen zu suchen, als sich ganz allein mit auftauchenden Schwierigkeiten auseinander zu setzen. Davon wird noch die Rede sein, wenn es in Kapitel drei um den ersten Umgang mit Kulturtechniken geht. Falls in der „Wildnis" Forscher aufkreuzen, was durchaus auch ein Einfall der Spielleiterin sein könnte, dann gilt jedoch bereits hier die Devise: wie könnten *wir* die Entfernung ausmessen, die Anzahl der kleinen und großen Tiere zählen? Wie könnten *wir* vergleichen, welche verschiedenen Lebewesen wir in unserer Wildnis haben … etc.? Bei all solchen Denksportaufgaben, das sei bereits schon hier erwähnt, ist es außerordentlich wichtig, dass intellektuell schnelle Kinder nicht ausgebremst werden (du warst schon dran, jetzt musst du warten). Es ist tödlich, wenn eifrige Kinder wiederholt solche Erfahrungen machen, weil ihnen dann eventuell bereits im Kindergarten ihre Bereitschaft aberzogen wird, sich mit ihrem Wissen und Können in Gruppen zu engagieren. Hier gilt einmal mehr, den Baustein „Gruppendifferenzierung" auszupacken und Lerngruppen so zusammen zu stellen, dass Kinder sich darin nicht behindern sondern ergänzen.

Genauso wenig ist zu akzeptieren, dass einzelne Kinder, mit einem Stoßseufzer bekennen „das schaff´ ich nicht!" und sich vor der Auseinandersetzung mit Schwierigkeiten drücken. Wo bleibt da der Spaß, den andere gerade besonders in solchen Situationen haben, in denen sie wirklich etwas gestalten können. Ich finde es tragisch, dass ausgerechnet solche Erzieherinnen, deren erklärte Leidenschaft dem Basteln gilt, ständig unterwegs sind, Kinder einzufangen, die dazu absolut keine Lust haben. Das sollten sie lassen und stattdessen ihre Angebote überdenken. Denn ich betrachte es als Kunstfehler, wenn ein Lernumfeld nicht erkennen lässt, dass ein Kind darin nach freien Stücken agieren kann. Denn die *Gestaltung* (vgl. Kasten 16) bedeutet im Fokus der Bildungsgüter Freiheit und Fantasie, dass ein Kind Gelegenheiten braucht, um sich selbstbestimmt mit der Wirklichkeit auseinander zu setzen. Denn nur

Impulse für Gestaltung

- Wir wollen mit diesem Material spielen (Ton, Pappmache, Kleister, Farben etc.). Ich bin gespannt, was dabei für unsere Wildnis herauskommt.
- In unserem Gruppenraum soll die Wildnis sein. Wie können wir die herstellen?
- Wie gestalten wir das Ende unserer Spielgeschichte?
- Wie nutzen wir die Gestaltung unseres Außengeländes für unser Spiel?
- Welche Verabredungen wollen wir für unser Spiel treffen?

Kasten 20

dann kann es seine Kreativität ins Spiel bringen und nützliche Erkenntnisse darüber erlangen, wie es (über die Bastelarbeit hinaus) sein Leben gestalten kann. Deswegen sind Prozess-orientierte Auseinandersetzungen hervorzuheben, wenn beispielsweise im Rahmen von „Wildnis" mit Pappmasche' und Fingerfarben Landschaften mit diversen Tieren entstehen, die solange okay sind, wie ihre Schöpfer sie selber als passend bezeichnen. Die Spiel-begleitenden Impulse benennen das schöpferische Gestalten mit Material deswegen auch als „spielen", um den Kindern die nötige Freiheit zu geben, die Gestaltungskraft braucht, um sich zu entfalten, beispielsweise so: Wir wollen heute mit weichem Material *spielen*; ich bin gespannt, was dabei für unsere Wildnis herauskommt (vgl. Kasten 20).

Und schon beginnt das Abenteuer, wenn der Aufmerksamkeitscharakter des Materials (Hmmm, schööön! Matschen und Kneten!) sich mit der Fantasie der Spielmotive „Wildnis" verbindet und sofort wundersame Tiere hinter wundersamen Hügeln und Höhlen hervor lugen. Denn Kinder sind sehr großzügig im Machen und Deuten, wenn sie nicht durch Vorgaben eingeengt werden. Immerhin ist es ja ihre Wirklichkeit, in der sie auch im Rollenspiel Mehrdeutigkeit konstruieren, wenn beispielsweise Bausteine einmal als Futter gut sind und andermal als wissenschaftliche Messgeräte, die die Forscher benutzen. Somit kann ein kleineres Kind genauso mit einem farbenfrohen Matschgebilde die gemeinsame Landschaft bevölkern wie ein Vorschulkind mit einer kunstvoll geformten Skulptur eines Dinosauriers.

Solche Grunderfahrungen bauen das Selbstwertgefühl jedes Kindes auf und färben auf solche Prozesse ab, die mit Sprache die (Spiel-)Wirklichkeit gestalten, um im direkten sozialen Kontakt Abenteuer zu erleben. Eine Idee davon, wie mit Worten die Wirklichkeit abgebildet oder auch ganz neu gestaltet wird, kann Kindern vermittelt werden, indem die Spielleiterin am Morgen vor Spielbeginn im Stuhlkreis eine Geschichte erzählt. Und diese Geschichte verknüpft all die Spielmotive, die sie am Vortage beobachtet hat. Auf diese Weise zeichnet die Geschichte die Spielwirklichkeit nach, die die Kinder selber kreiert haben, und inspiriert sie gleichzeitig dazu, sich ebenfalls sprachlich einzubringen. (vgl. Kasten 21)

Eine Konstruktion der Spielwirklichkeit, wie sie aus der Sicht der Spielleiterin kreiert wird, hat den Vorteil, dass solche Spielelemente zur Geltung gebracht werden können, die in der Dynamik des Spiels zunächst ein eher unscheinbares Dasein geführt haben. Außerdem bietet eine derartige Darbietung eine schöne Gelegenheit, solchen Spielanliegen einzelner Kinder eine Bühne zu geben, die zunächst augenscheinlich gar nicht in das derzeitige Spielthema zu passen scheinen. Wenn beispielsweise morgens beim Kommen ein Kind erzählt hat „mein Papa ist im Krankenhaus", dann kann die Beschäftigung mit „Krank-sein, Pflege und Gesund-werden" auch Einzug in die „Wildnis" finden,

Spielgeschichte „In der Wildnis"

Ich erzähle euch heute die Geschichte vom Flori, der ganz allein in die Wildnis gegangen ist und bei den wilden Tieren viel Merkwürdiges erlebt hat.

Also:
Flori klein ging ganz allein in die Wildnis hinein.
Denn er wollte einmal mit eigenen Augen sehen,
wo all die wilden Tiere wären,
die er aus seinem Bilderbuch kannte.

Und als er schon ganz weit von Zuhause entfernt war,
geriet er in ein Dickicht von Ranken, Büschen und Bäumen.
Da war es ganz schwierig voran zu kommen,
besonders wenn die Schlingpflanzen seinen Weg versperrten.

Flori kroch auf allen Vieren,
und als er sich einen Moment verschnaufte,
da entdeckte er doch tatsächlich über sich zwischen all den Ästen und Blättern
viele, viele Arme und Beine
und viele, viele Hände und Füße und viele, viele lustige Gesichter.

Oje. Oje, dachte da Flori,
das sind ja Affen.
So viele hatte er ja noch nie gesehen!
Sie turnten auf den Bäumen herum.
Und balancierten über Baumstämme, die quer über tiefen Schluchten lagen.
Und hüpften herauf und herunter.
Und hin und her.
Und im Kreise herum.

Da waren ganz kleine dabei und ganz große.
Und alle zusammen machten einen ziemlichen Radau.

Flori hockte sich hinter einen Busch und beobachtete von dort aus,
was die Affen so trieben.

Da gab es einige,
die warfen Bananen und Kokosnüsse von den Baumwipfeln herunter,
so dass Flori seinen Kopf weg ducken musste,
um nicht getroffen zu werden.
Als einmal eine wunderschöne Frucht vor seinen Füßen landete,
da trat er mit solch einem Schwung dagegen,
dass sie zu einem Affen zurück rollte,
der sie sogleich aufnahm
und damit davon sprang.

Da war auch ein Äffchen,
das Flori ganz besonders niedlich fand.
Es war die ganze Zeit damit beschäftigt,
die Schlingpflanzen zusammen zu binden.

Und da gab es einige
die wickelten ihre Babys ein
und waren so lieb zusammen,
dass Flori an seine Mama Zuhause denken musste,
wie sie ihm immer Wadenwickel machte,
wenn er Fieber hatte.

Inzwischen war es jedoch Abend geworden,
und Flori wurde ganz müde.
Da verkroch er sich in eine Höhle,
ganz so wie es all die Affenfamilien taten,
die von einem Platz zum anderen umherzogen,
bis sie endlich da angekommen waren,
wo sie es am besten fanden.

Und weil Flori so allein war
und eigentlich da sein wollte,
wo all die Affen waren,
da rief er ganz laut in die Wildnis hinaus:
Gute Nacht! Alle Tiere müssen jetzt schlafen!
Und noch einmal: es ist Nacht. Alle müssen jetzt schlafen.
Und dabei dachte er an seine Mama Zuhause.

Und als Flori so in seiner kleinen Höhle lag
und anfing zu träumen –
von all dem, was er in der Wildnis erlebt hatte,
da knackte es,
und da raschelte es,
da grunzte, schniefte und grummelte es.
Und dann gab es ein richtiges Gebrüll.

Und weil Flori davon aufwachte
und er vorsichtig aus seinem kuscheligen Versteck heraus spähte,
um zu sehen, was denn da in der Wildnis los sei,
da sah er,
wie ein großer Leopard über den Hügel stürmte .

Er sprang mit einem hohen Satz direkt auf Floris Höhleneingang zu,
und seine funkelnden Augen erblickten Floris blasses Näschen,
das er gerade hinter dem Buschwerk hervor schob
und vor Schreck sogleich wieder zurückzog.

Wer bist denn du?
Sagte da der Leopard.
Und Flori, der sich gar nicht wunderte,
dass dieses große Tier sprechen konnte,
antwortete leise,
aber so, dass man es gut verstehen konnte:
Ich bin ein Forscher.
Ich baue mir ein Haus in der Wildnis,
und morgen setze ich mich an meinen Schreibtisch.

Hm, machte da der Leopard,
und da sagte Flori: darf ich dich umarmen?

Ich bin gespannt, wie die Geschichte heute weiter geht.

Kasten 21

wenn das betreffende Kind oder auch andere das Bedürfnis dazu verspüren. Wichtig ist hierbei die Freiheit der Wahl und deswegen sind solche Impulse ganz offen zu formulieren (Ich bin gespannt, ob …).

Eine Spielgeschichte gibt den Kindern ein Modell dafür, wie ihr eigenes spontanes Spielverhalten Sinnzusammenhänge stiftet. Sie realisieren, dass sie ohne eine Vorlage durch ein Märchen oder ein Bilderbuch ihrem Spiel eine andauernde Gestalt geben können, wenn sie sich mit ihren eigenen Spielmotiven in der Spielgeschichte wieder finden. Sie erkennen dabei auch, dass alles, was sie selber in Medien vorfinden, ebenso von Menschen hergestellt worden ist. Und so nutzen sie die Möglichkeit solch' bewusster Konstruktionen, wenn sie im morgendlichen Stuhlkreis die Gelegenheit bekommen, sprachlich frei zu fabulieren. Abgesehen von der therapeutischen Wirkung für einzelne Kinder, wenn offiziell erwünscht ist, was häufig unerlaubt und deswegen versteckt passiert, nämlich beispielsweise mit Gegenständen zu schmeißen, Krach zu machen oder andere Kinder zu erschrecken, lernen alle Kinder, dass es möglich ist, durch Verabredungen das Zusammenleben zu gestalten. Und trotzdem Abenteuer zu erleben. Denn man kann sich ja darauf einlassen, dass beispielsweise ein Unwetter aufziehen wird, aber keiner so genau weiß, ob es heute und in welcher Vehemenz es tatsächlich passieren wird. Oder einige Tiere der Wildnis können zwar besonders wild, wohl aber zu zähmen sein. Als Erinnerung an die Inszenierung solcher Erfahrungen schlägt die Liste Spiel-begleitender Impulse unter anderem vor, immer wieder neu die Frage zu stellen: Welche Verabredungen wollen wir heute für unser Spiel treffen? (vgl. Kasten 20)

Sehen und verstehen

> Wenn Kevin sich in der Wildnis ein Haus mit einen Schreibtisch baut, dann hat er nicht das Thema verfehlt, … sondern gibt dem Gruppenspiel einen kreativen Impuls.

Der Aufbau bleibenden Wissens

Wie bereits angemerkt, greift die Spielgeschichte, die sich mit leichten Worten aus den Spielimpulsen einer Kindergruppe heraus fädeln lässt und die Kinder motiviert, in ähnlicher Weise weitere Sinnzusammenhänge durch Spielen und Sprechen zu spinnen, absichtlich besonders solche Spielansätze auf, die in normalen Kinderzimmern üblicherweise verboten werden. So gibt es beispielsweise auch im Kindergarten tausend und eine Regeln für den Gebrauch einer so genannten zweiten Ebene, die häufig wie ein Spielhaus in den Gruppenraum eingefügt und über eine Treppe zu erreichen ist: du darfst auf der Treppe nur langsam gehen; du darfst keine Spielsachen mit nach oben nehmen; du musst fragen, ob du nach oben gehen darfst, denn es dürfen nur drei Kinder zur gleichen Zeit oben sein; du darfst keine Gegenstände von oben herunter werfen. O, liebes Kind, wenn es denn so zugeht in deiner Kindergruppe, dann rate ich dir: halte dich von so einem Spielplatz fern! Denn Spaß kannst du da nicht haben. Denn die Verführung ist groß, eine solche Rauminstallation (die nur wegen der zusätzlichen Quadratmeterzahl angeschafft wurde) zu nutzen, um Lernoperationen durchzuführen, von denen die Erzieherin keine Ahnung hat und es deswegen nur Ärger gibt. Gemeint sind die kognitiven Muster, die der Methoden-Baukasten ausdrücklich vorsieht (vgl. Kasten 15) und in der „Wildnis" ihren definierten Platz haben sollen. Die Spielgeschichte setzt solche Impulse, die die Kinder ermutigen sollen, das beherzt zu tun, was sie ohnehin im Kontext eines solchen Spiels tun werden, wo *Experimentieren* zum Bildungsprogramm gehört (vgl. Kasten 16), nämlich (Fall-)Linie, Einwickeln, Rotation, Transportieren, Verbinden spielerisch umzusetzen: die Affen werfen die Bananen von oben herunter (und experimentieren mit der Fall-Linie); die Affen wickeln die Babys ein (ist das, was nicht zu sehen ist, trotzdem vorhanden?); die Affen lassen die Kokosnuss rotieren (ist das, was sich optisch rasant verändert, trotzdem dasselbe?); Affen laufen im Kreis über den selbst gebauten Bewegungsrundlauf (und genießen offenbar hirnorganisch bedingte Sensationen ihres Selbst); die Affenfamilien transportieren Hab und Gut von einem Platz zum anderen, vornehmlich auch von oben nach unten und umgekehrt (ist am veränderten Platz der Gegenstand immer noch derselbe?); die Affen verbinden Schlingpflanzen mit einander(verbinden Tisch- und Stuhlbeine mittels Tauen und Bändern und stiften Zusammenhänge). Solche Experimente brauchen die Wiederholung, um Fragen zu klären wie: klappt das? Wie Klappt das? Was kommt dabei heraus? Ist das immer so? Im Sinnzusammenhang des Spielthemas sind all solche Versuche überhaupt nicht störend und gut zu beaufsichtigen, wenn den Kindern mit Wertschätzung begegnet wird. Statt solche Handlungsabläufe zu verhindern, wird in einem Spielprojekt förmlich auf die Verwirklichung solcher kognitiven Experimente hin gearbeitet, indem die Spielfantasie besonders auch mit dem geeigneten Material zum Spielen angeregt wird. Und was aus Erwachsenensicht vorerst als unsinnig erschien, bekommt eine lernpsychologische Bedeutung für den Aufbau bleibenden Wissens über Gesetzmäßigkeiten der physikalischen Welt. Die Erkenntnis beispielsweise von Konstanz (immer wenn, dann ...) lässt ein Kind sich heimisch fühlen in einer Wirklichkeit, die zunächst in ihrer Vielfalt und Variabilität sehr verwirrend wirkt. Dies alles ist von unschätzbarem Wert. Denn Kinder haben häufig einen enormen Nachholbedarf im Experimentieren, weil ihnen frühe einschlägige Erfahrungen fehlen, die sie bereits als Kleinkinder im familiären Umfeld hätten sammeln müssen. Und so wird manch' ein Kind als verhaltensauffällig bezeichnet, weil der Sinn seiner Spielaktionen nicht erkannt wird. Manches Verhalten (Ausschütten, Werfen, Umstoßen) hätte sich längst erübrigt, wenn es nicht immer wieder unterbunden worden wäre und die sozialen Begleitumstände (weinen, schimpfen, sich entschuldigen) dem Ganzen nicht noch einen zusätzlichen Kick gegeben hätten. In der „Wildnis" werden sie nun zum Programm und damit gleichsam zu „wissenschaftlichen" Experimenten, die durch geordnete Versuchsanordnungen, beispielsweise durch Spiele in der Bewegungshalle (vgl. Kasten 15, somatisch) zu Ergebnissen führen, die dann ein für alle Mal sitzen: so ist die Welt beschaffen.

Sehen und verstehen

> Wenn Marie eine halbe Stunde lang Tisch- und Stuhlbeine mit Bändern verknotet und keine Zeit findet, wie andere Kinder ein Tier zu spielen, dann darf sie nicht gestört werden, denn ... dann führt sie kognitive Operationen durch.

Auf der Grundlage solcher Erfahrungen lassen sich in einem Spielprojekt, das die Spielfantasie mit in die Natur nimmt (Wildnis), naturkundliche Forschung integrieren, was für Vorschulkinder ein besonderer Reiz ist. Als Spielbegleitende Impulse (vgl. Kasten 22) lassen sich „Forscher" beispielsweise dazu anleiten, herauszufinden, was mit Samenkörnern passiert, wenn sie unterschiedlichen Bedingungen ausgesetzt werden (bei Sonne/Schatten, mit/ohne Wasser). Wesentlich für solche Aufgaben ist die Hypothesenbildung (was wird passieren?) und eine Dokumentation der Beobachtungen, die das volle Programm vorschulischer Kulturtechniken nutzt, wie es in Kapitel drei noch dargelegt werden wird. Wichtig im Zusammenhang mit dem Bildungsgut Kreativität ist zunächst jedoch vorrangig, dass Kinder eigene Fragestellungen entwickeln und die pädagogische Begleitung ihrem Forscherdrang Richtung gibt.[33]

Alle genannten Kriterien, die Umgang mit Freiheit und Fantasie aufschlüsseln und Begeisterungsfähigkeit als Bildungsgut ausweisen, münden in *Erfindungen* (vgl. Kasten 16 u. 23). In das Spiel „Wildnis" integriert, kann dabei noch einmal besonderer Spaß entstehen, wenn aufgeweckte Kinder den Bedarf dafür anmelden. Dann kann die frei erfundene Spielgeschichte, die die Kindergruppe selber konstruiert hat, nachdem sie der Fantasietätigkeit ihrer Spielleiterin nachgeeifert haben, auch durch solche Ereignisse ergänzt werden, die dann entstehen, wenn Kinder Erfinder spielen und beispielsweise

---

33 vgl. Literatur, die Naturerleben thematisiert, wie beispielsweise Jürgen Press, 1996. Daniela Braun, 2000

Impulse für Experiment

- Experimentieren mit kognitiven Mustern zu lassen und ermöglichen: Linie, Einwickeln, Rotation, Transportieren, Verbinden
- Was passiert, wenn wir den Samen in die Erde legen (bei Sonne/Schatten, mit/ohne Wasser)
- Was passiert mit Wasser/Eis bei Kälte/Wärme?
- Was passiert, wenn ... ? (Was willst du wissen?)

Kasten 22

Impulse für Erfinfung

- Wir erfinden eine eigene Spielgeschichte.
- Wir erfinden eine verkehrte Welt.
- Wir spielen „Erfinder".
- Wir erfinden eine Spaßmaschine.

Kasten 23

beim konstruktiven Werken eine Spaßmaschine herstellen oder sich im Rollenspiel einmal eine verkehrte Welt ausdenken. Solche Blüten der Fantasie sind allerdings nicht planmäßig zu verwirklichen. Denn wenn nicht bereits längst erkannt, so spätestens hier schmerzlich zu bekennen: Fantasie ist nicht herstellbar. Aber da, wo sie sich an der Wirklichkeit entzündet, da gibt sie Feuer für jegliches Lernen.

Lernen

Lernen ist Anregung

2

n den ersten drei bis sechs Lebensjahren bildet sich hirnorganisch die Substanz heraus, die maßgeblich die Persönlichkeitsentwicklung bestimmt. Hirnforscher weisen ganz vehement darauf hin, dass wir bitte (!) das Potential für Lernen nicht verkommen lassen sollen. Denn die Strukturen, die sich im Gehirn in früher Kindheit bilden, lassen danach im späteren Leben weitgehend nur noch solche Lerninhalte zu, die zu dem bereits Vorhandenen passen. Damit ist das Sprichwort: „Was Hänschen nicht lernt, lernt Hans nimmermehr" neurobiologisch bestätigt.[34] Das ist sehr dramatisch und die Verantwortung für frühes Lernen in der Familie aber auch im Kindergarten immens. Die Hirnforscher gehen davon aus, dass Vererbung und Umwelt zu „fifty-fifty" an der Intelligenzentwicklung beteiligt sind. Sie haben ganz klar erkannt, dass das Nervensystem stimuliert werden muss. Somit bleiben Kinder, die nicht angeregt werden, hinter anderen zurück.[35]

Dieser Tatbestand wird plausibel, wenn wir uns von Neurobiologen die Entwicklung des Gehirns plastisch vor Augen führen lassen.[36] Es geht um die Schaltstellen, die so genannten Synapsen, die von außen kommende Impulse über die Nervenbahnen weiter leiten. Über die Aktivität dieser Synapsen werden die häufig befeuerten Nervenbahnen immer stärker und bauen ein Netzwerk auf, damit alle Regionen des Gehirns zusammen arbeiten können. Dieses Netzwerk im Kopf ist zunächst durch die immense Aufnahmebereitschaft des neugeborenen Kindes derartig verzweigt und mit seinen Verschaltungen derart üppig ausgestattet, dass dieses Potential gar nicht genutzt werden kann. Im Gegenteil: die Vielfalt der Möglichkeiten ist sogar hinderlich für die Lebensbewältigung. Somit werden fortlaufend für eine optimale Nutzung der Nervenbahnen solche Synapsen stillgelegt, die sich als nicht nützlich erwiesen haben in dem Umfeld, in dem sich das Kind befindet. Mit anderen Worten: Schaltstellen in dem Netzwerk, die nicht stimuliert werden durch äußere Einflüsse, werden unbrauchbar. Das ist so weit okay, denn damit entsteht eine gewisse Übersichtlichkeit, die das kleine Kind befähigt, sich zurechtzufinden. Das ist aber nicht immer in Ordnung, und zwar dann nicht, wenn ein Kind zu wenig angeregt wird und es deswegen weit hinter solchen Kindern zurückbleibt, die vielfältigeren Herausforderungen ausgesetzt sind und deswegen ein reicheres Innenleben zur Bewältigung ihres zukünftigen Lebens vorbereiten werden.

Für die Intelligenzentwicklung besonders bedeutsame Areale sind die Stirnlappen, die sich im vorderen Teil des Gehirns befinden. Hier ist unter

34 vgl. Manfred Spitzer, 2002
35 vgl. Lise Eliot, 2002
36 Für eine knappe Zusammenschau vgl. Martin. R. Textor in Kindergartenpädagogik, Online Handbuch.

anderem ein Speicher angesiedelt, genannt Arbeitsgedächtnis, in dem eingehende Informationen kurzfristig abgelagert werden, um sie dann für plan-
volle Handlungen zu nutzen. Von hier aus werden also auch Informationen
koordiniert und an andere Teile des Gehirns weitergeleitet. Die größte Lern-
bereitschaft haben die Stirnlappen vom dritten bis sechsten Lebensjahr, obwohl sie erst zur Zeit der Pubertät voll funktionsfähig werden. Eine riesige
Herausforderung für die Kindergartenpädagogik! Es gilt die kognitive Entwicklung nicht zu verzögern jedoch auch nicht zu forcieren.[37]

Die neurobiologische Forschung gibt uns zu bedenken: der Einfluss des
Umfeldes auf die geistige Entwicklung des Kindes ist erheblich. Auf der anderen Seite können wir nicht den berühmt-berüchtigten Trichter hernehmen,
um uns unserer Verpflichtung zu entledigen, Kinder fit zu machen. Was uns
bleibt, ist eine fürsorgliche Betreuung. Und die zeigt sich im Aufbau von Bindungen und im Vermeiden von Langeweile. Denn darin treffen sich psycho-
logische Beobachtungen und Erfahrungen mit Erkenntnissen der Neurobio-
logie: Kinder lernen da am besten, wo sie sich liebevoll angenommen fühlen,
und wo ihre Neugier Nahrung bekommt. Denn sie können für ihr Lernen nur
das nutzen, was sie vorfinden. Die pädagogische Aufgabe besteht deswegen
darin, für Wir-Gefühl und Neuigkeiten zu sorgen und solche Ereignisse zu in-
szenieren, in denen sich Integration, Freiheit und Fantasie verwirklichen lassen (vgl. Kap. 1). Denn das ist die Basis für jegliches weiterführende Lernen.

Unter solchen Gesichtspunkten kann es durchaus sein, dass eine gute Kindertagesstätte bereits für Kleinkinder (Krippe) bessere Bildungschancen bereithalten kann, als manche gestresste Kleinfamilie, wie bereits Studien in
Amerika belegen.[38] Die Gesellschaft mit anderen Kindern und Kommunikation mit Erwachsenen außerhalb der Familie sind ganz besonders anregend,
weil dann eingleisige hirnorganische Spuren verlassen werden.

Dabei geht es beim Lernen darum, dass Kinder immer wieder sich in Situationen wieder finden, in denen Schwierigkeiten zu überwinden sind. Wie ich
bereits mit den Spielprojekten „Dornröschen" und „Wildnis" gezeigt habe,
sind die Lernprozesse beim näheren Hinsehen durchaus anspruchsvoll, obwohl es sich zunächst „nur" um solche Bildungsgüter handelt, die sich nicht
linear auf den objektiven Nachweis solcher Leistungen zuspitzen lassen, wie
sie üblicherweise als Schulfähigkeit definiert werden. Wie die Übersichten
Spiel-begleitender Impulse (vgl. Kasten 8 u. 16 sowie nachfolgende) belegen,
werden die Kinder durch ihre Spielhandlungen in Auseinandersetzungen mit
ihrer dinglichen und sozialen Umwelt gebracht, die sie ganz kompakt fordern. Deswegen werden vielseitige hirnorganische Prozesse stimuliert. Das
passiert meines Erachtens aber nur, wenn der spielerische Freiraum gewahrt

37 vgl. Lise Eliot, 2002
38 vgl. Lise Eliot, 2002

bleibt und damit die Eigenmotivation der kindlichen Persönlichkeit. Ich finde es zwar außerordentlich wichtig, dass täglich die Zeit des Spielens als organisierte Lernzeit definiert ist, zu der kein Kind fehlen darf, um das Bildungsangebot des jeweiligen Spielprojekts nicht zu verpassen. Gleichzeitig möchte ich jedoch an dieser Stelle noch einmal darauf hinweisen, dass die Freiheit des Kindes in jedem Fall geschützt sein muss, alle Herausforderungen auf seine Weise zu beantworten. Kindergartenbildung wird demnach nicht als schulischer Lernstoff in traditioneller Unterrichtsform dargeboten mit der Erwartung, dass alle Kinder in gleicher Weise agieren – weder bei Angeboten der körperlichen Ertüchtigung oder Sprachförderung noch bei der Vermittlung von Kulturtechniken. Dies ist deswegen erforderlich, damit wir Kinder, besonders wenn sie noch so klein sind, nicht daran hindern, das zu lernen, was für sie hirnorganisch jeweils genau das Richtige ist. Es lohnt sich, die Stirnlappen unserer Kindergartenkinder zu respektieren, die im Kindergartenalter zwar ihre sensible Phase haben, aber eben noch nicht voll funktionsfähig sind und deswegen in der Konfrontation mit zu komplizierten Vorgängen voll abschalten. Impulse, die Kinder in ihr Spiel integriert zur Kenntnis nehmen, werden sie jedoch auf ihre Weise beantworten und dabei ganz bestimmt nach Kräften lernen aufmerksam zu sein, ihre Handlungen zu planen, Urteile abzugeben, sich selbst zu beobachten und flexibel auf unterschiedliche Situationen zu reagieren, um damit kontinuierlich für die strukturelle Verbesserung ihrer Stirnlappen zu sorgen.

Für eine pädagogische Begleitung von Spielprojekten gilt es, immer an die Synapsen zu denken, die es mit eindrucksvollen Ereignissen anzuregen gilt. Zu schade, wenn solche, die beispielsweise für Kunststücke oder Sprachwitz zuständig sind, nur auf Sparflamme feuern oder ganz erlöschen.

Wenn wir für die pädagogische Bewusstseinsbildung Lernen mit Anregung gleichsetzen, um gezieltes Fördern von Kindergartenkindern daraus abzuleiten, dann stehen zunächst die körperliche und sprachliche Entwicklung im Vordergrund. Bewegung und Sprache – beides wird sich allerdings auch ohne unser Zutun von allein, nämlich instinktmäßig verwirklichen. Denn wie wir alle wissen, wird jedes gesunde Kind laufen und sprechen lernen. Und dennoch wird beides von allen Eltern der Welt mit Spannung verfolgt und mit Argwohn beobachtet, wenn bestimmte Erwartungen nicht rechtzeitig, wie man meint, erfüllt werden. Denn die Erfahrung zeigt, dass es tatsächlich nicht unerheblich ist, wann und wie Kinder diese zentralen Fähigkeiten erwerben. Immerhin sind die Motorik und die Sprache die wichtigsten Werkzeuge, um mit der Welt in Kontakt zu treten und sich damit all die Kenntnisse zu verschaffen, die wiederum rückwirkend die Gesamtpersönlichkeit eines Menschen aussteuern.

Und somit kann es uns auch nicht egal sein, ob beispielsweise die Sprachregion in der linken Hirnhälfte zu lange auf frischen Wind wartet und vielleicht das Fenster nach draußen schließt, bevor noch die richtigen Impulse hereingeweht wurden. Immerhin haben erste Studien in Amerika ergeben, dass bei intensiver und strategischer Stimulation schon von Geburt an die Sprachentwicklung ein rasantes Tempo bekam und die so geförderten Kinder schon vor Eintritt in die Schule lesen konnten und weit überdurchschnittliche Schulleistungen auch in nicht-sprachlichen Fächern erbrachten. Somit wollen auch wir im Kindergarten nicht die Zeit verschlafen, zumal Hirnforscher der Sprache eine hervorragende Bedeutung für die gesamte Intelligenzentwicklung beimessen, wenn sie die Sprache als „Organ des Geistes"[39] bezeichnen.

Ich sehe das so: Im Kindergarten werden die Weichen gestellt

Wenn nach der Sommerpause das neue Kindergartenjahr beginnt und die kleinen Neuen ihre ersten Schrittchen durch die Pforte tun, beginnt in vielen Einrichtungen die große Eingewöhnungszeit. Da müssen die Dreijährigen lernen, ihre Schuhe allein aus- und wieder anzuziehen, sie müssen sich merken, wo sie Jacke und Tasche hinhängen, und behalten, wie sie all die Utensilien wieder finden, begreifen, wo die Zahnbürste platziert und wo das richtige Handtuch zu finden ist, wie ein freier Platz am Frühstückstisch zu ergattern, das Butterbrot auszupacken, der Teller zu holen und wieder zu entsorgen ist. Und sonst gar nichts? Ja, richtig: sie lernen abzuwarten, bis sie dran sind mit was auch immer: beim Erzählen, beim Turnen, beim Spielen. Sie lernen, dass die Erzieherin freundlich zu ihnen ist, dass man ihr sagen kann, dass man aufs Klo muss, und dass man sie fragen kann, wann Mama kommt. Manche Kinder funktionieren wie kleine Roboter, und wenn das Programm abgespult ist, schalten sie auf Leerlauf.

Die Bewältigung dieser Alltagsroutine, in die die kleinen Häschen von den alten Hasen eingeschleust werden, ist für kleine Kindergartenneulinge sicher nicht einfach. Und ihre erstaunliche Anpassungsfähigkeit hat den Vorteil, dass sie ganz gut klar kommen. Der Nachteil besteht jedoch darin, dass sie viele Entfaltungsmöglichkeiten verschenken, weil ihr Umfeld insgesamt zu arm ist. Deswegen fragt es sich doch, ob mit der so genannten Eingewöhnungszeit im Kindergarten die Weichen richtig gestellt werden. Ich bezweifele, dass sich über einfache Anpassung solche geistigen Strukturen ausbilden, die geeignet sind, in einem lebenslangen Lernen komplexe Lebenssituationen zu bewältigen. Wo bleibt die Forschermentalität, die Babys auszeichnete? Soll sich ihr Lerneifer

39 vgl. Lise Eliot, 2002

als Kindergartenkinder darin erschöpfen, sich nach einem Umfeld auszurichten, das nur oberflächliches Funktionieren vorsieht? Sollen Puppenecke und Bauecke dafür herhalten, Kinder zufrieden zu stellen, wenn es ihnen eigentlich darum geht, zu erkennen, „was die Welt im Innersten zusammenhält"?

Ich finde, wir sollten ganz klar bekennen: ein traditioneller Kindergarten ist denkbar ungeeignet, dem menschlichen Gehirn auf der Höhe seiner Reifung gerecht zu werden. Wenn wir bedenken, dass ein Kind in seinen ersten drei Lebensjahren schon mehr gelernt haben soll als ein Student in vier Jahren Studium, dann ist zu befürchten, dass es anschließend in seiner Kindergartenzeit seine Kapazitäten verschleudert. Das liegt sicher daran, dass wir die Kinder in zu kleine Räume abschieben und wir davon ausgehen, dass sie schon irgendwie über den Tag kommen werden, obwohl es doch völlig unsinnig ist, dass sie ihren Weg durch eine Menschenansammlung von oftmals über hundert Kindern suchen sollen. Schlimmer noch ist, dass diese Kinderrealität ihnen die Erwachsenen vorenthält, die ihnen beim Lernen beistehen müssten, ganz so wie es in der Natürlichkeit einer Großfamilie gegeben wäre. Es fehlen Vorbilder für zusammenhängende Handlungsabläufe, Denkanstöße für Problemlösungen und Erkenntnisse für die Nützlichkeit von Lerninhalten für die Bewältigung komplexer und wechselnder Lebenssituationen außerhalb eines Kinderzimmers. Von all dem sind Kinder ausgeschlossen, weil sie sich die meiste Zeit ihres Lebens dort aufhalten, wo es außer einer Aufsichtsperson (so gut wie) keine Erwachsenen gibt, die sich ihnen voll und ganz widmen. Das ist neben der zwischenmenschlichen Wärme, die viele Kinder schmerzlich vermissen, auch deswegen bedenklich, weil Bildungsgüter sich nicht ohne Vermittler rekonstruieren lassen. Jemand muss dem Kind das Schloss gezeigt haben, mit ihm im Wald gewesen sein, das Buch vorgelesen, einen Bauplatz ausgemessen, das Kochrezept geschrieben, die Fahrkarte gekauft und das Frühlingslied gesungen und ihm vermittelt haben, was es heißt zu arbeiten. Darüber hinaus verlangt das kindliche Gehirn für den Ausbau seiner Synapsen selbsttätige Auseinandersetzungen und zwar in einem Rahmen, der täglich Neues bereithält und konstruktives Spiel in Gruppen unterstützt.

Viel zu viele Erzieherinnen sind von einer erschreckenden Ahnungslosigkeit was die Kinder betrifft, die sie zu betreuen haben. Sie wissen nicht, welche Fantasien sie begleiten, wenn sie spielen, sie kennen nicht ihre Vorlieben, Fähigkeiten und Anliegen, geschweige denn ihr forschendes Interesse an einer Welt, die zu erobern für sie existentiell wichtig ist. Gepeinigt von der eigenen Langeweile, da sie Kinder nicht als Kommunikationspartner erkennen, verpassen sie das Abenteuer Bildung, das sie mit den Kindern teilen könnten, zumal sie, abgestumpft von der Angewohnheit, während der Freispielzeit ihre (geistige) Auszeit zu nehmen, ihre Freude im Umgang mit Kindern einbüßen.

102

Sprichwörter

Was Hänschen nicht lernt, lernt Hans nimmermehr.
Wer gehen kann, lernt auch springen.
Wer viel schläft, lernt wenig.
Wer nichts gelernt hat, muss die Schweine hüten.
Was man jung lernt, das bleibt.
Ein alter Hund lernt keine Kunststücke.

Kasten 24

Wenn ich deswegen beklage, dass Kindergartenkinder in den meisten Fällen zu wenig lernen, dann kommt fatalerweise noch dazu, dass sie offenkundig auch das Falsche lernen. Denn die Chancen, die das so aufnahmebereite kindliche Gehirn für eine intensive Frühförderung bietet, wird zu einem Desaster, wenn nämlich das Umfeld solche Signale sendet, die Kinder dazu verleiten, kognitive Muster aufzubauen, die alles andere als sozial erwünscht sind. Nach meinen Erfahrungen sind viel zu viele Erzieherinnen blind hinsichtlich solcher Lernerfahrungen, die Kinder in Sackgassen führen. So ist neben dem oben bereits erwähnten „Funktionieren" eine ganze Reihe anderer hirnorganischer Engpässe zu registrieren, wie beispielsweise Konsumieren, Zeit vertreiben, Konflikte vermeiden und Macht ausüben. Ich weiß nicht, was Neurobiologen, die geradezu von der unglaublichen Potenz des kindlichen Gehirns schwärmen, sagen würden, wenn sie das Lernverhalten von Kindergartenkindern kritisch unter die Lupe nehmen würden. Aber auch ohne solche wissenschaftlichen Experten zu bemühen, wird jedem einleuchten, dass keine großen Lernanstrengungen damit verbunden sind, immer wieder zu den gleichen Spielsachen zu greifen, um sie immer wieder in der gleichen Weise in fertig eingerichteten Spielecken zu benutzen, sich in Bällebädern zu wälzen, in Ermangelung eigener Einfälle sich stereotypen Beschäftigungen am Tisch hinzugeben oder mit Toben die Zeit restlos zu vergeuden. Dies mag vergleichsweise harmlos klingen, ist aber unabhängig von dem niedrigen Lernniveau deswegen nicht dauerhaft zu akzeptieren, weil Kinder dabei ein Programm lernen, das heißt: geh' immer den Weg des geringsten Widerstandes!

Früher nannte man Kinder „verwahrlost", wenn sie nicht in der Lage waren, sich für irgendetwas anzustrengen, wenn sie sofort alles haben wollten, was schnellen Genuss versprach und der Rest ihnen egal zu sein schien. Eine solche ungute Entwicklung wurde ganz klar auf eine schlechte Erziehung zurückgeführt. Heute finden wir uns damit ab, dass viele Kinder schlaff in den

Seilen hängen. Und wenn mehr und mehr Kinder als entwicklungsverzögert diagnostiziert werden und so genannte Integrationsgruppen bevölkern, dann wird meines Erachtens vergessen, dass ein hoher Prozentsatz der Lernbeeinträchtigung auf zu geringe Stimulierung durch ein herausforderndes Lernumfeld zurück geführt werden könnte. Denn Kinder sind zwar genetisch vorprogrammiert, sie spiegeln aber auch die Welt wider, in der sie leben und mit der sie sich arrangieren. Und damit meine ich nicht nur solche Familien, die sich in einem dauerhaften Stress befinden und deswegen vielleicht nicht den Umfang an Betreuung aufbringen können, den ein Kleinkind für seine geistig-seelische und körperliche Entwicklung benötigt. Nein, gemeint sind durchaus die Kindergärten, die vielfach dazu neigen den schwarzen Peter von einer Instanz zur anderen weiter zu schieben, statt ganz beherzt Förderprogramme in die eigene Hand zu nehmen. Es wird Expertentum auf den Plan gerufen (Logopädie, Ergotherapie, Motologie, Physiotherapie, Heilpädagogik), wo in den meisten Fällen eigentlich „nur" eine engagierte Kindergartenpädagogik gefragt ist. Vielerorts ist die Einstellung zu beobachten: wenn wir diese Kinder und diese schrecklichen Familien nicht hätten, ja dann könnten wir unsere Arbeit tun. Dies lässt jegliches Verständnis von Integration vermissen. Und was lernen förderbedürftige Kinder, wenn sie aussortiert und delegiert werden? Ganz klar dies: funktionierst du nicht nach der Norm, dann geh zum Arzt, lass' dich behandeln, gib die Verantwortung für dein Lebensglück an der Rezeption ab und schluck' 'ne Pille !

Unabhängig von der Ausbildung der Erzieherinnen, die ganz offenkundig unzureichend ist, ist sicher die Scheu vor Konflikten maßgeblich daran beteiligt, dass Kinder mehr als es ihnen gut tut in Watte gepackt werden. Dann entpuppt sich ein freiheitlicher Erziehungsstil als eine Laisser-faire-Haltung übelster Sorte, weil nämlich in einer Freispielzeit von schätzungsweise täglich 80 Prozent der Anwesenheit im Kindergarten der Zufall regiert und die meisten Kinder den situativen Reizen überlassen bleiben, die in der Enge von Gruppenraum, Flur und Außengelände wahrlich keine wirklichen geistig-seelischen Überraschungen bereithalten.

Eine pädagogische Konzeption, die fördern mit fordern verbindet, würde manchen Sumpf trocken legen und Kindern das bieten, was sie dringend brauchen, nämlich die Chance, hirnorganisch „Power" aufzubauen. Statt „macht nichts!" hieße es dann „streng dich an! Und du wirst sehen, wie viel Spaß wir zusammen haben werden!"

Von so einer couragierten Kommunikation ist nach meinen Beobachtungen viel zu wenig vorhanden. Deswegen bleiben wir notgedrungen noch eine Weile bei dem Thema reduzierten beziehungsweise fehlgeleiteten Lernens und beleuchten einmal das missliche Verhaltenskonzept der Machtausübung. Der Kindergarten gibt den Kindern tatsächlich Anleitungen zur willkürlichen

Dominanz desjenigen, der in der günstigeren Position gegenüber denjenigen ist, die dann notgedrungen in der zweiten Reihe stehen. Das fängt damit an, dass ein Kind, das auf der Schaukel sitzt, bestimmen darf, wer von all den Wartenden als Nächster dran ist. Oder: wer als Erster auf dem Spielfahrzeug sitzt, der besitzt es eben; wer Geburtstag hat, der hat das Privileg, Kreis- und Fingerspiele zu benennen, die dann alle mitmachen müssen. Das sieht vergleichsweise harmlos aus. Aber das Bedenkliche daran ist, dass es bei all solchen Beschäftigungen nicht um die Freude am Tun geht, sondern einzig allein, um die Möglichkeit, über andere Kinder zu bestimmen. Da hat ein Kind nicht etwa eine gute Idee oder einen interessanten Vorschlag einzubringen und sucht für die Verwirklichung Mitspieler, nein – weit gefehlt! Da folgen Kinder einzig allein der Unsitte, Befehlshaber oder Befehlsempfänger zu sein. Die gelangweilten Gesichter sprechen Bände, wenn dann im Morgenkreis zum x-ten Mal „die kleine Bimmelbahn" oder „Bello und sein Knochen" gespielt werden und alle artig mitmachen, damit sie sich nicht die Chance verspielen, dass an ihrem Geburtstag alle nach ihrer Pfeife tanzen müssen.

Ganz unangenehm werden solche Machtspielchen im Mäntelchen von Demokratie („jeder kommt mal dran, und jeder muss sich mal fügen"), wenn fest gefügte Kindercliquen Puppen- oder Bauecken besetzen und einzelne andere Kinder ausgrenzen, indem sie ihnen den Zutritt verweigern und sie nicht mitspielen lassen. Es sind die so genannten artigen Kinder, die sich in dieser Weise verhalten und voll und ganz das Regelwerk der Einrichtung bedienen. Denn wenn Außenseiterkinder von der Erzieherin angehalten werden, die anderen Kinder zu fragen, ob sie mitspielen dürfen, dann sind die Privilegierten im vollen Recht, ihnen eine abschlägige Antwort zu geben. Da kann man eben nichts machen. Und was lernen wir daraus? Richtig! Diejenigen, die in der Machtposition sind, haben das Sagen.

Besonders fragwürdig werden solche geistigen Konzepte, die negative Machtausübung bereits im Kindergarten gesellschaftsfähig machen, da, wo Kinder angehalten werden, Kleineren und (vermeintlich) Schwächeren zu helfen. Da schleicht sich ungewollt und unbemerkt all zu oft Schlechtes ein, wo doch selbstverständlich Gutes gemeint ist. So baut beispielsweise ein Kind in einer Integrationsgruppe keine ethisch wertvollen kognitiven Strukturen auf, wenn es lernt, ein Kind mit einer Behinderung zu seinen eigenen Gunsten zu manipulieren. Denn unter dem Vorzeichen der Hilfsbereitschaft können Kinder mit einem zu geringen Selbstwertgefühl sich selber stärken, wenn sie demjenigen, den sie als schwächer als sich selbst einschätzen, ihren Willen aufdrücken und für die Befriedigung ihrer eigenen Wünsche zu missbrauchen versuchen. Das zeigt sich in Situationen, wo ein Kind, das nach Dominanz strebt und vielleicht kompensieren will, was es selber erlitten hat, ein anderes Kind mit einer Behinderung in der Kuschelecke festhält, wo dieses sich befreien möchte, ihm ein Bilderbuch „vorlesen" will, wo dieses nach eigenen Beschäftigungen strebt, oder ihm in Rollenspielen permanent das Baby sein lässt, wo dieses durchaus ein wildes Tier sein könnte. Und in der Abwicklung der Tagesroutine neigen viele Kinder dazu, ihre Hilfeleistungen derart penetrant anzudienen, dass diejenigen, die Adressaten solcher „Wohltaten" sind, all zu oft zur Passivität verdammt werden.

Auf diese Weise werden Kinder verbildet.

Regeln und Raumstruktur im Kindergarten spiegeln eine vereinfachte Lebenswelt wider, in der Kinder sich weit unter ihren geistigen Möglichkeiten niederlassen und ihre kostbare Zeit vertun. Dabei sind ganz klar die artigen Kinder das eigentliche Problem. Denn all die unangepassten, nämlich die unruhigen, frechen und störrischen Kinder sind es, die auf Veränderung drängen. Wenn der Kindergarten kein Wartesaal sein soll, in dem kleine Menschen vergeblich auf eine bessere Zukunft hoffen – wenn ich groß bin, wenn ich im Schwimmkurs bin, wenn ich in die Schule gehe – dann sollten wir Kindern bereits im Kindergarten Horizonte öffnen statt sie zu verschließen.

In fest gefahrenen Verhältnissen dieser skizzierten Art empfiehlt es sich, einfach einmal etwas anders zu machen. Wie aber werden die Weichen ohne großen Aufwand umgestellt? Meine Empfehlung lautet: verschiebt die Möbel! Denn mit einer veränderten Raumstruktur verändern sich die Strukturen in den Köpfen, nämlich in den eigenen, in denen der Kinder und in denen der Eltern gleich mit. Beispiele geben dem Recht, und es bewahrheitet sich: durch Auflösung der Raumstruktur gerät das System in Bewegung. Es entsteht Flexibilität, und der kindliche Geist ist von der Enge befreit, wenn Puppenecke und Bauecke keine Verhaltensnormen mehr vorgeben. Ein Stauraum wird nicht nur ein Reservoire für Material zum Spielen, sondern auch für gute Ideen, die sich gemeinschaftlich in dem frei gewordenen Raum umsetzen lassen, wie die Erzieherin Marina (E) zusammen mit ihrer Kindergruppe (K) beweist. (vgl. Kasten 25)

Da, wo Fantasie sprudelt, sind die Weichen richtig gestellt. Und je weniger Spielzeug vorhanden ist, desto mehr gehen Kinder auf einander zu und spielen mit einander. Wenn in eine solche Spielatmosphäre neue Kinder aufgenommen werden, dann machen die selbstverständlich gleich mit, ohne fragen zu müssen. Die Weichen sind so gestellt, dass die Devise heißt: sei erfinderisch! Und in der Eingewöhnungszeit werden die Kleinen aufgenommen in ein Spielprojekt wie „Dornröschen", das ihnen von Anfang an ein geistig-seelisches Zuhause gibt mit einem Leben in Integration und der ganzen Spannbreite von Lernmöglichkeiten, die der Bildungskanon bereithält. Kein Kind kommt auf die Idee, sich in abgegrenzte Ecken zurückzuziehen (es sei denn, es will sich ausruhen), und kein Kind vermisst Spielzeug. Denn das Wertesystem einer solchen pädagogischen Konzeption vermittelt jedem Kind be-

Gruppengespräch zum Thema: freier Raum

Die Erzieherin Marina (E) hat mit der Kindergruppe gemeinsam den Gruppenraum umgeräumt. Ein abgetrennter Bereich wurde zum „Schrank" erklärt, in den sämtliche Spielsachen geräumt wurden. Dadurch entstand ein großer Freiraum. Gruppengespräch mit 18 Kindern (K) danach:

Erzieherin: Wenn ihr morgen in die Gruppe kommt, dann ist mit einem Mal alles weg ... und eure Mütter wundern sich ..., dann müsst ihr sagen: das haben alles WIR gemacht.

Kind: Dann denken die Mamas, die Putzfrau war hier.

E: Ihr aber wisst ja, dass ihr das wart, dass ihr tüchtig mitgeholfen habt.

K: Dann sagt die eine Mutter, das haben die alles dahinten hingestellt.

E: Richtig, das erzählt ihr dann. Ihr erzählt, dass ihr alles dahinten hingestellt habt. Und immer, wenn wir was spielen wollen: Höhlen bauen, Häuser bauen, mit Tieren spielen ...

K: Tiger

E: oder Tiger spielen ...

K: ich möchte der Löwe von der Mama sein.

K: oder Elefant spielen ...

E: Alles was wir spielen möchten ...

K: oder Schlangen ...

E: ... alles was wir brauchen, müssen wir hinten holen. Da müssen wir überlegen: was brauchen wir? Gebrauchen wir da einen Stuhl, den wir vorher in der Puppenecke hatten? Brauchen wir Geschirr? Brauchen wir Teppichreste? Wir haben ja zwei Kisten mit Teppichresten. Brauchen wir Bausteine? Was haben wir denn da noch so alles?

K: den Backofen

E: Ja, ob wir vielleicht den gebrauchen ...

K: den Schrank

E: Was noch?

K: Oder den Tisch

K: Oder Autos

K: Oder das Bett

E: Ja, das könnt ihr euch dann da rausnehmen

K: Oder das ... oder das Schatz ... oder den Schatz

E: Den Schatz?

K: Den roten ...

E: Ach, du meinst die rote Schatzkiste, wo die Schienen von der Lego-Eisenbahn drin sind. Richtig. Das können wir uns dann überlegen. Das besprechen wir dann, was wir dann machen wollen.

K: Peter sieht gelb aus

E: Ja, Peter hat sich gestern geschminkt. (einige Kinder haben gestern Kindergeburtstag gefeiert)

K: Ich auch. Ich war ein Löwe

E: Ach, du warst ein Löwe

K: (mehrere Kinder durcheinander)

E: Ach, du bist immer noch ein Tiger.

K: Ich bin immer noch das Baby-Pferd.

E: So, wenn wir dann die Sachen nehmen zum Spielen ...

K: Marina, ... dann denkt meine Mama. Hä, ist ja alles weggeräumt.

E: Ja, dann musst du ihr das erzählen, was wir hier vorhaben.

K: Weißt du was? Wir können auch Tiere spielen.

K: Wir können hier auch immer einen Stuhlkreis machen.

E: Gut, Daniela, das hast du gut erkannt. Wir haben jetzt hier viel Platz. Und wir brauchen nichts beiseite räumen.

K: Marina, hier kann man die Stühle im Kreise stellen und dann hier die Tiere rein tun. Das kann man auch machen.

K: Oder wir machen hier einen Stuhlkreis und dann wird sich da nicht 'drauf gesetzt, und dann können wir Schafe spielen.

E: Da können wir alles mögliche spielen.

K: Füchse

K: Hirsche

K: Ich möchte ein Baby-Hirsch sein.

E: Da können wir ganz viele Ideen haben ...

K: (mehrere Kinder durcheinander)

K: Baby-Pferd

K: das möchte ich sein.

E: Wir haben ja morgen Freitag. Was haben wir morgen?

K: (viele Kinder) Turnen

E: Da können wir ja mal hier turnen. Da könnt ihr ja mal überlegen, was wir alles dazu brauchen. Und dann können wir mal auf dem ganzen Platz, den wir hier geschaffen haben, unsere Turnübungen machen.

K: Oder wir können nach oben gehen (Bewegungsraum)

E: Oben ist es ja enger. Wir probieren es morgen mal hier aus, weil wir ja hier so viel Platz geschaffen haben.

K: Oben!

E: Nein, morgen hier. Ihr könnt euch ja bis morgen überlegen, welche Sachen wir zum Turnen gebrauchen ...

K: Marina, wir können auch mit die Kissen einen Bus bauen.

E: Mit den Tischen einen Bus bauen?

K: Ich meinte mit die Kissen ein Bus bauen.

E: Mit den Kissen? Ja, das kann man auch. Womit kann man auch einen Bus bauen?

K: Mit Stühle

K: Mit Tische

E: Ja, mit Kissen, mit Stühlen, mit Tischen

K: Marina, weißt du was? Wir können auch ein Auto bauen.

K: Au ja, genau ... (mehrere Kinder)

K: Weißt du, was man damit auch noch bauen kann? Ein Stall.

E: Einen Stall? Für wen?

K: Für die Schafe und die Pferde.

K: Und ein Motorrad kann man auch bauen.

E: Das müsst ihr mir dann ja zeigen. Wir haben ja dann ganz viel Zeit, dass wir alles Mögliche ausprobieren können.

K: (mehrere Kinder/ wie sie sich einmal weh getan haben zu Hause)

K: Marina, weißt du, was auch mit den Stühlen geht? Da kommt das so für die Pferde. Da kann man eine Decke rauf machen, und dann ist das die Höhle.

K: Marina, wir können auch ein Auto oder ein Bus bauen.

E: Das probieren wir dann alles aus.

Kasten 25

reits am ersten Tag im Kindergarten: Gestalte gemeinsam mit den anderen Kindern deine (Spiel-)Welt! Und die Kinder begreifen es sofort, denn es gibt nichts, was sie lieber täten. Sie tun es mit Begeisterung und lernen, lernen, lernen.

Lernen ganz so wie ich es in dem ersten Kapitel geschildert habe, als es um Integration und Kreativität ging. Sie lernen, welterfahrene Menschen zu sein, indem sie im Kindergarten das Lernen so fortsetzen, wie sie es als neugeborene Babys begonnen haben: sie erproben das Mögliche im Handeln und Denken, erkennen die Unterschiede zwischen ihren eigenen Wünschen und denen anderer, und sie sind gerade deswegen leidenschaftlich bei der Sache, ihr Interesse und ihre Begabung für ein kultiviertes Zusammenleben zu verwirklichen. Und das ist noch nicht alles. Denn gleichzeitig vervollkommnen sie den Gebrauch ihrer sensorischen und motorischen „Werkzeuge" für die Eroberung ihrer Welt als auch ihre Intelligenz, um sich darin konstruktiv einzurichten.

Wenn Kindergartenneulinge sich in der Gemeinschaft mit den alten Kindergartenhasen für die Erfüllung all ihrer Grundbedürfnisse im Rollenspiel erproben, dann passen sie sich intuitiv an das selbst erschaffene Wertesystem der Spielgruppe an und erfahren eine Persönlichkeitsbildung, die ihnen einfach nur gut tut. Denn wie jeder, der jemals eine Kindergruppe in einem Spielprojekt begleitet oder beobachtet hat, weiß: das schöne Spiel soll niemals enden, und dafür bringt sich jedes Kind nach Kräften ein. Sie setzen als Dreijährige im Gruppenspiel fort, was so ersprießlich begann, als sie sich als Neugeborene dran machten, sich in der Welt zu orientieren, und als Neugier und Abenteuerlust ihr hell waches Leben bestimmten.

Bildungsgut Identität

Der Bildungskanon (vgl. Kasten 5) weist im Grundbedürfnis „power" die Bildungsgüter Soma und Sprache aus, die psychologisch als Eckpfeiler für Ich-stärke anzusehen sind. Denn wer selbstbewusst durchs Leben gehen will, der braucht ausgiebige Erfahrungen mit Körpereinsatz und sprachlicher Kommunikation. Beides macht ganz elementar seine Identität aus, nämlich die Unverwechselbarkeit seiner Persönlichkeit.

Für beide Bereiche des Lernens wird wiederum zwischen Können und Wissen unterschieden und mit je drei inhaltlichen Schwerpunkten belegt. Mit den Spielprojekten „Zirkus" und „Piraten" werde ich zeigen, wie Kinder in ihrem Gruppenspiel sich die spezifischen Bildungsgüter aneignen und mit zusätzlichen Impulsen in ihrer Persönlichkeitsentwicklung gefördert werden können.

Soma steht für ein geerdetes Leben

Soma steht für ein geerdetes Leben, aus dem der Geist erwächst. Im Kontext von Bildung werden deshalb alle solche körperlichen Kompetenzen in den Fokus gerückt, die ein Kind benötigt, um handelnd seine Intelligenzfunktionen aufzubauen. Der Bildungskanon verweist im Bereich „Können" auf Gelenkigkeit, Kraft, Schnelligkeit, Gleichgewicht und bringt diese Körperlichkeit mit der Fähigkeit des Kindes in Beziehung, aufmerksam und ausdauernd zu spielen und zu arbeiten (vgl. Kasten 5, Soma/Können, 1). Diese primär motorischen Basiskompetenzen[40] sind neben Aspekten der Gesundheit deswegen von grundlegender Bedeutung für die geistige Entwicklung eines Kindes, weil die Erfahrung zeigt, dass Kinder mit der bezeichneten Präsens von Körperlichkeit genau die Aufmerksamkeit an den Tag legen, die die handelnde Auseinandersetzung mit der dinglichen Wirklichkeit verlangt, um geistige Strukturen aufzubauen. Ja, man könnte beinahe sagen, dass es eine Eins-zu-eins-Übersetzung von Körper und Geist zu geben scheint, wenn wir uns vor Augen halten, dass mit körperlicher Kraft die Intensität im Denken und mit motorischer Schnelligkeit und Gelenkigkeit auch Tempo in der geistigen Auffassungsgabe zusammengeht. Und wenn Gleichgewicht sowohl sensorische und motorische Funktionen verlangt, dann lässt sich unschwer vorstellen, dass dieses komplexe Zusammenspiel auch Auswirkungen auf die geistig-seelische Aktivität hat. Die Aufnahmebereitschaft für äußere Eindrücke ist sicher günstiger, wenn alles im Lot ist. Und die Selbstbeherrschung, ohne die eine geschickte Koordination von Bewegungsabläufen gar nicht zustande kommen kann, kommt sicher auch solchen Lernvorgängen zugute, die Disziplin verlangen wie beispielsweise schulische Aufgaben, die am Schreibtisch zu erledigen sind. Eine gute körperliche Kondition begünstigt somit geistige Leistungen, und es lohnt sich, in der Pädagogik solche Zusammenhänge gewissenhaft zu beachten. Das besagt allerdings noch nicht, dass Kinder mit einer körperlichen Beeinträchtigung gleichzeitig die Dümmeren sein müssen, denn das Gehirn ist unglaublich erfinderisch, Defizite zu kompensieren. Der Königsweg der Intelligenzentwicklung geht allerdings sicherlich über körperliche Leistungsfähigkeit.

Dies zu verwirklichen, ist ein volles Programm, wie nachfolgendes Spielprojekt zeigt. Und sehr viele Kinder benötigen bereits im Kindergarten ganz gezielte Impulse, um ihre Körperlichkeit zu verbessern, damit sie nicht ein paar Jahre später zu denen gehören, deren Fitness bemängelt wird und die im Intelligenztest schlechter abschneiden als diejenigen, die nicht nachgelassen haben, Bewegungsfreude an den Tag zu legen.[41] Somit verlangt der Bildungs-

---

40 vgl. Dietrich Eggert, 1993
41 vgl. Klaus Bös, Sportwissenschaftler der Universität Karlsruhe und Renate Zimmer, Sportpädagogin von der Universität Osnabrück, in Die Welt, 24. Febr. 2003

kanon von jedem Kindergartenkind täglich Körpereinsatz, und zwar vorrangig motiviert durch Spielhandlungen, die es veranlassen, vom Tisch aufzustehen und solche Erfahrungen zu sammeln, die geeignet sind herauszufinden, wie man selber zu seinem körperlichen Wohlgefühl beitragen kann (vgl. Kasten 5, Soma/Können, 2). Die Grundlagen dafür müssen meines Erachtens im Kindergarten gelegt werden, damit Menschen nicht erstmalig mit fünfzig im Volkshochschulkursus lernen, auf ihren Körper zu achten.

Begleitend zu diesem Können im Bereich Soma schlägt der Bildungskanon vor, dass Kindergartenkinder einfaches Wissen davon erwerben, wie ihr Körper beschaffen ist, sowie ausgewählte Kenntnisse über Gesundheit (vgl. Kasten 5, Soma/Wissen, 1 u. 2). Dies sind Themen, die im Kindergarten gerne aufgegriffen werden. Sie gewinnen dann an Wert, wenn sie im Kontext von Spiel und Spaß dargeboten werden und die Kinder ihre Kenntnisse selber anwenden können, beispielsweise in der Vorbereitung und im Verzehr eines selbst hergestellten gesunden Frühstücks.

All diese Möglichkeiten, Körperlichkeit zu thematisieren, stehen im direkten Bezug zu der Identitätsfindung kleiner Kinder. Ganz wesentlich in diesem Zusammenhang ist zusätzlich ein Wissen darüber, wie Jungen und Mädchen resp. Männer und Frauen sich von einander unterscheiden, beziehungsweise sich auch gleichen. Dafür ist erforderlich, dass Kinder Berufe kennen und Vorbilder haben (vgl. Kasten 5, Soma/Wissen, 3). Mit dieser vergleichsweise selbstverständlichen Thematik wird beim genaueren Hingucken ein riesiges Fass aufgemacht. Denn dann wird ersichtlich, dass wir eine so genannte geschlechtsbezogene Erziehung brauchen, die insbesondere die Problematik von Jungen in einer von Frauen dominierten Kinderwirklichkeit auflöst.[42] Das verlangt sicher von den Erzieherinnen Selbstreflexion und die Bereitschaft, das weibliche Ambiente der Einrichtung, in dem Jungen nur mühsam oder gar nicht ihren Platz finden, zu hinterfragen. Denn wo der Bildungskanon auflistet, ein gebildetes Kindergartenkind sollte traditionell „weibliche" und „männliche" Aktivitäten gleich gut können (vgl. Kasten 5, Soma/Können, 3), da gehört neben die Kinderküche auch die Werkbank, neben die Hängematte auch der Fußballplatz, neben das Kätzchen und die Tänzerin auch Pokemon und die Piraten und neben den Reigen auch der Ringkampf. Und ganz besonders eine planmäßige Gruppendifferenzierung, die Mädchen als auch Jungen Möglichkeiten eröffnet, sowohl das eine wie das andere zu erproben und im Zuge solcher planmäßiger Erfahrungen die ganz persönlichen Vorlieben zu erkennen. Spielprojekte versuchen all solchen Überlegungen gerecht zu werden, ganz besonders der „Zirkus", mit dem exemplarisch gezeigt wird, wie über Körperlichkeit die Entwicklung von Identität unterstützt werden kann.

---

42 vgl. Timm Rohrmann et al., 1998

Sprache erschließt Welten

Sprache erschließt Welten, und zwar die äußere Welt mit den dort befindlichen Tatsachen und Handlungen genauso wie die innere Welt mit den Erlebnissen und Gedanken. Es sind jedes Mal Worte, die innere oder äußere Merkmale bezeichnen, Begriffe bilden und Bewusstsein schaffen. Mit Sprache tritt das Kind zunächst mit seinem Umfeld und dann sogleich auch mit sich selbst in eine direkte Beziehung und deutet mit dem Gebrauch der Worte die äußere und innere Welt. Ja es erschafft buchstäblich durch seinen ganz eigenen Umgang mit Bedeutungen seine eigene Wirklichkeit. Ähnlich wie mit seiner Körperlichkeit formt das Kind mit der Verwendung von Sprache seine unverwechselbare Einmaligkeit und bewirkt gleichzeitig mit seinem Einzug in die sprachliche Kommunikation seine kulturelle Eingebundenheit. Trotz seiner Individualität, die es mittels Sprache unter Beweis stellt, ist es auf das gleiche „Material" angewiesen, das alle Menschen seines Umfeldes mit einander teilen. Es muss Sprache hören, um selber Sprache entwickeln zu können. Die angeborene Sprachfähigkeit, mit der jedes Baby seine Familie entzückt, wenn es die ersten Laute von sich gibt, verkümmert, wenn die sprachliche Umgebung arm ist. Wenn also der Bildungskanon hervorhebt, ein Kind sollte in seiner Muttersprache differenziert und flüssig sprechen können (vgl. Kasten 5, Sprache/Können, 1), dann stellt das durchaus eine pädagogische Herausforderung dar. Denn da, wo in dem Zuhause eines Kleinkindes kaum Leute vorhanden sind und die wenigen Bezugspersonen kaum mehr als das Notwendigste sprechen, da kann kein hirnorganisch noch so gut ausgestattetes Kind in dem Umfang Sprache erwerben, wie eigentlich zu erwarten wäre. Wenn amerikanische Studien[43] davon berichten, dass ein Kind von 20 Monaten dennoch bereits einen Durchschnittswert von 169 Worten aufweist und bei Eintritt in den Kindergarten schon mehrere Tausend Begriffe abgespeichert sind, da wird mir ganz blümerant ob der Einsilbigkeit manch' eines deutschen Kindergartenkindes, ganz zu schweigen von all den Kindern, deren Deutsch nur die Zweitsprache ist. Denn es ist leicht vorstellbar, dass der passive Wortschatz wieder verkümmert, wenn er nicht aktiviert wird.

Wenn ich eingangs davon gesprochen habe, dass Sprache Welten erschließt, und diese Botschaft wie eine Fanfare klingen sollte, dann ist angesichts solcher Nachlässigkeit im Umgang mit Kindern die Dramatik nicht intensiv genug zu zeichnen. Denn ohne ausreichende Sprachfähigkeit sind derart benachteiligten Kindern die Wege sowohl zur Selbstfindung als auch zur Konstruktion von Erkenntnis über die Welt weitgehend verstellt.

43 vgl. Lise Eliot 2002

Der Bildungskanon verweist auf die Notwendigkeit, dass Kinder ein Wissen darüber erlangen sollten, dass viele (die meisten?) Probleme des Alltags mit Sprache gelöst werden können (vgl. Kasten 5, Sprache/Wissen 1). Wie ist so ein Bildungsgut an Kinder zu vermitteln, denen vorweg der Erwerb von Können versagt wurde? Der Bedarf an Bildung ist hier ganz erheblich. Allerdings ist für Kinder im Vergleich zu Erwachsenen ein Sprachunterricht nicht die geeignete Methode. Denn mit Kindern kann und sollte man nicht Vokabeln pauken und die Grammatik durchnehmen. Das wäre sicher vergebliche Liebesmühe. Wenn wir uns vor Augen halten, wie Kleinkinder, die in einer Atmosphäre von Geborgenheit und liebevoller Zuwendung aufwachsen, sprechen lernen, dann wird deutlich, dass für die Entwicklung und Förderung von Sprache kein Unterricht notwendig ist. Die besten Lehrmeister sind Spiel und Spaß, und die sollen es auch bleiben, selbst wenn der Notstand namens Sprachlosigkeit in unseren Kindergärten noch so groß ist. Mit dem Spielprojekt „Piraten" möchte ich dafür ein Beispiel geben (vgl. unten), wie Handeln Sprache vorbereitet und wie durch Sprache wiederum neues Handeln entsteht.

Damit wären wir in dem besten Fahrwasser, um dem zweiten Gesichtspunkt gerecht zu werden, den der Bildungskanon im Fokus auf Sprache ausweist: Ein gebildetes Kindergartenkind sollte nämlich Geschichten erzählen können und begleitend dazu auch ein Wissen darüber erwerben, dass es Schriftsprache gibt (vgl. Kasten 5, Sprache/Können u. Wissen, 2). Geschichten zu erzählen ist mehr, als mit dem Austausch von Worten die notwendigen Absprachen zu treffen, damit die Alltagsroutine klappt. Es ist auch etwas anderes, als mit Worten zu klären, wie Schwierigkeiten in Sachzusammenhängen und Meinungsverschiedenheiten zu überwinden wären. In all dem sollten Kindergartenkinder natürlich auch Erfahrungen sammeln, und der Bildungskanon weist dies auch im Fokus auf Integration aus (vgl. Kasten 5, Integration/Können, 1). Im Zusammenhang mit dem ganz substantiellen Spracherwerb jedoch möchte ich mit dem genannten Hinweis darauf aufmerksam machen, dass es meines Erachtens zutiefst menschlich ist, seine eigene Weltsicht zum Ausdruck zu bringen. Menschen erzählen Geschichten und vermitteln damit, worauf es ihnen ankommt im Leben. Eigene Erlebnisse, eigene Gefühle und Ansichten in Worte zu kleiden, das macht Sprache als *die* Domäne menschlicher Existenz aus. Denn auf diese Weise wird durch Kommunikation eine Wirklichkeit konstruiert, in der sich innere und äußere Welten begegnen. Kinder sind Weltmeister im Geschichten erzählen. Und noch bevor sie flüssig die Worte an einander reihen können und die Grammatik richtig hinkriegen, kann es ihnen gelingen, ihre Zuhörer in ihren Bann zu ziehen, wenn diese denn ihnen mit Achtung begegnen. Denn wichtiger als alles andere im Bildungsprozess ist, dass Kinder die Erfahrung machen, dass sie mit Sprache ihren Beitrag leisten können, die Welt, in der wir alle leben, zu gestalten. Deswegen ist das A und O der Sprachförderung das Sinn entnehmende Zuhören seitens der Erzieherin. Denn hinter einem kleinen Satz verbirgt sich unter Umständen die ganze Lebensweisheit eines kleinen Kindes. Darauf werde ich noch näher eingehen, wenn ich im Praxisteil der Sprachförderung über solche Impulse sprechen werde, die für die Kommunikation mit Kindern sich als nützlich erwiesen haben. Hier sei zunächst einmal vermerkt, dass der Hinweis, ein Kind sollte Geschichten erzählen können, in erster Linie meint, es sollte in der Lage sein, ganz eigene Anliegen in Sprache zu kleiden. Das bedeutet gleichzeitig, dass es im Zusammenhang sprechen und sich mit solchen „Sachverhalten" verständlich machen kann, die nicht jetzt, sondern in der Vergangenheit geschehen und von daher intellektuell anspruchsvoll sind. Verbunden mit dem Erlebnis, eine eigene Geschichte erzählen zu können (die zunächst manchmal nur aus zwei bis drei Sätzen zu bestehen braucht) lässt sich Kindern auch verständlich machen, dass all die anderen Geschichten, die sie bereits gehört oder vorgelesen bekommen haben, auch „nur" gedachte oder erdachte, auf jeden Fall konstruierte Wirklichkeiten sind.

Abschließend sei noch darauf hingewiesen, dass der Bildungskanon bezüglich der Sprachförderung verlangt, dass ein Kind weiß, dass es Muttersprachen und Fremdsprachen gibt, und dass es mehrere Sprachen unterscheiden kann (vgl. Kasten 5, Sprache/Können u. Wissen, 3). Dies mag in Einrichtungen mit einem hohen Ausländeranteil selbstverständlich sein. Es ist aber auch dort zu hinterfragen, ob Kinder in dem Sprachengemisch wirklich Bescheid wissen.

Bleibt noch zu klären, ob Kindergartenkinder bereits eine Fremdsprache lernen sollten. Da wäre die Antwort natürlich: Ja! Denn in der Zeit bis zum sechsten Lebensjahr befindet sich das hirnorganische Sprachzentrum in der so genannten sensiblen Phase, was so viel bedeutet, dass es in der Kindheit besonders eindrucksvoll auf Sprachanreize anspringt und mit einer solchen hinreißenden Leichtigkeit lernt, dass man als Erwachsener nur vor Neid erblassen kann. Also nichts wie ran, so könnte man meinen. Aber! So lange bei sehr vielen Kindergartenkindern die geistigen Strukturen noch nicht einmal für die Muttersprache richtig installiert sind, sollten wir Kinder davor bewahren, dass sie sich in ihren Köpfen verzetteln. Und wir gleich mit, wenn wir nämlich darauf verzichten, die richtigen Akzente in der Sprachentwicklung zu setzen. Zunächst geht es wirklich darum, im Alltag jeder Kindergruppe eine reiche Sprachwelt zu schaffen. Verkrampfte Sprachprogramme, die mit einer veralteten Pädagogik Kinder wieder zu Befehlsempfängern machen, wo wir gerade dabei sind, Kind-orientiert zu arbeiten, schaden mehr als dass sie nutzen. Denn kurzfristige Leistungsergebnisse hinterlassen wahrscheinlich nur flüchtige oder gar keine Spuren im Sprachzentrum des kindlichen Gehirns, weil Kinder Gelerntes über den Sprachunterricht hinaus im Alltag nicht verwenden und deswegen auch den Nutzeffekt ihrer Lernanstrengungen nicht erkennen. Dennoch müssen wir im Bildungskanon nicht auf eine Fremdsprache verzichten. Dann aber geht es um das Kennenlernen beispielsweise von Englisch und nicht im engeren Sinne um Lernen von Englisch. Dann geht es um Sprachwitz mit viel Spaß und Unbefangenheit, wenn in das laufende Rollenspiel integriert, ein wenig fremdsprachlich parliert wird, ganz so wie Piraten es eben versuchen, wenn sie Mr. Friday auf seiner einsamen Insel begegnen.

Alles in Allem geht es darum, dass für die Förderung der Sprachfähigkeit mehr als bisher in Kindergärten üblich, eine reichhaltige Sprachatmosphäre geschaffen werden muss, in der die Kinder schwimmen lernen wie die Fische im Meer. Wie eine anregende Sprachpraxis gestaltet werden kann, zeige ich mit allen Spielprojekten, ganz besonders mit den „Piraten", die exemplarisch dafür sorgen, dass Spaß mit Worten jedes fantasievolle Spiel in verteilten Rollen bereichert.

Kinder spielen „Zirkus" und lernen für Körper und Geist

Wir erinnern uns, Kinder haben ein ganz ausgeprägtes Grundbedürfnis, „Power" zu entwickeln. Sie wollen groß und stark werden und zu jeder Zeit unter Beweis stellen, dass mit ihnen zu rechnen ist. Sie tun ihr Bestes, um ihre Ichstärke aufzubauen. Dennoch sind viele Kinder nicht gut drauf. Und für ihr leibliches Wohl ist nicht unbedingt gut gesorgt. Selbst Jungen, die mit Körperlichkeit imponieren wollen, sehen nicht besonders imposant aus, wenn es ihnen bei Bewegungsspielen in der Turnhalle nicht gelingt, über ein kleines Stöckchen zu springen.

Und überhaupt! Jungen sind benachteiligt. Einer Studie[44] zufolge schaffen sie gegenüber Mädchen seltener das Abitur und häufiger keinen Hauptschulabschluss. Ich kann mir nicht vorstellen, dass dies nur an den Genen liegt. Im Gegenteil, es spricht viel dafür, dass sie sich nicht selbstbewusst entwickeln, weil sie sich all zu häufig von solchen Orten entfernen, wo sie eigentlich Entwicklungsimpulse zu erwarten haben sollten, nämlich beispielsweise von dort, wo ihre Erzieherinnen sich aufhalten. Was sollen sie aber da, wo Frauen ihnen im Wege stehen? Viele kleine Jungen erkennen ihre Chance, eine männliche Identität aufzubauen, einzig und allein darin, sich dem weiblichen Einfluss zu entziehen. Dann streben sie in die Flure, in die Bewegungshalle oder hinter die letzten Büsche im Außengelände, ohne eigentlich wirklich zu wissen, was sie da suchen. Ihr Einfallsreichtum an Spielideen bleibt da eher hinter dem von Mädchen zurück. Und Rangelspiele sind zwar wichtig, weil sie zweifellos emotionale Nähe und das Erleben von Wir-Gefühl herstellen, haben aber auch häu-

44 vgl. Studie von Michael Diefenbach und Heike Klein , 2002

fig Züge von Verlegenheitslösungen bei Langeweile. Es wäre wohl gelacht, wenn Jungen körperlich – und darauf aufbauend auch geistig – nicht voll leistungsfähig wären, wenn Männer in Kindergarten und Grundschule an ihrer Seite wären, um ihnen zu zeigen, wo es lang gehen könnte. (Allerdings hätten diese männlichen Vorbilder auch nicht einzig und allein einer Frauendomäne ausgeliefert gewesen sein dürfen, als sie selber kleine Jungen waren.)

Aber auch die Mädchen sind nicht viel besser dran. Abgesehen davon, dass sie per Augenschein häufiger in ihren Bewegungsabläufen gewandter und geschickter wirken, verkümmern viel zu viele, die nicht zu diesen aufgeweckten Mädchen gehören, am Basteltisch, in der Kuschelecke oder in der Sandkiste. Sie werden allzu leicht Opfer ihrer weiblichen Vorbilder, die als Erzieherinnen Gemütlichkeit über alles stellen und ihren Arbeitsplatz mit ihrer privaten Wohnstube verwechseln. Somit sind auch für Mädchen die Möglichkeiten der Identitätsfindung häufig zu gering.

Erzieherinnen und die versprengten männlichen Kollegen sollten dringend ihre eigenen Erlebnis- und Verhaltensweisen reflektieren und ihren Blick weiten für die kindlichen Grundbedürfnisse, die nämlich für Jungen und Mädchen sowohl die traditionell mehr weiblichen als auch die traditionell mehr männlichen Entfaltungsmöglichkeiten der Persönlichkeit verlangen.

Nun muss ich allerdings zugestehen, dass Erzieherinnen in der Regel schon begriffen haben, das Bewegung für kleine Kinder wichtig ist. Aber es ist zu kurz gegriffen, wenn Kindern unterstellt wird, sie müssten ihren „Bewegungsdrang" ausleben. Es geht bei Bewegung ja um weit mehr, wie ich bereits weiter oben ausgeführt habe. Und deswegen ist es auch nicht mit Weichzellen, Bällebädern und Hüpfburgen getan. Immerhin müssen Kinder lernen, mit ganzem Körpereinsatz ihr Leben zu gestalten, und dafür reicht es wahrlich nicht aus, sich immer nur fallen zu lassen. Nach meinen Beobachtungen sehnen sich Kindergartenkinder förmlich danach, mit hartem und schwerem Material zu hantieren. Und auch die flitzigen Fahrzeuge, mit denen besonders Jungen in der Halle und um das Haus herum die Welt unsicher machen, sind nicht eigentlich für Köperertüchtigung geeignet, weil nämlich mit einem Minimum an Krafteinsatz und Geschicklichkeit eine übermäßige Wirkung an Tempo und Wendigkeit erzielt werden kann.

Deswegen spielen wir Zirkus und stellen für dieses Spielprojekt über mehrere Wochen die körperliche Leistungsfähigkeit der Kinder in den Mittelpunkt der Betrachtung. Und schaffen damit eine Bühne, in der Jungen und Mädchen sich in ihren Vorlieben und Stärken zeigen können. Denn wie jeder weiß, gesehen werden ist alles. Und so soll es sein, wenn es heißt: Manage frei für Raubtiernummern, Akrobaten, Jongleure und Clowns. Die Sehnsucht nach individueller Aufmerksamkeit der Kinder ist immens, und es ist pädagogisch wertvoll, einem Jungen oder einem Mädchen besonders dann die ganze

Beachtung zu schenken, wenn er oder sie das Beste geben. Denn damit wird ein Kind sich selbst bewusst und baut seine Ichstärke und seine Identität auf.

Der Methoden-Baukasten „Zirkus"

In jeder Kindergruppe taucht irgendwann einmal der Zirkus als spontanes Rollenspiel auf. Als Spielprojekt schließt die Spielpädagogik an solche Vorlieben vieler Kinder an, bedient in voller Schönheit die Freude sich zu zeigen und stimuliert deswegen auch solche Kinder, die sich angewöhnt haben, eine ruhige Kugel zu schieben. Im Zentrum des Geschehens wird Körpereinsatz verwirklicht. Deswegen sollen gleich zu Beginn die richtigen Signale gesetzt werden, indem ohne große Vorbereitungen motorisch losgelegt wird. Um der Lebhaftigkeit dieses Spiels von vornherein gerecht zu werden, schlage ich vor, mit einer Erlebniserzählung zu beginnen. Dieser methodische Einstieg ist in dem Methoden-Baukasten (vgl. Kasten 26) im *emotionalen* Bereich zu finden und sieht vor, dass die Erzieherin lebhaft und engagiert davon erzählt, wie sie einmal als Kind die Zirkuswagen hat kommen sehen. Das macht Stimmung und regt die Kinder an, selber zu erzählen.

Mit dieser Variante das Spiel zu eröffnen, lässt sich anschließend das Spiel gut organisieren, um besonders auch solchen Kindern einen sicheren Rahmen anzubieten, die vielleicht in einem unübersichtlichen Getümmel von Akrobaten, Raubtieren und Clowns verloren gehen könnten. Denn zunächst geht es darum, dass alle Mitspieler in Wohnwagen „verfrachtet" werden, um ihren festen Platz in dem Spielgeschehen zu haben. Dafür ist es günstig, ganz beherzt eine Gruppendifferenzierung per Los vorzunehmen, um die *sozialen* Erlebnis- und Verhaltensweisen gut zu unterstützen (vgl. Kasten 26). Das Schicksal spült also jedes Kind in eine rote, respektive grüne, blaue oder gelbe Zirkusfamilie, in der es dann sofort darum geht, an vorher verabredeten Plätzen im Gruppenraum je einen Wohnwagen aufzubauen. Mit diesem Bauspiel finden sich alle Kinder in einem bekannten Terrain wieder, da jedes Spielprojekt diesen somatisch-motorischen Methoden-Baustein ausweist. Allerdings wird diesmal in dem Wertesystem von Zirkusleuten tatkräftiges Zupacken von allen Mitspielern erwartet, wie nachfolgende Spiel-begleitende Impulse verraten.

Tipp

Wenn Sie sich selber einen Methoden-Baukasten einrichten, dann kennzeichnen Sie die ersten zwei bis drei Positionen, mit denen Sie das Spielprojekt eröffnen, um daraus für spätere Wiederholungen zu lernen.

116

Methoden-Baukasten „Zirkus"
Erlebnis- und Verhaltensweisen im System der Autonomie

somatisch sensorisch + motorisch	emotional	sozial	kognitiv
Bauspiel mit Möbeln und großem Material: Wohnwagen	**Erlebniserzählung** Der Zirkus kommt	**Rollenspiel** Gruppen-Differenzierung per Los 4 Wohnwagen-Bewohner-gruppen	**Bildbetrachtung und Gespräch** Buch: „Im Zirkus" (vgl. Lit.)
Bewegungsspiele Kunststücke werden ein-geübt.	**Fantasiegespräch** Wenn ich ein Mädchen/Junge wär.	**Rollenspiel** Gruppen-Differenzierung Mädchen/Jungen für alleinige Raumnutzung und Training	**Sachgespräch** Berufe im und um den Zirkus herum.
Bauspiel mit Möbeln und großem Material: Zirkusarena, Tier-gehege	**Erlebnisgespräch** Wenn ich einmal groß bin.	**Rollenspiel** Gruppen-Differenzierung durch Rollenwahl und Rollenwechsel	**Planungsgespräch** Wie spielen wir Zirkus?
Bewegungsspiele Die Raubtiergruppe Die Akrobaten Die Clowns	**Vorführungen** Manege frei für Raubtiere, Akrobaten und Clowns	**Rollenspiel** Gruppen-Differenzierung nach Vorstellungen und Vorlieben der Kinder	**Exkursion** Besuch beim Zirkus Besuch einer Vorstellung
Sensorisches Erkunden und Genießen einer Mahl-zeit: „Tierfutter"	**Reflexion** Was ich gut kann, und was ich noch besser können möchte.	**Rollenspiel** Ausweitung des Themas nach Vorstellungen und Vorlieben der Kinder	**Sachgespräch** und Erkundung Mein Körper
Herstellen von Spielutensilien Eintrittskarten, Plakate	**Erlebnisgespräch** Was kann ich tun, damit ich mich wohl fühle?	**Rollenspiel** Vorstellung für Gäste	**Sachgespräch** Erkundung/Gestaltung Was ist gesund?

Kasten 26

Aus den Wohneinheiten differenzieren sich nach getaner Arbeit sogleich die unterschiedlichsten Zirkusrollen heraus, so dass an vielen nachfolgenden Tagen für anstehende Vorstellungen Kunststücke eingeübt werden können. Dafür sind jeden morgen im Stuhlkreis Planungsgespräche notwendig, damit kein Kind die Spielübersicht verliert. Und die Erzieherin sollte gut beobachten, welche Kinder sich ausgiebig im Wohnen (mit Einrichten, Kochen, Tiere-Versorgen) erschöpfen und beinahe ganz vergessen, dass jeder in der Zirkusfamilie auch fleißig für die Vorstellungen trainieren muss. Dafür gibt es Spiel-begleitende Impulse (vgl. Kasten 29 ff), die Kinder liebend gerne aufgreifen, weil die Ideen für Kunststücke auch leicht ausgehen. Somit bietet dieses Spielprojekt viele *somatische* Möglichkeiten, um körperliche Erlebnis- und Verhaltensweisen auszuweiten. Mit dem Baustein Gruppen-Differenzierung, kombiniert mit Rollenspielen und Bewegungsspielen, kann eine ganze

117

Bandbreite von motorischen Basiskompetenzen herausgefordert werden, wie nachfolgende Beispiele zeigen werden. Das reicht von Gelenkigkeit, Kraft, Ausdauer, Geschwindigkeit Gleichgewicht bis hin zu feinmotorischen Arbeiten, wenn es gilt, Plakate, Eintrittskarten und Programmzettel herzustellen.

Wichtig in dem Zusammenhang der Verwirklichung von Körperkompetenzen ist, dass alle Kinder zum Rollenwechsel angeregt werden. Denn da die Übungen Spiel-orientiert angeboten werden, ist es wünschenswert, dass alle Kinder sich in allen somatischen Herausforderungen mehrfach erproben. Somit enthält der Methoden-Baukasten im *sozialen* Fach den Hinweis auf Rollenwechsel als Programm, was im Kontext von Zirkus sehr gut zu vermitteln ist, wenn es viele bunte Vorstellungen geben soll.

Desgleichen sollte das Spiel fortlaufend so organisiert werden, dass über mehrere Wochen Spielzeit hinweg regelmäßig an bestimmten Tagen Geschlechtergruppen gebildet werden, damit bei alleiniger Raumnutzung sowohl Jungen als auch Mädchen jeweils auf sich selbst gestellt ohne Leistungsvergleich ausprobieren können, was sie so drauf haben. Das macht besonders Sinn für Rollenspiele und Bewegungsspiele. Denn wenn der Bildungskanon (vgl. Kasten 5) verlangt, Kindergartenkinder sollten „männliche" und „weibliche" Aktivitäten gleich gut können, dann besteht die Herausforderung für Mädchen beispielsweise darin, ohne Mithilfe der Jungen auf ihre Weise einen zünftigen Wohnwagen mit großem Material aufzubauen, und für die Jungen vielleicht darin, ohne die Ideenvorgaben der Mädchen eine unterhaltsame Zirkusnummer einzustudieren. Diese Methoden-Bausteine der Geschlechtsbezogenen Pädagogik sind in dem Methoden-Baukasten unter *sozial* zu finden und ergänzen die Förderung von Integration, wie sie mit dem Spielprojekt „Dornröschen" (vgl. Kap. 1) vorgestellt wurde. Denn die Erfahrung zeigt, dass Mädchen und Jungen anschließend besser auf einander zugehen, wenn sie gelernt haben, dass sie bestimmte Formen der Spiel- (und Lebens-) Gestaltung nicht dem jeweils anderen Geschlecht zu überlassen brauchen.

Ergänzend zu solchen Spielaktionen kann es interessant sein, das Augenmerk der Kinder auch auf Menschen aus der Berufswelt außerhalb von Zirkus zu lenken und zumindest als *kognitive* Variante im Prozess der Selbstfindung zu berücksichtigen. Vielleicht macht das Spielprojekt an dieser Stelle einen Schlenker und Tierärzte, Bäcker, Supermarktmanager, Polizei und Feuerwehr lassen eine Weile Artisten, Dompteure und Tänzerinnen in den Hintergrund treten. Das ist in Ordnung, wenn es gelingt, den Kindern in Gesprächen, mit Sachbüchern und Besuchen vor Ort Menschen aus der Berufswelt zu präsentieren, denen man nacheifern kann. Ich widme solchen Aspekten der Spielpädagogik im dritten Kapitel noch ein eigenes Spielprojekt (vgl. „Kinder spielen Frau Holle), wenn es darum geht, das Bildungsgut „Interesse" zu beleuchten. Deswegen hier nur die kurzen Anmerkungen, um nicht zu vergessen, dass es

118

sicher zum Bildungsauftrag gehört, Kinder auf Vorbilder aufmerksam zu machen und ihnen die Gelegenheit zu geben, sich mit diesen zu identifizieren.

In einem solchen Prozess der Identitätsfindung, für den die Kindergartenpädagogik einen ganz beachtlichen Beitrag leisten kann, sind auch kleine und feine Gruppengespräche zu empfehlen, die die Kinder ermutigen zu reflektieren und zu bekennen, was sie meinen gut zu können, und was sie noch besser können wollen. Auch Themen, wie „Wenn ich ein Junge/Mädchen wär" oder „Wenn ich groß bin" übertragen Spielerfahrungen aus dem Zirkus-Spiel in das Lebensgefühl im wirklichen Leben und geben den Kindern eine Möglichkeit, ihr Bewusstsein für eine ganz eigene Identität ein wenig zu erweitern. Solche Themen sind im *emotionalen* Bereich des Methoden-Baukastens platziert, um trotz des kognitiven Anspruchs, Befindlichkeiten in Sprache zu bringen, darauf aufmerksam zu machen, dass derartige Gespräche in kleiner Runde eine sensible Moderation verlangen.

Desgleichen sollten wir nicht verkennen, dass Zirkusvorführungen jedweder Art mit erheblichem *emotionalen* Gepäck daherkommen. So möchte beispielsweise manch' ein Kind zwar gesehen werden und scheut doch gleichzeitig die Beachtung. Das mag unter anderem daran liegen, dass zu hohe Leistungserwartungen verinnerlicht wurden. Deswegen ist in dem ganzen Zirkusprogramm darauf zu achten, dass bei aller Liebe für den sportlichen Körpereinsatz von keinem Kind ein definiertes Leistungsniveau abverlangt wird. Wie bei allen Lernerfahrungen geht es ganz besonders im Erleben von Körpereinsatz um den Spaß, den die Kinder aus sich selbst heraus haben, wenn sie Herausforderungen beantworten. Und dann ist eine Vorführung das, was es für Kindergartenkinder sein soll, nämlich ein emotionales Fest, das Selbstbewusstsein aufbaut.

Bleibt noch aufzuzeigen, dass im Kontext von Zirkus mit dem Akzent auf Körperlichkeit es sich anbietet, den Kindern Spiel-begleitend auch Themen über ihren Körper und über Gesundheit anzubieten und neben einem solchen *kognitiven* Akzent ihnen auch die Gelegenheit zu geben, im *emotionalen* Bereich zu recherchieren, um zu erproben und herauszufinden, wann und wie sie sich wohl fühlen. Es macht für Kinder ganz bestimmt Sinn, im Stall der Zirkustiere im Stroh zu schlafen, Tierfutter zu testen oder den Wohnwagen diesmal nun wirklich richtig gemütlich einzurichten.

Das 7-Punkte-Programm für die Verwirklichung elementarer Körperlichkeit

Wie bereits mehrfach vermerkt, ist es äußerst nützlich, in der Kindergartenpädagogik auf die motorischen Basiskompetenzen zurückzugreifen, die

Psychologen in Zusammenarbeit mit Sonder- und Sportpädagogen als maßgebend für die körperliche und geistige Entwicklung von Kindern erkannt haben. Zur Erinnerung, es sind dies: Gelenkigkeit, Kraft, Schnelligkeit, Ausdauer und Gleichgewicht. Die Wissenschaftler gehen davon aus, dass alle diese genannten Faktoren für die körperliche Leistungsfähigkeit gleich wichtig sind und für die Gesamtkoordination körperlicher Aktivitäten zusammen spielen. Darüber hinaus haben sie herausgefunden, dass Kindern mit einer kognitiven Beeinträchtigung bestimmte Bewegungsaufgaben weniger gut gelingen als den meisten anderen Kindern. Der Umkehrschluss ist durchaus zulässig und bedeutet für den Kindergarten: Wir müssen so genannte Entwicklungsverzögerungen nicht als Fakt hinnehmen (abwarten und Tee trinken), sondern wir können für ein Lernumfeld sorgen, in dem jedes Kind herausgefordert wird, buchstäblich alles aus sich heraus zu holen, um damit nicht nur körperliche, sondern gleichzeitig auch geistige Fitness zu erlangen.

Es macht Spaß und bereichert meines Erachtens den beruflichen Alltag, Kinder nach diesen primär motorischen Kompetenzen zu beobachten. Denn sie sind leicht zu erkennen, und mit dem Erkennen findet gleichsam eine Förderung statt. In dem Moment, wo Kinder gesehen werden, geben sie sogleich ihr Bestes: Ja! Du kriechst zwischen den Stuhlbeinen hindurch; ich sehe, du kannst gelenkig sein. Ja! ich sehe dich, wie du Tempo machst beim Anziehen. Ja! Du schiebst die schwere Kiste, ich sehe, wie viel Kraft du hast. Du balancierst über den Baumstamm? Klasse! Das werde ich auch gleich einmal probieren. Der Alltag gibt so viele Beispiele, die aus Beobachtung und Förderung eine Einheit machen. Und so können wir im Kindergarten durchaus einen substantiellen Beitrag für die Entwicklung sehr vieler Kinder leisten – und zwar auch dann, wenn keine Experten mit Ausbildungen in Psychomotorik oder Sonderpädagogik für die gezielte Förderung einzelner Kinder sogleich auf der Matte stehen.

Denn eine Pädagogik, die sich so kleinen Kindern verpflichtet fühlt, muss konsequent ganzheitlich und systemisch ausgerichtet sein. Für den Bildungsprozess bedeutet dies, dass zum einen niemals zufriedenstellende Lernergebnisse zu erwarten sind, die einseitig auf kognitiven oder einseitig auf somatischen Anregungen basieren. Und zum anderen ist ebenso wenig zu erwarten, dass Kinder besonders viel lernen, wenn wir sie uns einzeln vorknöpfen. Denn Kinder lernen am besten in Gruppen auf der Grundlage von gelebter Integration. Und bei jedem Fortschritt an Können und Wissen sind immer Denken, Fühlen und Handeln gleichzeitig beteiligt. Isoliertes Lernen gibt es bei Kindern nicht. Deswegen packe ich vor jedes Bildungsangebot meinen Methoden-Baukasten für ein Spielprojekt. Und somit bin ich gewiss, dass alle Lernimpulse sowohl somatische, emotionale, soziale und kognitive Erlebnis- und Verhaltensweisen erreichen.

So auch hier, wo es erstmalig um nachweisbare Lernfortschritte zu gehen scheint. Da werden Impulse für die Verwirklichung von Körperlichkeit mit Rollenspielen verknüpft (sozial), genauso wie mit Bewegungs- und Bauspielen (somatisch), mit betont emotionalen Komponenten verknüpft, wenn es um Vorführungen geht. Und nicht zuletzt geht es auch um kognitive Erkenntnisse, die mit dem Verstehen motorischer Aufgaben unerlässlich verknüpft sind. Somit steht eben nicht die Überprüfung des körperlichen Leistungsniveaus im Vordergrund, etwa in der Weise wie wir es von sportlichen Veranstaltungen gewohnt sind. Es geht vielmehr um Handlungsprozesse, in die eine ganze Spielgruppe eingebunden ist, und um den Spaß an geglückten Übungen, die jeweils das *ganze* Kind fordern.

Dennoch habe ich aus bekannten Aufgabensammlungen wissenschaftlicher Untersuchungen[45] einige Übungen entnommen und für die Verwendung im Kindergarten in das 7-Punkte-Programm für die Verwirklichung elementarer Körperlichkeit (vgl. Kasten 28) aufgenommen. Diese Übungen sollen als Modell dafür dienen, was Kinder bereits im Vorschulalter in der Lage sind zu vollbringen, wenn sie ausreichend Gelegenheit dazu haben. Die Erzieherin kann anhand der Vorgaben ihre Beobachtungsgabe schulen und entsprechende Impulse für die Erweiterung des Handlungsrepertoires der Kinder daraus ableiten.

Beobachtung und Förderung als Einheit

Was will das Kind tun?
Was will es ausdrücken?

Was will es verarbeiten?
Was will es vorbereiten?

Welches Material benötigt es?
Welche Partner braucht es?

Welche Informationen muss es haben?
Woran freut es sich?

Was will es können?
Was lernt es dazu?

Welchen Sinnzusammenhang stellt das Kind her?
Wer oder was behindert es?

Kasten 27

45 vgl. Dietrich Eggert, 1993; William K. Frankenburg et al., 1992; Britta Holle, 1999

Denn eine Stunde „Turnen" in der Woche reicht für den Aufbau somatischer Basiskompetenzen im Kontext ganzheitlichen Lernens nicht aus, wenn in der übrigen Zeit alles egal ist. Engagement ist gefragt. Unverbildete Kinder lieben die Herausforderung in vielen wechselnden Situationen: Geschafft! beinahe geschafft! gar nicht begriffen? Nicht gekonnt heißt in den meisten Fällen: noch nie die Gelegenheit gehabt oder realisiert, sich in solcher oder ähnlicher Weise verhalten zu können. Die Aufgabe der Erzieherin ist es, mehr solche Anlässe zu schaffen, in denen Kinder die Chance erkennen, sich zu vervollkommnen.

Im Spielprojekt „Zirkus" ist somit andauernd Körpereinsatz das Thema ohne ein bestimmtes Leistungsniveau ganz direkt abzuverlangen. Vielmehr geht es darum, Bewegungsanreize im Tagesablauf und besonders im Spielverlauf zu setzen und aktiv Verhaltensbeobachtung zu betreiben: Hat ein Kind genügend Basiskompetenzen zur Verfügung, um sich vollständig und Situations-angemessen einzubringen? Kann es handelnd die Welt erleben? Dabei ist es nicht notwendig, den jeweiligen Entwicklungsstand eines Kindes zu diagnostizieren, sondern einen Blick darauf zu richten, wie und auf welche Weise es Stärken entwickeln und ausbauen kann (vgl. Kasten 27). Somit macht es mehr Sinn zu beobachten, welche Umstände das Kind in seiner Entwicklung behindern, statt auf seine vermeintlichen Behinderungen zu schielen. Das beginnt damit, dass ich jederzeit wissen will, was ein Kind tatsächlich tun möchte, setzt sich fort mit Beobachtungen darüber, welche Ausstattung für die Verwirklichung seiner Ideen und Vorstellungen notwendig sind, und endet da, wo ich genau Bescheid wissen muss, welchen Sinnzusammenhang ein Kind im Zusammenspiel mit den anderen gerade kreiert.

Proben wie die Zirkusleute: Balance

Proben wie die Zirkusleute: Gelenkigkeit

122

Das 7-Punkte-Programm für die Verwirklichung von elementarer Körperlichkeit[*]

1 Gelenkigkeit
Die Fähigkeit, den Stütz- und Bewegungsapparat flexibel einzusetzen.
Ein Kind ist gelenkig, wenn es sich vielseitig bewegen kann.

2 Kraft
Die Fähigkeit, die Muskeln anzuspannen. Krafteinsatz setzt Gelenkigkeit voraus.
Kinder sind kraftvoll, wenn sie sich gezielt anstrengen können.

3 Schnelligkeit
Schnelligkeit setzt Gelenkigkeit und Kraft voraus.
Ein Kind ist schnell, wenn es bewegungsfreudig und behende wirkt.

4 Ausdauer
Die Fähigkeit, Gelenkigkeit, Kraft und Schnelligkeit über einen längeren Zeitraum zu mobilisieren.
Ein Kind ist ausdauernd, wenn es seinen Willen einsetzt, um durchzuhalten.

5 Gleichgewicht
Die Fähigkeit, den Körper bei veränderten Umweltbedingungen mittels Kraft, Schnelligkeit und Ausdauer aufrecht zu erhalten.
Ein Kind kann Gleichgewicht halten, wenn es sich sensorisch, motorisch, kognitiv und emotional aussteuern kann.

6 Rhythmus
Die Fähigkeit, den Wechsel von Spannung und Entspannung in ganz unterschiedlichen Bewegungsabläufen gleichmäßig wiederholend herzustellen. Bewegungsrhythmus fördert die Bewegungsfreude und fördert das Gefühl für Identität.
Ein Kind ist rhythmisch, wenn es elastisch wirkt.

7 Auge-Hand-Koordination
Die Fähigkeit, visuelle Wahrnehmung mit Feinmotorik zu verbinden.
Ein Kind hat eine gute Auge-Hand-Koordination, wenn es nicht zufällige sondern planmäßig feinmotorische Ergebnisse erzielt.

+1 Intellekt
„Pädagogische Gymnastik" legt alle Grundlagen für schulisches Lernen.
Ein Kind entwickelt seine Intelligenz, wenn es die Anreize für Körpereinsatz als Herausforderung erlebt.

Kasten 28

[*] vgl. Fußnote 46

Somit dient das 7-Punkte-Programm (vgl. Kasten 28)[46] zur Verwirklichung elementarer Körperlichkeit nicht primär der Überprüfung der Kinder, sondern meinem eigenen Rechenschaftsbericht, den ich mir selber und den Kindern täglich schuldig bin.

Proben wie die Leute vom Zirkus

Wenn wir uns jetzt mit den Kindern dranmachen, ihre ganze Sportlichkeit ins Spiel zu bringen, dann geht es in ihrem Zirkus darum, dass sie eine Idee davon bekommen, was richtig zünftige Kunststücke sind. Denn – wissenschaftlich erwiesen oder auch nicht – für mich ist *Gelenkigkeit* die Königsdisziplin aller Basiskompetenzen (vgl. Kasten 28, Punkt 1). Denn wer die Fähigkeit besitzt, seinen Stütz- und Bewegungsapparat flexibel einzusetzen, der ist einfach fein raus. Solche Kinder, die an Klettergerüsten hangeln, über Tisch und Bän-

46 Quellennachweis für Kasten 28, 29, 30, 31, 32, 33, 34, 35, 36: Dietrich Eggert, 1993. S. M. Thornton und E. Cohrs (Hg.), 1981. Britta Holle, 1999

123

ke hüpfen oder auf die Bäume klettern, die tun dies alles aus Herzenslust. Es ist nur die Frage: wie bekommen wir all die anderen da hin? Von alleine tut sich da eher wenig, wenn ich an Kinder denke, die durch unglückliche frühe Erfahrungen (Sitzschalen für Babys und andere einengende Verhältnisse) die Beziehung zu ihrem eigenen Körper bereits dann verloren haben, wenn es eigentlich mit der Beweglichkeit erst richtig losgehen soll. Schlecht gelaunte Kinder sind nach meinen Beobachtungen meistens solche, die nicht gelernt haben, Genuss aus ihrer eigenen Beweglichkeit zu ziehen. Deswegen steigen wir doch alle einmal über den Gymnastikstab (vgl. Kasten 29 – Sie selbst werden dabei ihr blaues Wunder erleben!), und dann wird jeder sogleich verstehen, dass Zirkusleute für jede Vorstellung gut geübt haben müssen. Diese Modellaufgabe muss beileibe nicht von allen Kindern gekonnt werden. Aber sie spornt an, weil sie echt wie Kunst aussieht. Und die Erzieherin bekommt einen Eindruck davon, wie es mit der Gelenkigkeit besonders derjenigen Kinder bestellt ist, die kurz vor der Einschulung stehen.

Das eigentliche Programm beginnt jedoch erst dann, wenn die Kinder Eifer entwickeln, aus den Vorgaben eigene Varianten mit dem Gymnastikstab abzuleiten. Als ähnlich bedeutsam werden die anderen Modellaufgaben (vgl. Kasten 29) erlebt, die signifikant gelenkige Kinder von steifen trennen. Aber

---

Impulse für Gelenkigkeit

Modell-Aufgaben*:

- Über Gymnastikstab steigen: „Halte den Stab mit beiden Händen an den Enden vor deinem Körper. Steige jetzt nacheinander mit beiden Beinen über den Stab und wieder zurück, ohne ihn loszulassen. Bringe jetzt den Stab über deinen Kopf hinter dich und berühre mit dem Stab deinen Po. Bringe ihn dann wieder nach vorn. Versuche, den Stab nicht loszulassen."
- Ball hinter den Kopf (Schaumstoffball): „Lege dich gerade auf deinen Rücken, die Hände an den Körper. Klemme den Ball zwischen deine Füße und lege ihn mit gestreckten Beinen genau hinter deinem Kopf ab. Lass den Ball bitte nicht fallen."
- Bohnensäckchen werfen: „Nimm das Bohnensäckchen in die Hand und wirf es in die Luft. Bevor du es wieder mit den Händen fängst, sollst du einmal in die Hände klatschen. (ggf. vormachen) Ich bin gespannt, ob du das schaffst!"

Aufgaben:

- Akrobaten üben (und erfinden neue Kunststücke)
- Jongleure üben (und erfinden neue Kunststücke)
- Pizzabäcker werfen und fangen den Teig

Beachte:
Die Übungen stellen besondere Herausforderungen für Kinder vor der Schule dar. „Beinahe gekonnt" motiviert das Training.

Kasten 29   *vgl. Dietrich Eggert, 1993

auch hier gilt die Devise: mitmachen, abgucken, nachmachen, noch einmal probieren. Natürlich sind solche Übungen nicht etwas für Dreijährige. Dennoch ist es wichtig für sie dabei zu sein, wenn die Artisten proben und sie ihre eigenen Varianten erfinden. Und beim nächsten Zirkusprojekt sind sie es vielleicht schon, die Vorbilder für die dann wieder Jüngeren sind. Das Schöne ist beim „Zirkus" ohnehin, dass wir zünftige Clown-Nummern brauchen und es bei dieser Gelegenheit manch' einem gewitzten Kerlchen einfallen kann, ungewollt-gewollt manch eine Übung in den Sand zu setzen – ganz zum gespielten Verdruss eines Lehrmeisters, der dann zum wiederholten Male es richtig vormachen muss. Zu einer besonders lustigen Veranstaltung kann sicher die Übung „Bohnensäckchen werfen" beitragen, die für Kindergartenkinder nicht leicht zu bewerkstelligen ist, aber sehr viel Spaß macht und schon manchen „Jongleur" zu dauerhaftem Training veranlasst hat (vgl. Kasten 29).

Wenn solche Impulse für die Verwirklichung elementarer Körperlichkeit im Rahmen von Bewegungsspielen in der Halle angeboten werden, so ist das nur als Auftakt gemeint. Wichtig ist, dass die Kinder solche Anregungen in ihr Rollenspiel übertragen und in bestimmten Phasen des Spielprojektes (vgl. Methoden-Baukasten, Kasten 26) in wechselnden Gruppierungen immer wieder aufgreifen und schließlich auch bei diversen Vorführungen zum Besten geben. Außerdem ist die Erzieherin aufgerufen, nie den Aspekt der Gelenkigkeit auch jenseits der Modell-Aufgaben aus den Augen zu verlieren und besonders die Kinder auch an solchen Plätzen anzuspornen, Wendigkeit und Beweglichkeit an den Tag zu legen, an denen nicht im engeren Sinne Sport betrieben wird, nämlich beispielsweise im Gruppenraum. Warum sollte ein geschickter „Pizzabäcker" seinen Teig nicht einmal in die Luft werfen und wieder auffangen? Und wäre es nicht auch ganz ungemein praktisch, wenn es gelänge, in der Enge eines Wohnwagens über Hindernisse steigen zu können, ohne etwas umzustoßen?

Neben all diesen Übungen, die sich direkt auf das Spielprojekt „Zirkus" beziehen, sollten wir nicht vergessen, dass jegliche Ballspiele als hochgradig entwicklungsfördernd gelten.

Sehen und verstehen

Wenn Tom sich bäuchlings über den Tisch zieht und unter dem Tisch landet, um zu seinem Schlafplatz im Wohnwagen zu gelangen, … dann übt er sich in Geschicklichkeit.

Etwas robuster geht es sicher zu, wenn der Einsatz von *Kraft* verlangt wird. Aber Vorsicht! Blinder Eifer, Wutattacken, Fußtritte und Fausthiebe sind hier eher nicht gemeint. Wie die Modellaufgaben zeigen (vgl. Kasten 30), geht es um weit mehr, als sich kraftvoll loszulassen. Ich verstehe die vorgeschlagenen Übungen als Beispiele für die willentliche Bündelung ganz bestimmter Muskelgruppen, um planvoll Bewegungsabläufe zu kontrollieren.

Krafteinsatz verlangt ganz klar Anstrengung, wer wüsste das nicht. Aber vielen Kindergartenkindern ist dies so gut wie unbekannt. Die Verführung von „Toberäumen" hat sie vermutlich verdorben, weil sie zu wenig erfahren haben, dass ein angenehmes Körpergefühl letztlich nicht allein durch Loslassen, sondern durch das Wechselspiel von Loslassen UND Festhalten zu erreichen ist. Somit sind Kraftakte angesagt als Ausgleich für kuschelige Entspanntheit in Kissenbergen. Und da wird meines Erachtens manche Erzieherin überrascht sein, wie viele Kinder keinen Schlusssprung hinkriegen. Auch hier gilt selbstverständlich, dass kleine Kinder (bis zu ihrem fünften Geburtstag) eine solche Aufgabe vielleicht noch nicht hirnorganisch organisiert bekommen. Die Aufgaben gelten somit wiederum in erster Linie der Erzieherin, die darauf achten sollte, dass Kinder es bis zum Zeitpunkt ihrer Einschulung viele Male versucht haben sollten, ihre Kraft gezielt einzusetzen. Denn viele Kinder sind schlaff, weil sie gar nicht wissen, wofür sie ihre Muskeln vortrefflich gebrauchen könnten. In solchen Fällen ist ein zünftiges Krafttraining mit interessanten Aufgaben angezeigt. So lässt sich sicherlich mit der Übung „Spannbogen" vortrefflich eine Robben-Nummer für die nächste Zirkusvorstellung einstudieren (vgl. Kasten 30).

Impulse für Kraft

Modell-Aufgaben*:
- Spannbogen: „Lege dich auf den Bauch, Arme und Beine lang gestreckt. Wenn ich LOS sage, halte bitte die Arme und Beine gleichzeitig über den Boden, bis ich STOP sage. Nur der Bauch und die Hüften berühren noch den Boden." (10 Sek.)
- Schlusssprung: „Stelle Dich bitte mit geschlossenen Füßen vor die Gummimatte(n). Mach' einen Schlusssprung über die Matten, ohne sie dabei zu berühren." (40 x 40 cm)

Aufgaben:
- Bewegt euch fort wie eine Robbe!
- Hüpft wie ein Frosch!
- Springt wie ein Känguru!
- Transportiert (schiebt, zieht) diese schwere Matte (die Kiste, das dicke Brett, den Tisch etc.)!

Beachte:
Den Kindern muss die richtige Hebetechnik gezeigt werden: zur Entlastung des Rückens beim Heben von Lasten die Knie beugen!

Kasten 30   *vgl. Dietrich Eggert, 1993

Das Üben von Krafteinsatz ist vergleichsweise selbstverständlich von der Turnhalle in den Gruppenraum hinüber zu retten. Nicht umsonst dominiert das Bauspiel in allen Spielprojekten die Spielhandlungen. Es ist zu beobachten, dass auch Neulinge im Reich somatischer Herausforderungen durchaus Genugtuung darin erleben, ihre kleinen Muskeln spielen zu lassen, wenn es heißt mit großem und schwerem Material zu arbeiten, weil der Wohnwagen, die Ställe für die Zirkustiere oder die große Arena fertig gestellt werden müssen. Dann lässt sich ganz sicher eine Kraftsteigerung beobachten. Und wer in Kindergruppen Erfahrungen mit Psychomotorik und Rhythmikspielen gesammelt hat, der weiß, dass nicht zuletzt dann die Kinder Begeisterung zeigen, wenn auch einmal Anstrengung verlangt wird.

Sehen und verstehen

Wenn Marie fragt, ob sie helfen kann, die Blumen im Garten zu gießen, dann ist es eine schöne Gelegenheit, sie ganz allein einmal eine schwere Wasserkanne tragen zu lassen, ... damit sie lernt, Kraft einzusetzen.

Auch wenn es um *Schnelligkeit* (vgl. Kasten 28) geht, gibt uns die Modellaufgabe sehr anschaulich eine Idee davon, wie wichtig es ist, zu jeder Zeit die körperlichen Basiskompetenzen im Blick zu behalten. Die Übung „Dreieckslauf" (vgl. Kasten 31) gibt uns ein Lehrstück davon, was kleine Kinder in der Lage sind zu leisten. Das Verstehen und Durchführen der Aufgabe verlangt so viel hirnorganische Aufnahme- und Bearbeitungsbereitschaft, dass man auf ein solches Training wahrlich nicht mehr verzichten möchte. Denn wenn zwar plausibel ist, dass eine schnelle Auffassungsgabe ein Kriterium für Intelligenz ist, so lässt es sich umgekehrt genauso gut vorstellen, dass Impulse, die Schnelligkeit verlangen, auch den Geist auf Trapp bringen.

Kinder lieben Schnelligkeit, wenn es für sie Sinn macht. Nicht umsonst sind Fangspiele so beliebt. Dennoch lohnt es, sich an der Modellaufgabe zu orientieren und solche Bewegungsabfolgen zu erfinden, die mit schnellem Richtungswechsel und einem zusätzlichen Handlungsauftrag verbunden sind. Denn an dem Dreieckslauf lässt sich auch ablesen, dass Schnelligkeit erst dann eine richtige Herausforderung darstellt, wenn gleichzeitig Gelenkigkeit und Kraft gefragt sind, um einen spritzigen Bewegungsablauf hinzukriegen. Da können sicher im Zirkusspiel diverse Clowns in allen möglichen Varianten im Dreieck laufen und verschiedene Gegenstände dabei aufheben, verlieren und wieder finden. Ebenso gut geeignet ist auch eine Affennummer, bei der es auf jeden Fall auch darauf ankommt, Schnelligkeit mit Witz zu verbinden.

Mit solchen Spielideen zieht insgesamt ein sportlicher Geist in die Kindergruppe ein. Und selbst Aufräumen kann gelegentlich einmal im Stil eines

Impulse für Schnelligkeit

Modell-Aufgaben*:
- Dreieckslauf (3 Matten von 40 x 40 cm werden im Dreieck im Abstand von je 4 m ausgelegt)
  „Nimm die drei Säckchen in die Hand und stell dich vor diese Matte (Startmatte). Wenn ich LOS sage, sollst du zweimal zu allen Matten laufen. Beim ersten mal verteilst du jeweils ein Säckchen auf je eine Matte, beim zweiten mal sammelst du alle Säckchen in der gleichen Reihenfolge wieder ein und legst sie auf die Startmatte zurück. Du darfst die Säckchen nicht werfen, sondern sollst sie auf die Matte legen." (11 Sek.)

Aufgaben:
- Clown-Spiele
- „Der Plumpsack geht rum".
- Affen sammeln Bananen ein
- Pinguine sammeln Fische
- Laufspiel im Freien
- Aufräumen (und andere Routinetätigkeiten) im sportlichen Tempo

Beachte:
Übungen der Schnelligkeit machen dann besonders Spaß, wenn sie deutlich mit Gelenkigkeit verbunden sind.

Kasten 31   *vgl. Dietrich Eggert, 1993

Dreieckslaufes abgewickelt werden. Wir ziehen also ein wenig mit dem Tempo an, und ich bin sicher: die Stimmung steigt.

Sehen und verstehen

> Wenn Sophie stundenlang vor ihrem Frühstücksteller sitzen bleibt, dann ist Geduld nicht die richtige Medizin und auch nicht Ermahnungen, sondern ... dann braucht sie vielfältige hirnorganische Impulse für Schnelligkeit.

Und dennoch müssen wir nicht vollends außer Atem kommen. Immerhin verlangt das 7-Punkte-Programm für die Verwirklichung von elementarer Körperlichkeit auch *Ausdauer* (vgl. Kasten 28). Hier nun wird angesprochen, auf das alle Eltern hoffen, wenn die Schulfähigkeit ihrer Kinder thematisiert wird: das Kind soll Aufgaben zu Ende führen und nicht vorzeitig damit aufhören. Es soll nicht sprunghaft sein. Das ist wohl wahr. Aber zunächst geht es darum, dass es lernt, Gelenkigkeit, Kraft und Schnelligkeit länger anhaltend zu mobilisieren, und zwar unter Einsatz seines Willens. Das ist ganz klar eine Frage der Motivation und nach meinen Beobachtungen immer dann gegeben, wenn Kinder das tun, was ihnen selber gefällt. Deswegen spielen wir mit den Kindern. Spielprojekte, an deren Planung und Gestaltung die Kinder jeden Tag mitwirken, sind genau das, was Kinder wollen. Auf dieser Grundlage ist ein Durchhalten in der Regel kein Problem. Denn Zirkus spielen macht Spaß, und da ist schon manch' ein verzagtes Kindergartenkind über den Schatten seiner künstlich erworbenen Bequemlichkeit gesprungen. Nur auf der Grundlage solcher systemisch-konstruktivistischer Erfahrungen ist es bereit dazuzulernen, auch wenn es manchmal schwer fällt.

Impulse für Ausdauer

Aufgaben:
- Wanderung durch ein Waldgelände
- Einüben selbst gewählter Kunststücke für eine Vorstellung
- Aufbauarbeiten mit großem Material (z.B. „Zirkusarena")
- Zuendeführen einer übernommenen Aufgabe

Beachte:
Körperbewusstsein schulen:
„Achte auf deinen Atem! Wann kommst du außer Atem?"
„Wann willst du dich ausruhen?"

Kasten 32

Zur Ausdauer kann also kein Kind erzogen werden. Es geht vielmehr um den Sinn, den ein Kind erkennen muss, um ganz aus sich heraus zu gehen. Und die Erfahrung zeigt, dass Kinder, die im Spiel Ausdauer an den Tag legen und dabei alle ihre motorischen Basiskompetenzen ausleben, auch diejenigen sind, die das gleiche Verhaltenskonzept verwirklichen, wenn sie späterhin am Schreibtisch sitzen. An ihrem Spielverhalten lässt sich ihr Arbeitsverhalten prognostizieren.

Auf der anderen Seite kann es vorkommen, dass Kinder sich übernehmen, die quasi einen Überschuss an Ausdauer produzieren. Ich bin der Meinung, in solchen Fällen muss der Erwachsene dafür sorgen, dass ein Kind sich nicht überanstrengt. Denn manchmal ist Bremsen schwieriger als in Fahrt zu kommen. Wenn Spielhandlungen auszuufern drohen, dann ist zu überdenken,

Sehen und verstehen

Wenn Sven mit hochrotem Gesicht und nassen Nackenhaaren nicht nachlässt, mit hohem Tempo schwere Kisten durch den Gruppenraum zu schieben, weil der Zirkus weiterzieht, ... dann sollte er eine Auszeit nehmen und sich besinnen.

ob der Rhythmus noch stimmt, worüber ich weiter unten noch etwas sagen werde.

Bei aller Liebe für Krafteinsatz, Tempo und Ausdauer, die in Spielprojekten in hohem Maße herausgefordert werden können, sollte man Kinder darauf aufmerksam machen, dass sie selber gut auf sich aufpassen müssen. In reflektierenden Gesprächen, die auch in der besonderen Aktivität eines Zirkusprojektes niemals fehlen dürfen, sollten Kinder lernen, auf ihre eigene Befindlichkeit zu achten. Denn genauso wichtig wie das Ausleben ist das Innehalten und das Bewusstsein dafür, wann es Zeit ist sich auszuruhen (vgl. Kasten 32)

Mit solchen Überlegungen sind wir beinahe schon bei der hohen Schule der Verwirklichung von Körperlichkeit angelangt, nämlich dem *Gleichgewicht* (vgl. Kasten 28). Wenn es gelingt, den Körper mittels Kraft, Schnelligkeit und Ausdauer aufrecht zu erhalten – und zwar besonders dann, wenn die Umweltbedingungen sich verändern – dann sprechen wir von Gleichgewicht. Voraussetzung hierfür ist, dass sensorische und motorische Areale hirnorganisch ganz gekonnt zusammenarbeiten. Aber wie jeder sicher auch aus eigener Erfahrung weiß, kippt man auch leicht aus den Latschen, wenn man sich in psychischem Stress befindet. Dann wirken beispielsweise Irritationen im sozialen Umfeld genauso destabilisierend, als wenn der innere Haushalt des Ge-

Impulse für Gleichgewicht

Modell-Aufgaben*:
- Auf Zehenspitzen stehen:„Stelle dich bitte auf deine Zehenspitzen und bleibe so stehen, bis ich HALT sage (5 Sek.). Jetzt schließe bitte deine Augen." (3 Sek.).
- Auf einem Bein stehen: „Stelle dich auf ein Bein und drücke die Fußsohle gegen das Knie des Standbeines. Bleibe so lange stehen, bis ich HALT sage." (10 Sek.)
- Balancieren (auf umgedrehter) Langbank: „Balanciere auf der Bank bis zur Mitte, drehe dich dort um und gehe rückwärts bis zum Ende. Ich sage früh genug HALT."

Aufgaben:
- Ballerina trainieren
- Seiltänzerinnen trainieren
- Ausschau halten
- Kirschen pflücken
- Storch steht auf der Wiese

Beachte:
Schwierigkeiten mit dem Gleichgewicht können auf unzureichende sensu-motorische Koordination als auch auf seelische Unausgeglichenheit zurück geführt werden.

Barfußgehen sensibilisiert für Gleichgewicht.

Kasten 33   *vgl. Dietrich Eggert, 1993

hirns noch nicht die Reife erlangt hat, die erforderlich ist, um Gleichgewicht herzustellen. Auf der anderen Seite kann es ebenso gelingen, mittels Gleichgewichtsübungen genau in das Lot zurückzufinden, das vorerst durch verstörende Erlebnisse ins Wanken geraten war. Solche Zusammenhänge geben zu denken. Sie sensibilisieren für die Freude, die Kinder zeigen, wenn sie Gleichgewichtsübungen meistern (vgl. Kasten 33).

Dabei geht es eigentlich zunächst nur darum, auf den Zehenspitzen oder auf einem Bein zu stehen. Bei diesen kleinen Aufgaben gilt wie bei allen anderen: ein Ausprobieren, ob ich es kann, ist gleichzeitig ein Üben, damit ich es kann. Und wenn eine Erzieherin dies erkannt hat, dann wird sie viele Gelegenheiten beim Schopfe fassen, um solche Fertigkeiten abzurufen. In das Zirkusspiel integriert, ergeben sich natürlich vortreffliche Gelegenheiten für Ballerina und Seiltänzerinnen sich in Anmut zu üben. Aber auch die Jungen sind gefragt, wenn es beispielsweise gilt, beherzt zu balancieren (vgl. Kasten 33). Auch macht es sicher Spaß, die ganze Kindergruppe immer wieder anzuregen, barfuß zu gehen, was die Sinne anregt und somit auf jeden Fall auch gut für das Gleichgewicht ist. Dafür brauchen wir allerdings keinen eigens dafür hergestellten, modischen „Sinnespfad" im Kindergarten, sondern dafür gehen wir doch lieber in den Wald.

Sehen und verstehen

Wenn Kevin wieder seine Hausschuhe nicht anziehen will und lieber auf Strümpfen rumdüst, dann … tut er vielleicht etwas für sein Gleichgewicht.

Aktivität ohne Ende

Das Spielprojekt „Zirkus" zeigt exemplarisch, wie handlungsaktiv Kinder im Kindergarten sein können, und zwar jeden Tag. Sie lernen, ihren Körper Situations-angemessen einzusetzen und fördern damit gleichzeitig ihre geistige Beweglichkeit. Wie bereits angemerkt, kommt es jedoch auch darauf an, dass Kinder ein Gefühl für *Rhythmus* (vgl. Kasten 28) erwerben. Denn Leistungsfähigkeit verlangt den Ausgleich zwischen Spannung und Entspannung; zwischen Bewegung und Ruhe; zwischen Mitmachen und Zugucken; und nicht zuletzt auch zwischen Handeln und Denken. Die Verwirklichung von elementarer Körperlichkeit ist deswegen auf eine solche Weise zu unterstützen, dass die Kinder zu rhythmischen Bewegungsabläufen angeregt werden. Bewegungsspiele in der Halle oder im Freien sollten genauso nach Grundprinzipien der Rhythmik aufgebaut sein wie die Gestaltung eines Spielprojektes oder der ganze Tagesablauf. Aus meiner Sicht ist der Bildungswert ganz erheblich, der darin besteht, dass Kinder lernen, auf den Lebensrhythmus zu achten und sich auch danach zu richten, was ihnen wirklich guttut. Denn Muskelverspannungen gibt es schon bei kleinen Kindern und können auch bereits in so jungen Jahren ein äußeres Anzeichen für ein fehlgeleitetes Leben sein.

Impulse für Rhythmik

Modell-Aufgaben:
- Sich wiederholende Wechsel von Spannung und Entspannung in der Bewegung. Sich wiederholende Wechsel von Spielmotiven, kombiniert mit dem Wechsel von alternativen Erlebnisqualitäten in den Bewegungsabläufen (hoch – tief; laut – leise; eng – weit; schnell – langsam; kurz – lang dauernd, etc.)

Aufgaben:
- Die Zirkus-Äffchen hüpfen vergnügt umher; sie halten inne und schauen umher, etc.
- Der Clown schlurft durch die Manege; die Ballerina tänzelt über das Seil, etc.
- Die Zirkusarbeiter tragen schwere Kisten (pantomimisch) und leichte Kisten. Sie befestigen die Zeltplanen oben (pantomimisch) und unten, etc.
- Die Raubtiergruppe liegt auf der Lauer und springt auf die Plätze, etc.

Beachte:
Bewegungsrhythmus fördert die Bewegungsfreude und fördert das Gefühl für Identität.

Kasten 34

Rhythmusgefühl kann selbstverständlich durch das Spielen von Schlaginstrumenten und durch Mitbewegen zur Musik gefördert werden, was in vielen Kindergärten eine gute Tradition hat. Rhythmik soll darüber hinaus aber in der oben skizzierten umfassenderen Bedeutung verstanden werden. Es geht darum, dass die Erzieherin die Prinzipen von Rhythmik verinnerlicht und auf diese Weise alle erdenklichen Situationen für eine rhythmische Gestaltung nutzt. Das beginnt damit, dass sie die Aufgaben motorischer Basiskompetenzen in Rhythmikspiele einkleidet und darauf achtet, dass die Kinder dabei im Wechsel alternative Bewegungs- und Erlebnisweisen verinnerlichen (vgl. Kasten 34). Spätestens hier kommt einmal die Raubtiergruppe zur Geltung, die sicher in keinem Zirkus fehlen darf und alle Basiskompetenzen von eins bis fünf in ihrer Show verbindet. Und das endet sicher damit, dass selbstverständlich auch Clowns und besonders Tänzerinnen Darbietungen rhythmisch gestalten. Dafür bietet es sich an, dass die gleichen Kinder abwechselnd Rollen tauschen und auf diese Weise im Wechsel die unterschiedlichen Bewegungsabläufe hervorbringen (vgl. hierzu das Beispiel eines Rhythmikspiels im Spielprojekt „Dornröschen", Kasten 11). Damit bekommen Kinder einmal mehr die Gelegenheit, über Bewegung ihre Identität aufzubauen und zu erweitern.

Sehen und verstehen

Wenn Celine lustlos rumhängt, dann ... vermisst sie vielleicht einen deutlichen Rhythmus von Ebbe und Flut.

Genauso wichtig ist es, dass Kinder lernen, zur Besinnung zu kommen.

Ein Spielprojekt inspiriert jedes Kind an jedem Kindergartentag zu einer Fülle von Handlungsabfolgen und lässt überhaupt keinen Leerlauf aufkommen. So soll es sein, weil so viele Hirnfunktionen wie möglich angesprochen werden sollen. Aber!: wir wollen beileibe keinen Aktionismus, sondern reflektiertes und planvolles Handeln. Und deswegen kann ich nicht anders, als an dieser Stelle hervorzuheben: Spielrhythmus und Tagesrhythmus begünstigen eine ausgewogene Persönlichkeitsentwicklung. Und so haben wir zwar Aktionen ohne Ende, die aber nur mit den immer wiederkehrenden kreativen Pausen Sinn machen, weil sich dann planvoll Denk- und Handlungsstrukturen aufbauen. Ich werde im dritten Kapitel noch ausführlicher auf solche Notwendigkeiten zurückkommen, wenn es heißt: Lernen ist Wiederholung.

Hier kehren wir zunächst noch einmal zu der Verwirklichung von elementarer Körperlichkeit zurück, und da darf natürlich die *Auge-Hand-Koordination* (vgl. Kasten 28) nicht fehlen, denn auch mit diesem Aspekt einer ansonsten natürlich noch viel umfangreicheren „motorischen und perzeptionellen Entwicklung" rücken die Eltern auf den Plan und wollen Auskunft haben, ob ihre lieben Kleinen auch genügend fit gemacht werden für die Schule, ganz nach dem Motto: Wo ist die Bastelarbeit? Aber Sorge ist nicht angebracht, auch wenn im Rahmen eines Spielprojektes nicht unbedingt das Osterkörbchen vorzuweisen ist (das ohnehin häufig mehr auf den Fleiß der Erzieherin als auf den Arbeitseifer eines Kindes zurückzuführen ist). Immerhin weist das 7-Punkte-Programm Modellaufgaben aus, die große Sorgfalt verlangen (vgl. Kasten 35). Die Modellaufgaben weisen darauf hin, dass die Erzieherin sich davon überzeugen sollte, ob ein vierjähriges Kind ein Kreuz und ein fünfjähriges ein Quadrat nachzeichnen kann („Zeichne ein solches Bild nach!"). Das sind sehr bedeutsame Aufgaben, weil die Augenbewegungen (oben – unten; rechts – links) auf die Handmotorik übertragen werden müssen. Dabei ist es wichtig, dass der jeweilige Namen der Abbildung nicht genannt wird. Denn dann könnte die Leistung täuschen, weil manch' ein Kind bereits von größeren Spielgefährten weiß, dass man beispielsweise für „Kreuz" nur einmal Zack-zack zu machen braucht, ohne hin zu gucken. Wenn Kinder diese Aufgaben nicht zufriedenstellend erledigen können, macht es für mich keinen Sinn, sie mit weiteren feinmotorischen Übungen ganz direkt zu behelligen.

Allerdings finden alle Angebote integrativ statt, und da kann es schon sein, dass im Zuge notwendiger Zirkusarbeiten auch Kleinere dabei sind, wenn es gilt, mit Akribie Eintrittskarten herzustellen oder informative Plakate anzufertigen (vgl. Kasten 26). Wer auch immer dann dabei mitmacht, muss allerdings ganz gezielte feinmotorische Ergebnisse abliefern und nicht irgendwelche Zufallsschnipsel. Dann ist „Auf-der-Linie-schneiden" genauso gefragt wie sauberes Ausmalen. Und das ist richtig Arbeit.

Impulse für Auge-Hand-Koordination

Modell-Aufgaben*:
- Kreuz nachzeichnen,
- Viereck nachzeichnen
  („Zeichne ein solches Bild nach!")

Aufgaben:
- Mit dem Stift Linien nachfahren,
- Ausschneiden auf vorgegebener Linie
- Ausmalen
- Straßenkarte/Schatzkarte zeichnen
- Eintrittskarten zeichnen/ausschneiden

Beachte:
Gemeint sind nicht zufällige sondern gezielte, feinmotorische Ergebnisse.

Kasten 35   *vgl. William K. Frankenburg et al., 1992

Alle Spielprojekte implizieren solche Tätigkeiten, die Auge-Hand-Koordination verlangen, nicht zuletzt wegen der Bauspiele, die jedes Rollenspiel begleiten. Besser als durch den Umgang mit großem Material, der Bewegung mit räumlichem Vorstellungsvermögen verbindet, kann kein Kindergartenkind auf die Kulturtechniken vorbereitet werden, die später in der Schule vermehrt Vermittlung finden. Ich widme solchen Bildungsinhalten, für die uns der Zirkus bereits einen Vorgeschmack gegeben hat, noch ein eigenes Spielprojekt, wenn nämlich „Spaßfamilien auf Reisen gehen" und dabei Kulturtechniken kennen lernen (vgl. Kap. 3).

Ohne Köpfchen geht es nicht

Das Spielprojekt „Zirkus" fokussiert auf Soma, und wir haben uns mit einem 7-Punkte-Programm auf ganz wesentliche Bereiche konzentriert, die es für eine umfassende Entwicklungsförderung zu stimulieren gilt. Es ist die Verwirklichung elementarer Körperlichkeit, die im Mittelpunkt der Betrachtung steht, wenn wir mit Kindern Zirkus spielen. Aber ohne Köpfchen geht es nicht. Die Rubrik „+1" (vgl. Kasten 28) soll dazu beitragen, dass wir Folgendes im Gedächtnis behalten: Ein Kind entwickelt seine Intelligenz, wenn es die Anreize für Körpereinsatz als Herausforderung erlebt und entsprechend beantwortet. Es gewinnt damit alle Voraussetzungen für schulisches Lernen. Denn es ist letztlich sein *Intellekt*, der sich ausbildet, wenn ein Kind mit uns Zirkus spielt (oder all die anderen schönen Spielprojekte).

Und so gibt es sogar die Empfehlung, Gymnastik als ein intellektuelles Schulfach zu erklären.[47] Für den Kindergarten ist das allemal berechtigt. Eine bunte Reihe von Belegen (vgl. Kasten 36) gibt ein Bild davon, welche teilweise komplexen geistigen Leistungen dem körperbetonten Spiel der Kinder zugrunde liegen.

Impulse für Intellekt

Aufgaben:

- Hören, Verstehen und Umsetzen von Anweisungen.
- Bewusste Beobachtung und Benennung von Bewegungsabläufen: was bewegt sich? Wie bewegt es sich?
- Bewusste Anwendung des Körpers: wie musst du zupacken, damit du mit dem Seil schwingen kannst?
- Wortschatzerweiterung: Körperteile, Verben der Bewegung (beugen, strecken, ziehen, schieben, loslassen, anspannen, hüpfen, kriechen etc.), Adjektive (schnell, langsam, kräftig, schwach, sanft etc.) Verhältniswörter (auf, unter, neben, vor, dahinter zwischen etc.)
- Bewusste Raum- und Formwahrnehmung
- Selbstständige Lösungen: Wie bauen wir einen Hindernisparcour für die Pferde? Und wie können die Pferde die Hindernisse überwinden?
- Situationsgerechter Einsatz des Körpers: Wie transportieren wir das Gerät durch diesen engen Gang?
- Aufklärung über Trainingseffekte auf Körperfunktionen (Kreislauf und Atmung) und Gesundheit.

Beachte:
Alle Bau- und Bewegungsspiele in sämtlichen Spielprojekten fördern die Intelligenzentwicklung.

Kasten 36

Das reicht vom Hören, Verstehen und Umsetzen von Anweisungen bis zum Situations- gerechten Einsatz des Körpers; von der Raum- und Formwahrnehmung bis zu selbständigen Lösungen bei schwierigen Bewegungsabfolgen;

47 Britta Holle, 1999

135

von der bewussten Anwendung des Körpers bis zur Benennung von involvierten Körperteilen. Ganz abgesehen von der Wortschatzerweiterung, wenn es um so diffizile Beschreibungen geht, die mit Verhältnisworten belegt werden (vgl. Kasten 36), worauf im Sprachteil dieses Kapitels noch einmal eingegangen wird.

Eine besondere Beachtung verdient auch die Möglichkeit, mit den Kindern Fragen der Gesundheit zu erörtern, indem Trainingseffekte beobachtet und benannt werden (vgl. Kasten 26 u. Kasten 28). Es eröffnet sich also ein weites Feld, das zu beackern sicher Wochen in Anspruch nimmt und die Reichhaltigkeit der Ernte nur erahnen lässt.

Sehen und verstehen

> Wenn Tom einen Ball wiederholt an die Zimmerdecke feuert und ihn mit wilden Sprüngen wieder und wieder versucht zu fangen, dann ... entwickelt er seine Intelligenzfunktionen.

Kinder spielen „Piraten" und lernen Sprache

Mit den Impulsen für Körpereinsatz sind wir bereits da, wo es auch um Sprache geht, wie die abschließenden Ausführungen zum Zirkusspiel verdeutlichen. Und auch hirnorganisch ist belegt, dass Areale für Sprache in Nachbarschaft zu denen von Motorik angelegt sind. Deswegen können wir uns Motorik und Sprache als Einheit vorstellen: Wer nichts anfasst, der will auch nicht den Namen des Gegenstandes wissen, und wer sich nicht von dem einen zu dem anderen Ort bewegt und handelnd die Welt erobert, der baut auch nicht die Sprachgrammatik auf, die nämlich schon fertig im Gehirn vorhanden sein sollte, noch bevor ein Kind das erste Sätzchen gesprochen hat.[48] Denn Subjekt (Ich), Prädikat (hole) und Objekt (den Ball) ist hirnorganisch (beinahe) das Gleiche im Handeln wie im Sprechen. Wenn wir uns also beklagen, dass Kinder zu wenig und nicht gut genug sprechen, dann ist das sicher unter anderem darauf zurückzuführen, dass sie sich viel zu viel und anhaltend passiv an gleichen Plätzen festsetzen. Aufgeweckte und aktive Kinder hingegen wollen die Namen der Gegenstände erfahren. Denn wer Dinge bezeichnen kann, hat Einfluss – ganz so, wie es uns bereits Rumpelstilzchen lehrt, der diejenigen als machtlos brandmarkt, die seinen Namen nicht kennen (Ach wie gut, dass niemand weiß, dass ich Rumpelstilzchen heiß). Über die Macht der Worte lässt sich vortrefflich philosophieren,[49] und wir erinnern uns: Sprache erschließt Welten (vgl. oben die Ausführungen zum Bildungskanon). Und da-

48 vgl. Bas Kast, 2003
49 vgl. u.a. Heinz von Foerster, 2002

rum können wir es nicht dabei belassen, dass Kindergartenkinder mit ihren sprachlichen Fähigkeiten weit hinter ihrem geistigen Potential zurückbleiben, weil das Umfeld zu arm an Anregungen ist.

Nach meinen Beobachtungen läuft die Kommunikation von Erzieherinnen fast ausschließlich über Anweisungen: Zieh' den Schuh an! Hol' deine Tasche! Hol' einen Löffel! Sei leise! Sprich lauter! Komm' da runter! Gib' von Bausteinen ab! Die andere Domäne für die sprachliche Kommunikation der Erzieherinnen ist die Vermittlung von Regeln, kombiniert mit moralisierenden Erziehungsgesprächen. Da halten sich bereits Dreijährige die Ohren zu, statt sie zu spitzen, wenn der Erwachsene spricht, zumal es auf die Frage „warum hast du das gemacht?" keine Antworten gibt und jedes Kindergartenkind vom ersten Tag an ohnehin weiß, was alles verboten ist. Und auf die ratlose Frage der Erzieherin „wie oft soll ich dir das denn noch sagen?" es nun wirklich nur eine Antwort gibt: nie wieder!

Dies alles ist äußerst langweilig und alles andere als geeignet, den Kindern ein umfassendes Sprachvorbild zu geben. Wenn es hin und wieder über die benannten Sprachäußerungen der Erzieherin hinaus kleine Gespräche zwischen einem Kind und seiner Ansprechpartnerin im Kindergarten gibt, dann finden diese meistens nur dann statt, wenn es das Kind ist, dass sich mit einem Thema an die Erzieherin wendet. So ein Kind hat aber nicht im Kindergarten sprechen gelernt, sondern in seinem privilegierten Zuhause. Dann ist nach meinen Beobachtungen die Erzieherin durchaus freundlich, aber alles andere als inspirierend, wenn es gilt, den Faden der sprachlichen Kommunikation zu spinnen. Natürlich gibt es in vielen Kindergärten auch Morgenkreise, in denen selbstverständlich auch gesprochen, zumindest viel gesungen wird. Leider werden aber die sprachfreudigen Kinder zu sehr gebremst, weil auch hier durch übermäßige Reglementierung im Grunde genommen die Erzieherin die Ansagen macht.

Der Weg zu Sprachreichtum im Kindergarten führt über das Gruppenspiel mit Fantasie und verteilten Rollen hin zu solchen Sprechanlässen, die im Hier und Jetzt alle Beteiligte angehen. Die Erfahrung zeigt, dass in Kindergruppen, in denen Rollenspiel zum erklärten Bildungsgut gehört, die Sprechfreudigkeit der Kinder auffallend zunimmt. Selbst Kinder, die sich bisher schwer taten, sich nach Aufforderung der Erzieherin sprachlich zu äußern, tauchen von selbst in die Sprachatmosphäre der Spielgruppe ein, weil anders als mit Sprache die Interaktionen, die das Spiel verlangt, gar nicht zufriedenstellend abgewickelt werden können. Und dann sagt ein bisher stilles Kind als Smutje zu dem Piratenjungen ganz einfach: „Du musst doch jetzt kommen und essen, wenn ich die Suppe auf den Tisch gestellt habe". Somit brauchen wir auch für besonders sprachbedürftige Kinder keinen eigens für sie erfundenen Förderunterricht, sondern Anreize für Spiel und Spaß im Gruppenverband. Deswegen spielen wir „Piraten". Und auch wenn es dabei manchmal etwas deftig zugehen sollte, so dienen wir mit den Spiel-begleitenden Impulsen für die Verwirklichung von Sprache durchaus höheren Werten, nämlich der Gottähnlichkeit des Menschen (vgl. Kasten 37).

Johannes I, Vers 1

„Am Anfang war das Wort, und das Wort war bei Gott,
und Gott war das Wort."

Kasten 37

Der Methoden-Baukasten „Piraten"

„Piraten" ist ein sehr beliebtes Spiel bei Kindergartenkindern und hat trotz Power Ranger, Pokemon, He-Man und sonstigen Monstern seine Aktualität nicht verloren. Und in der Tat: es verspricht, was es hält, wenn es neben Säbelrasseln, Schatzsuche und Abenteuern auf hoher See und einsamen Inseln auch für etwas zarter besaitete Seelen Interessantes bereithält, beispielsweise munteres Leben und Treiben an Bord eines romantischen Schiffes. Denn um dem gewünschten Powerplay gerecht zu werden, sollten sowohl Jungen als auch Mädchen attraktive Rollen finden. Dafür muss der Methoden-Baukasten (vgl. Kasten 38) so bestückt sein, dass sämtliche Projektangebote besonderen Raum für Sprachanreize geben. Hierfür gilt (wie auch für alle anderen Spielprojekte), dass die pädagogischen Methoden eine Ausgewogenheit über alle Erlebnis- und Verhaltensweisen berücksichtigen. Dies bedeutet, dass der an sich kognitive Akzent, den wir dem Sprechen beimessen, genauso betont somatische, emotionale und soziale Begleitungen verlangt.

Zur Eröffnung des Spielprojektes schlage ich eine Bildbetrachtung vor. Dafür benötigen wir eine bunte und lebhafte Illustration, die Piraten mit Kopftuch, Augenklappe, Holzbein und gefährlichen Säbeln und Messern zeigt, aber statt in kriegerischen Konfrontationen besser im Pippi-Langstrumpf-Verschnitt[50] ihr munteres Leben auf hoher See verbringen. Denn Piraten, die lustige Sachen machen, und die zusammen mit Kind und Kegel und großen und kleinen Tieren ihr Piratenschiff eher zu einer alternativen Kommune umfunktionieren, statt sich als kriegerische Männergesellschaft zu profilieren, eröffnen weit mehr Möglichkeiten für die Verwirklichung von Sprache als eine eher traditionelle Darstellung. Und so bekommt der *kognitive* Akzent, der mit Beobachten und Sprechen gegeben ist (vgl. Kasten 38), mit einem derarti-

50 vgl. Hajo Bücken & Heike Baum, 2000.

138

gen Bild sogleich viel emotional-soziale Hintergrundmusik, wenn die Kinder in Fünfergruppen zur gleichen Zeit innerhalb des Stuhlkreises sich gegenseitig erzählen, was sie auf den (fünfmal gleichen) Bildern entdecken. Die Betonung von Sprache als Bildungsangebot wird in diesem Spielprojekt sofort deutlich, wenn die Kinder erleben, dass viele von ihnen gleichzeitig zu Wort kommen und es trotzdem Sinn macht, auf die Worte der anderen zu achten, wenn sie gemeinsam die Bedeutungen der vielfältigen Abbildungen suchen. Für solche Erfahrungen ist zu empfehlen, dass sich die Erzieherin im Hintergrund aufhält (hinter dem Stuhlkreis), damit die Kinder lernen, in einer solchen lockeren Sprechsituation sich auf einander zu beziehen, und nicht allein auf den Erwachsenen.

Im weiteren Verlauf findet hier bei den Piraten wie bei allen Spielprojekten aus dem Stuhlkreis heraus eine Gruppendifferenzierung statt, damit weiterhin in überschaubaren Gruppierungen kommuniziert werden kann und somit der notwendige *soziale* Erlebnisrahmen garantiert ist, um Entwicklungsimpulse – in diesem Fall besonders die Sprachanreize – zu intensivieren. Für das Piratenspiel empfehle ich wieder, ganz beherzt per Los drei bis vier Spielgruppen zu bilden, die dann an vorher verabredeten Plätzen im Gruppenraum oder wahlweise im Außengelände ihre Piratenschiffe aufbauen können. Denn mit diesem *somatischen* Angebot eines ausführlichen Bauspiels, das sich in Variationen jeden Tag wiederholt, sind ebenfalls sehr viele, Sprachimpulse zu setzen, wie ich weiter unten zeigen werde. Das gilt genauso für weitere Bauvorhaben, wenn im späteren Spielverlauf die Piraten auf der berühmten einsamen Insel ihre Behausungen bauen oder auch mit kleinem Material (weich und hart) zum Thema werkeln und gestalten. Auch Rhythmik- und Bewegungsspiele erfahren eine interessante Erweiterung, wenn sie im Kontext von Sprachförderung gesehen werden. Denn wenn Piraten über das wilde Meer segeln oder sich auf der Schatzsuche befinden, dann sind ganz verschiedene Geräusche und Tierstimmen zu imitieren. Und im Zuge der Spielidee „Piraten machen Tricks" lassen sich zur Wortschatzerweiterung alle Körperteile benennen.

Tipp

Wenn sie Ihren eigenen Methoden-Baukasten füllen, dann achten Sie darauf, dass Angebote über alle Erlebnis- und Verhaltensweisen besondere Sprachanreize „mitliefern".

Wenn wir uns den *emotionalen* Anteilen des Spielprojektes zuwenden (vgl. Kasten 38), dann befinden sich dort alle lustigen Möglichkeiten, die Sprachförderung vom tierischen Ernst befreit. Denn eine wichtige Voraussetzung für die Verwirklichung von Sprache in der Kindheit ist der Spaß an der Kommu-

Methoden-Baukasten „Piraten"
Erlebnis- und Verhaltensweisen im System der Autonomie

somatisch sensorisch + motorisch	emotional	sozial	kognitiv
Bauspiel Mit Möbeln und großem Material: 3 Piratenschiffe	**Lied** „Alle, die mit uns auf Kaperfahrt fahren" „Ten green bottles" „Hokey Kokey"	**Rollenspiel** 3 Piratenschiffe auf hoher See Gruppendifferen-zierung per Los	**Bildbetrachtung** Beobachten und erzählen Buch: „Stark, wild, kühn und frei" (vgl. Lit.)
Bewegungsspiel Schiffe auf hoher See	**Sprachspiel** Piraten-Quatsch Piratenflüche	**Rollenspiel** Wohnen auf dem Schiff Wohnen auf der Insel Schatzsuche	**Planungsgespräch** Wie bauen wir ein Piratenschiff?
Rhythmikspiel Auf der Insel: Geräusche, Tierstimmen	**Erlebnisgespräch** Als ich mich einmal gefürchtet habe	**Mahlzeit** Piratenfrühstück an Bord/ auf der Insel	**Hören einer Spielgeschichte** Deutsch/englisch
Bauspiel Mit Möbeln und großem Material: Behausungen auf der Insel	**Singspiel** „Brülle ich zum Fenster raus"	**Rollenspiel** Piraten gehen an Land und treffen Mr. Friday	**Sachbuch-Information** Buch: „Komm' mit ans Wasser" (vgl. Lit.)
Schöpferisches Gestalten Mit hartem und weichem Material: Wasser, Strand, Schiffe	**Sprachspiel** Dialoge mit Mr. Friday	**Rollenspiel** Gruppendifferenzierung nach spontaner Rollenwahl, Junge/Mädchen u. a.	**Exkursion und Erlebnisbericht** Im Hafen
Bewegungsspiel Piraten machen Tricks	**Erzählungen** Wenn ich ein Pirat wäre.	**Rollenspiel** an wechselnden Spielplätzen (Außengelände, Wald, Feld)	**Erfinden von Geschichten** Seemannsgarn Dialoge in deutsch/englisch

Kasten 38

nikation in Gruppen. Das gilt für die Ausweitung der Muttersprache genauso wie für das Erlernen einer Fremdsprache (Deutsch für ausländische Kinder oder eine zusätzliche Fremdsprache für alle Kinder). Deswegen halten die Piraten allerlei Sprachspaß bereit, um mit Liedern, Sprachspielen, Singspielen und lustigen Dialogen Sprachmusik und Sprechflüssigkeit zu erleben.

Getragen werden solche Sprachanreize (wie alle anderen Bildungsangebote der anderen Projekte) durch das Rollenspiel, das hier jetzt ganz besonders die *soziale* Wirklichkeit von Sprache abbildet. Das Piratenspiel hält eine Vielfalt von sprachlicher Kommunikation bereit, wenn es gilt, das Leben an Bord oder auf der einsamen Insel zu gestalten oder gar eine Schatzsuche vorzubereiten.

Dabei wird das Gruppenspiel immer wieder neu belebt, wenn die Spielhandlungen an wechselnde Spielplätze (Außengelände, Feld und Wald) verlegt werden, und wenn auch eine Gruppendifferenzierung nach wechselnden pädagogischen Kriterien (spontane Rollenwahl; Jungen/Mädchen u.a.) eingeplant ist. Eine besondere Bedeutung haben auch in diesem Spielprojekt die Mahlzeiten. Denn bei einem zünftigen Piratenfrühstück kann mit viel Vergnügen der Wortschatz erweitert, oder gar ganz neu erworben werden, wenn nämlich als besonderer Clou Mr. Friday aufkreuzt, der nämlich englisch spricht.

Bis das jedoch passiert, gilt es im *kognitiven* Bereich mit wichtigen Planungsgesprächen den Spielverlauf sprachlich zu gestalten, Spielgeschichten (in Deutsch und wer mag auch in Englisch) zu hören und Seemannsgarn zu spinnen. Selbstverständlich gehören auch Sachbuchinformationen dazu. Und desgleichen eine Exkursion dorthin, wo Schiffe zu besichtigen sind, weil nämlich dadurch die Sprachwelt ganz erheblich erweitert wird.

Das 7-Punkte-Programm für die Verwirklichung von Sprache

Wir können uns nicht darauf verlassen, dass Kinder schon „irgendwie" sprechen lernen. Selbst ein so vielseitiges Spielprojekt, wie es der Methoden-Baukasten (vgl. Kasten 38) verspricht, braucht noch besondere Sprachbeobachtung und einen bewussten Umgang mit Sprache, wenn wir die Verwirklichung von Sprache mit Fug und Recht als Bildungsgut ausgeben wollen. Das 7-Punkte-Programm der Sprachförderung (vgl. Kasten 39)[51] soll dazu beitragen, eine reichhaltige Sprachatmosphäre in der Kindergruppe lebendig werden zu lassen. Ich freue mich, dass wir damit einen Weg gefunden haben, Sprachförderung als ein integratives Konzept umsetzen zu können, das kleinen Kindern, die ihre Muttersprache im Kindergarten lernen genauso gerecht werden kann, wie solchen Kindern, die Deutsch als Fremdsprache lernen. Und auch da, wo der Bedarf an einer zusätzlichen Fremdsprache entsteht, da sollten wir, so meine Empfehlung, Sprachanreize in den Spielspaß des laufenden Spielprojektes einfügen. Die „Piraten" haben da Einiges auf Lager.

Bei all diesen genannten unterschiedlichen Beweggründen, sich gezielt in der Kindergruppe mit Sprachen und Sprechen auseinander zu setzen, geht es zunächst immer darum, ein Wir-Gefühl als Voraussetzung für den Spracherwerb herzustellen (vgl. Kasten 39, Punkt 1), ausführliche Hörerfahrungen zu ermöglichen (Punkt 2), eine aufmerksame Sprachbegleitung (Punkt 3) zu veranstalten und ein Sprachvorbild für die Kinder abzugeben, mit dem sie als

51 Quellennachweis für Kasten 39, 40, 41, 45, 47, 49, 50, 51 Wolfgang und Jürgen Butzkamm, 1999. William K. Frankenburg, S. M. Thornton und Marin E. Cohrs (Hg.) 1992. Wolfgang Wendland, 1995. Beauftragte der Bundesregierung für Ausländerfragen (Hg.), 1999

Das 7-Punkte-Programm
für die Verwirklichung von Sprache*

1 Wirgefühl und Spracherwerb
Ohne Beziehungen kein Sprechen. Sprache entsteht aus Kommunikation. Sprechen bedeutet Zugehörigsein.

Wirgefühl muss pädagogisch unterstützt werden.

5 Verstehendes Helfen
Das Selbst wird durch sprachliche Kommunikation erfahren. Handeln ist eine analoge Kommunikation und kann in Sprache übersetzt werden.

Verstehen kindlicher Botschaften erweitert die Sprachfähigkeit des Kindes. Kindliche Botschaften sind mehrdeutig und werden im Dialog mit dem Erwachsenen eindeutig.

2 Ohr vor Mund
Das Ohr führt die Stimme. Ohne Hören kein Sprechen. Hörerfahrungen sind Anreize zum Selber-Sprechen.

Ein gutes Sprachvorbild ist lebhaft, ausdrucksvoll und von der Thematik ereignisreich.
Sprach-Spaß fördert Expressivität und Sprechflüssigkeit.

6 Erlebnis als Sprechanlass
Symbolspiele (als ob) und Rollenspiele führen zu begrifflichem Denken und Sprechen. Mit Sprache lässt sich die Gegenwart gestalten, die Vergangenheit reflektieren und die Zukunft planen.

Sprechanlässe sind immer dann ergiebig, wenn sie sich auf gemeinsame Erlebnisse der ganzen Kindergruppe beziehen.

3 Sprachbegleitung
Vom Zeigen zum (Wort-) Zeichen
Sprechen heißt Handeln fortsetzen, begleiten und vorbereiten. Mit Sprache wird die Wirklichkeit erschaffen. Worte ordnen die Welt.
Namen-Wörter, Tu-Wörter, Wie-Wörter, Verhältnis-Wörter bei Bau-, Bewegungs- und Rollenspielen; Standardsituationen wie Begrüßung, Mahlzeiten, Aufräumen.

7 Erweiterte Sprachräume
Aus Worten werden Weltbilder. Sachinformationen durch Exkursionen, Bilderbücher, Geschichten, Lieder, Reime etc. im Spielthema erweitern den Wortschatz.

Ein erweiterter Wortschatz erweitert die Welt. Kinder lieben Fachausdrücke.

4 Sprachvorbild als Überforderung
Wortschatz, Grammatik, Satzgefüge.

Herausgefordert wird Ratefähigkeit und geistige Aktivität.

Komplexe Sprache entsteht durch komplexe Sprachvorbilder.

+1 Erst- und Zweitsprache
Damit komplette hirnorganische Sprachstrukturen aufgebaut werden können, ist es wichtig, dass sich Sprachmuster nicht vermischen. Erst- und Zeitsprache sollten gesonderten Personen und Sprachräumen zugeordnet werden. Die beste Voraussetzung für das Erlernen einer Zweitsprache ist die bereits erworbene Erstsprache.

Kasten 39   * vgl. Fußnote 51

Lernanreiz jeweils geringfügig überfordert werden (Punkt 4). Verfeinert wird ein solches Programm durch ein Verstehendes Helfen (Punkt 5), das als ein sensibles Beachten und Betreuen von spontanen Sprachäußerungen die Kinder begleitet, wenn es darum geht, dass sie mittels Sprache ihr Selbst definieren. Begleitend hält das Sprachprogramm fortlaufend Sprechanlässe (Punkt 6) bereit, indem gemeinsame Gruppenerlebnisse im Rahmen des Spielprojektes Anreize zur sprachlichen Kommunikation liefern, damit die Sprechfertigkeit kontinuierlich geübt werden kann. Abgerundet wird das Förderprogramm durch die Erweiterung der Sprachräume, indem im Piratenprojekt (wie in allen anderen Spielprojekten) der Kindergarten regelmäßig für Exkursionen verlassen wird (Punkt 7). Denn woanders gibt es auch andere Worte. Und mit dem bewussten Umgang mit der Erst- und Zweitsprache sind wir schließlich da angelangt, wo wir das ganze Programm von eins bis sieben immer wieder neu ins Rollen bringen, sei es für ein bisschen Englisch oder auch Plattdeutsch, wenn der Kindergarten in Schneverdingen liegt.

Zurück zu den Piraten, mit deren Hilfe ich verdeutlichen möchte, wie unterhaltsam Sprechenlernen ist.

Den Piraten aufs Maul geschaut

Oder sollten Kinder doch lieber sprechen, wie ihnen der Schnabel gewachsen ist? Das kommt wohl auf dasselbe heraus, wenn wir mit Kindern „Piraten" spielen. Die Hauptsache ist, dass Spaß entsteht, wenn es ums Sprechen geht. Die Voraussetzung dafür ist, dass Kinder in Beziehung zu einander stehen. Denn nur durch Kommunikation, die bereits nonverbal beginnt, entsteht Sprache. Unter Kindern wird das ganz deutlich: In dem Moment, wo sie sich zugehörig fühlen, beginnen sie zu sprechen. *Wir-Gefühl und Spracherwerb* ist eine Einheit (vgl. Kasten 39). Aber wie unser Integrationsspiel „Dornröschen" (vgl. Kap. 1) bereits gezeigt hat, müssen wir die integrativen Bindungen in der Kindergruppe pädagogisch unterstützen. Speziell für die Sprachförderung wird hier noch einmal hervorgehoben: Ohne die pädagogische Unterstützung von Wir-Gruppen ist das weitere Förderprogramm so gut wie wertlos. Denn es sind erfahrungsgemäß gerade die nicht integrierten Kinder, die gleichzeitig zu wenig und zu schlecht sprechen. Deswegen gibt die systemisch-konstruktivistische Spielpädagogik die beste Voraussetzung für eine sinnvolle Sprachförderung. Denn die Spielaktivitäten, die alle Kinder in kleinen Spielgruppen

Vom Wirgefühl zum Sprechen

Beobachten:
- Kann das Kind im Blickkontakt mit einem Gesprächspartner sprechen? („WEM willst du das erzählen?")
- Kann das Kind auf Wortbeiträge anderer Kinder in seiner Gesprächsgruppe eingehen?
- Kann ein Kind die Ansichten und Vorschläge seiner Gesprächspartner teilen?

Pädagogisches Handeln:
- Die Spielgruppe nach Rollenvorlieben der Kinder differenzieren.
- Pädagogische Spiel- und Gesprächsgruppen organisieren (Große/Kleine; Jungen/Mädchen, Interessengruppen)
- Über gemeinsame Spielerlebnisse und Spielvorhaben sprechen.

Kasten 40

143

zu einander führen, lassen unwillkürlich Sprache entstehen, und zwar in einer so selbstverständlichen Art und Weise, dass es eine Freude ist.

Trotzdem ist neben dem pädagogischen Handeln, das die Voraussetzungen für Wir-Gefühl schafft, auch ein aufmerksames Beobachten notwendig, um zu erkennen, in wie weit die Kinder bereits tragfähige Bindungen aufgebaut haben, die den sprachlichen Austausch unter einander unterstützen (vgl. Kasten 40). Gelingt es den Kindern beispielsweise, im Blickkontakt mit ihren Spielgefährten zu sprechen? Sind sie in der Lage, auf die Wortbeiträge der anderen einzugehen, und können sie etwa gar schon die Ansichten und Vorschläge ihrer Partner und Partnerinnen teilen?

Hören und verstehen

Wenn der Geräuschpegel im Zuge des Bauspiels drastisch ansteigt, wenn die Piratenschiffe bevölkert werden und Sie sich selber nur durch einen Signalgeber Gehör verschaffen können, dann ... beherrscht sprachliche Kommunikation die Szene. Und das ist ein gutes Zeichen.

Wenn vielfältige Gruppendifferenzierungen sowohl für die Spielhandlungen als auch zu den verschiedensten Gesprächsanlässen gepflegt werden, dann erfahren die Kinder hautnah, dass sie sich über Sprechen noch näher kommen und rückwirkend noch schöner zusammen spielen können. Alle Gruppengespräche sind somit eine Gelegenheit, die Kinder in ihrem Sprachverhalten zu beobachten und ihnen feinfühlig Anregungen zu geben, sich mit ihren Wortbeiträgen ganz direkt auf einander zu beziehen und nicht alle Anliegen immer nur an die Adresse der Erzieherin zu richten. Stattdessen stellt diese die Frage: „Wem willst du das erzählen?"

Ohr vor Mund: Hören einer Spielgeschichte

Sprachspaß mit Piratenquatsch

Mit dem Punkt 2 des Programms möchte ich auf das einfache Prinzip „Ohr vor Mund" (vgl. Kasten 39) für die pädagogische Praxis der Sprachförderung aufmerksam machen. Denn obwohl jedem plausibel ist, dass ein Kind zuerst die Sprache gehört haben muss, bevor es selber spricht, wird diese einfache Reihenfolge im Kindergarten nicht bewusst eingehalten. Wir gehen zu voreilig davon aus, ein Kind müsste sprechen, damit es sprechen lernt. Die gut gemeinte Absicht eines Erwachsenen sich sprachlich zurück zu halten, um dem Kind die Gelegenheit zum Sprechen zu geben, ist selten glücklich. Nach meinen Beobachtungen hören Kinder viel zu wenig Bezugspersonen im Zusammenhang sprechen. Damit wird ihnen weitgehend vorenthalten, Sprachmusik und Sinnzusammenhänge intuitiv aufzunehmen und zu verinnerlichen. Damit ist auch der Anreiz zur Nachahmung von Sprachbildern äußerst gering. Und auch die Entwicklung von Sprechfreudigkeit und damit die kontinuierliche Verbesserung der Sprechflüssigkeit bleiben weit hinter dem hirnorganischen Potential sehr vieler Kinder zurück. Beobachtungen hinsichtlich Sprachhemmungen und unverständlicher Aussprache so vieler Kinder sollte Erzieherinnen anspornen, Hörerfahrungen als Vorbereitung zum Selber-Sprechen zum Programm zu machen. Allerdings sind Hörkassetten und Fernsehsendungen nicht geeignet, weil ein Kind gleichzeitig zum Hören die Beziehung zum Sprecher beziehungsweise zur Sprecherin braucht (vgl. Kasten 30).

Somit ist es wünschenswert, dass die Erzieherin täglich von Angesicht zu Angesicht mit den Kindern im Zusammenhang spricht. Bestens dazu geeignet

Vom Hören zur Sprechfreudigkeit

Beobachten*:
- Löst das Kind Sprechhemmungen auf?
- Greift das Kind die Sprachimpulse auf?
- Spricht das Kind verständlich? (bis auf Zischlaute und schwierige Konsonanten-Verbindungen, z.B. kl..., dr... und lockere Laut- und Wortwiederholungen)
- Spricht das Kind flüssig?

Pädagogisches Handeln:
- Täglich im Stuhlkreis oder während der Mahlzeiten Geschichten in Form von Ich-Erzählungen darbieten („Als ich heute morgen die Gartenpforte öffnete, da ...").
- Zu Bildern erzählen oder vorlesen.
- Spielgeschichten erzählen.
- **NACH** dem Hör-Angebot den Kindern Raum zum Sprechen geben („**Ich** erzähl' dir was – **du** erzählst mir was!").
- Spielgeschichten mit Rhythmik- und Stegreifspielen verbinden.
- Lieder und Reime passend zum Spielthema anbieten.
- Mit Lauten experimentieren, reimen, Worte erfinden (Wortquatsch).

Kasten 41   *vgl. Wolfgang Wendland, 1995

ist natürlich der Stuhlkreis, in dem die Aufmerksamkeit der Kinder gut gebündelt werden kann, wenn die Erzieherin ihnen etwas erzählt. Das können eigene Erlebnisse sein, mit denen sie einen Bezug zu dem Erleben der Kinder herstellt, oder aber Spielgeschichten im Thema des laufenden Spielprojektes.

Die Piratengeschichte (vgl. Kasten 42) greift Motive des bunten Bildes auf, das die Kinder sich bereits selbstständig betrachtet haben (vgl. Methodenbaukasten, Kasten 38), so dass im Hören die eigenen und ergänzende Sprachbilder aktiviert werden können.

Die Spielgeschichte ist so aufgebaut, dass im Einstieg auf ein spannendes Ereignis hingewiesen wird (einen Schatz finden), das allerdings im ersten Erzählen noch gar nicht direkt vorkommt. Dieses Strickmuster, nachdem viele Fernsehserien gemacht sind, führt natürlich dazu, dass die Kinder gespannt auf die Fortsetzung sind: wann erzählst du weiter? Oder aber ihre Fantasie ist bereits so angeregt, dass sie gleich selber anfangen im Sprechen und Spielen den Faden weiter zu spinnen. Außerdem sind in die Geschichte Passagen eingebaut, die während des Erzählens schon zum sprachlichen Mitagieren einladen, und Sprachrituale (wie „Land in Sicht" und „Fertig machen zum Landgang" sowie das Piratengebrüll „Hoho, Jaja und Hurra ...") können sogleich im anschließenden Rollenspiel wieder aufgegriffen werden. Im Vordergrund solcher Hörerfahrungen steht also der Spaß mit Sprache und der Anreiz zum Nachahmen. Deswegen sollten solche Sprachvorbilder lebhaft und ereignisreich sein und ganz selbstverständlich auch mit Liedern und Reimen ergänzt werden. Die allerdings müssen sitzen wie die Faust aufs Auge, damit die Kinder dabei nicht einschlafen (was ich vielfach beobachte, wenn gesungen wird), sondern emotional stark involviert werden. Sehr kleine oder ausländische Kinder müssen in dieser Phase der Sprachförderung zwar nicht jedes Wort verstehen. Sie sollten jedoch Sinn entnehmend mitmachen und von vorn herein lernen, ausdrucksstark zu kommunizieren.

Begleitend zu der Aufmerksamkeit, die die Erzieherin ihrem eigenen Sprachverhalten widmen sollte, ist sie selbstverständlich in diesem Spielprojekt auch andauernd damit beschäftigt darauf zu achten, wie einzelne Kinder ihre Sprache entwickeln. Dafür ist es gut zu wissen, dass es für das Kriterium „spricht verständlich" eine große Toleranzbreite gibt. So gibt es beispielsweise noch keinen Grund zur Aufregung, wenn ein Kind bis zu seinem fünften Geburtstag noch Zischlaute und schwierige Konsonanten-Verbindungen nicht hinkriegt. Und auch lockere Silben- und Wortwiederholungen kommen in dem Alter noch häufig vor, besonders dann, wenn es etwas sehr engagiertes zu erzählen gilt (vgl. Kasten 1 und 41). Über solche kleinen Ungereimtheiten geht man selbstverständlich ganz souverän hinweg und erhält stattdessen eine lockere Sprachatmosphäre.

Spielgeschichte zum Piratenspiel

Ich erzähle euch die Geschichte von den wilden Piraten, die mit ihrem Piratenschiff über den großen Ozean segelten und einmal riesiges Glück hatten, einen wertvollen Schatz zu finden.

Vor langer, langer Zeit, in weiter, weiter Ferne, da hielt das Piratenschiff bei ruhiger See direkt auf eine kleine Insel zu.

Zuerst hatte das keiner der Piraten bemerkt. Denn die See war ruhig, die Sonne schien, und die Piraten vertrieben sich die Zeit auf dem Oberdeck und in dem Bauch des Schiffes mit Lachen und Scherzen mit Schmausen und Saufen mit Schlummern und Schnarchen.

Einige Schiffsjungen turnten auf den Strickleitern herum bis oben hinauf, wo die Segel am Mast fest gemacht waren. Und einige Schiffsmädchen sprangen kopfüber ins Wasser, um sich in den kühlen Fluten zu erfrischen.

Da brüllte mit einem Mal der Piraten-Matrose Billy Ball, der hoch oben auf dem Mast auf seinem Ausguck stand und den ganzen Tag mit seinen scharfen Augen den Horizont abgesucht hatte, um zu sehen, ob er nicht etwas entdecken könnte: „Land in Sicht!", rief er. Und wieder: „Land in Sicht!" Und noch einmal: „Land in Sicht!"

Der Piraten-Kapitän, den alle „Captain Schlapphut" nannten, und der schon seit Stunden an der Reling gestanden hatte, und kaum erwarten konnte, dass er wieder einmal an Land gehen und neue Abenteurer erleben konnte, schmiss jetzt mit einem „Juchhe!" seinen Schlapphut in die Luft und trampelte mit seinen Stiefeln vor Vergnügen auf den Schiffsplanken herum.

Und in dem gleichen Moment brach solch' ein ohrenbetäubender Jubel in der gesamten Schiffsbesatzung aus, wie du dir das kaum vorstellen kannst.

Da war plötzlich ein fröhliches Getümmel auf dem ganzen Schiff. Und Captain Schlapphut gab das Komando: „Fertig machen zum Landgang!"

Die Piratenmänner und die Piratenfrauen, die Piratenkinder, ja sogar die Piratentiere: die Katzen und Mäuse, die Hunde und Schweine – ja, sogar die Spinnen und Läuse, alle rappelten sich auf, ließen ihre Leckerbissen auf Tischen und Planken liegen und stürmten los.

Der Smutje ließ die Krake entwischen, die er gerade in den Kochtopf stecken wollte, die frechen Schiffsmädchen hörten auf sich zu zanken, der Steuermann ließ für einen Moment das Steuerrad los und rieb sich vergnügt die Hände.

Und alle Piraten riefen:
„Hoho! „Jaja!" und „Hurra!" und brüllten aus Leibeskräften:
„Wir sind wild, wir sind kühn, wir sind mutig und schlau!
Hoho!
Wir sind kernige Gestalten.
Haha!
Wir kommen
mit Mann und Maus
mit den Lütten und den Alten!"

Und dann gingen alle von Bord.

Kasten 42

Wer den Prozess der Verwirklichung von Sprache mit der Weiterentwicklung seiner eigenen sprachlichen Fähigkeiten verbinden will, um ein attraktives Sprachvorbild abgeben zu können, dem empfehle ich in der Thematik des laufenden Spielprojektes eine Wortsammlung anzulegen, was in Minuten gelingt. Denn dann wird das eigene Sprachverhalten viel reichhaltiger und es gelingt mit Leichtigkeit, Sprache mit Spiel und Spaß zu verknüpfen (vgl. Kasten 43 und 44). Von so einem Fundus kann man sehr vielseitig Gebrauch machen, sei es dass man mit den Kindern auf die Tische steigt und zünftig flucht, sei es dass man in den Kajüten hockt und Seemannsgarn spinnt oder auch einmal in der Rolle eines ausgebufften Steuermanns kernige Sprüche klopft.

Aber auch für die *Sprachbegleitung* (vgl. Kasten 39) während des Bau-Bewegungs- und Rollenspiels ist es von Vorteil aus dem Vollen schöpfen zu können, wenn es gilt, Namen- und Tu-Worte, die das Thema hergeben,

Wortschatzerweiterung im Piratenspiel

Namen-Wörter

Abenteuerlust,
Anker,
Augenklappe,
Ausguck,
Backbord,
Bauch des Schiffes,
Blick,
Boot,
an Bord,
Bullauge,
auf Deck,
Edelsteine,
Fahne,
Fass,
Fernrohr,
Flagge,
Flaschenpost,
Flegel,
Gemüse,
Getümmel,
Hängematte,
Holzbein,
Horizont,
Jubel,
Juchhe,
Kajüte,
Kapitän,
Koje,
Kombüse,
Kopftuch,
Landgang,
Leck,
Leckerbissen,
Lebensmittel,
Lügengeschichte,
Luft,
Mannschaft,
Mast,
Matrose,
Meer,
Ozean,
Piratenleben,
Reling,
Säbel,
Schatz,
Schatzkarte,
Schatztruhe,
Schaumkrone,
Schiff,
Schiffsbesatzung,
Schiffsjunge,
Schiffsplanken,
Schot,
Schwimmweste,
Segel,
Seemannsgarn,
Smutje,
Steuerbord,
Stiefel,

Strickleiter,
Sturm,
Tampen,
Tau,
Trubel,
Überraschung,
Ufer,
Vergnügen,
Vorräte,
Wellen,
Wogen,
Zopf

Namen-Wörter für Werkzeuge und Material

Angel,
Baumwollstoff,
Blech,
Edelstein,
Eisen,
Fernrohr,
Gabel,
Gold,
Hammer,
Holz,
Kelle,
Kochlöffel,
Leder,
Leinen,
Löffel,
Messer,
Metall,
Nagel,
Säbel,
Säge,
Silber,
Stein

Tu-Wörter

in der Sonne aalen,
ablegen,
angeln,
am Ufer anlegen,
ausrauben,
das Steuerrad bedienen,
brutzeln,
sich drängeln,
entern,
entspannen,
entwischen,
erschrecken,
erspähen,
fischen,
flicken,
fluchen,

zum Hals heraushängen,
hechten,
Segel hissen,
jubeln,
lugen,
zu Wasser lassen,
lauschen,
Anker lichten,
klettern,
Taue knoten,
klar Schiff machen,
meutern,
Regen peitschen,
mit Säbeln rasseln,
raunen,
Segel reffen,
reparieren,
Eier in die Pfanne schlagen,
schippern,
schlemmen,
schleppen,
schlingern,
schlummern,
schrubben,
schuften,
Segel setzen,
Segel reffen,
Seemannsgarn spinnen,
spüren,
in See stechen,
stolpern,
stürmen,
tauchen,
toben,
träumen,
trampeln,
unterrichten,
verschwinden,
verspeisen,
verzehren,
sich wagen,
wanken,
im Winde wehen,
den Wind um die Nase
wehen lassen,
Messer wetzen

Wie-Wörter

ängstlich,
begierig,
blau,
eckig,
emsig,
farbig,
faul,
feindlich,
feucht,
fleißig,
forsch,

frech,
frei,
fremd,
freundlich,
gelb,
gemütlich,
geringelt,
gestreift,
groß,
grün,
harmlos,
hungrig,
kariert,
klein,
kühn,
leck,
lila,
listig,
lose,
mutig,
neugierig,
niedlich,
niet- und nagelfest,
nass,
ohrenbetäubend,
orange,
riesig,
rot,
rund,
sanft,
satt,
scharf,
schlau,
schwarz,
schwierig,
seltsam,
stolz,
traurig,
trocken,
übermütig,
ungekämmt,
unheimlich,
verdächtig,
vergnügt,
vorsichtig,
wild,
winzig,
wunderbar

Verhältnis-Wörter

auf,
unter,
neben,
davor,
hinter,
oben,
zwischen, etc.

Kasten 43

148

Sprachspaß im Piratenspiel

Tiernamen

Affe,
Elefant,
Ente,
Ferkel,
Fisch,
Huhn,
Hund,
Katze,
Krake,
Laus,
Maus,
Papagei,
Ratte,
Schwein,
Seestern,
Spinne

Tierlaute imitieren

bellen,
brüllen,
fauchen,
flöten,
fiepen,
grunzen,
heulen,
krakelen,
krächzen,
miauen,
piepen,
schimpfen,
schnattern,
schnauben,
summen,
trompeten,
quaken,
wiehern,
wispern

Sprach-Rituale

Ay, Ay Sir!
OK Chef!
Land in Sicht!

Mann über Bord!
Schiff ahoi!
Schiff voraus!
Am Horizont tut sich was.
Mast und Schotbruch!
Eine Mütze Schlaf.
Gute Nacht, du Sweenigel

Eigennamen

Captain Schlapphut,
Billy Ball,
Peter Pim

Flüche

Himmel, Arsch und Zwirn!
Scheibenhonig!
Scheibenkleister!
Scheiße!
Schockschwerenot!
Verdammt!

Verflixt!
Verflixt und zugenäht!
Zum Kuckuck!

Reime

Segel ... Flegel,
Jubel ... Trubel,
Hose ... lose,
Fernrohr ... Ohr,
fluchen ... suchen,
Fass ... nass,
begierig ... schwierig,
Kombüse ... Gemüse,
Holzbein ... Schwein

Lied

Lustig ist das Piratenleben...
(In Anlehnung an „Zigeu-
nerleben")

Seemannsgarn

Er hieß ... und war Steuermann an Bord, und er hatte
viele fremde Länder gesehen. Und wenn das Piratenschiff durch ruhige Gewässer segelte, dann konnte es
sein, dass jemand rief:

„He, ... , erzähl' mal! Wie war das damals, als ihr ... "

Und ... legte sein Holzbein bequem auf die Planken,
rückte seine Augenklappe zurecht und begann mit ge-
heimnisvoller Stimme zu raunen:

Damals ...

Spaßverse

Ich steck im Sumpf mit meinem Strumpf
Mit dem Po sowieso
Und mit dem Bauch auch

Hab 'ne Flasche in der Tasche
Und 'ne Panne mit der Kanne
Und die Pfanne, ach oh Graus,
die hat der Klaus.

Ich kann trixen,
will mir was mixen.
Ich kann rennen,
will nicht pennen.
Lass' es krachen
mit den Haxen.
Kann viele Faxen machen.

Kasten 44

149

aktiv zu benutzen. Denn genauso wie Kleinkinder auf Gegenstände zeigen, um den Namen zu erfahren, und genauso wie sie später sagen, was sie selber oder ein anderer tun sollen, so sollte im Kindergarten der Spracherwerb fortgesetzt werden. Denn wie gesagt, wie im richtigen Leben so ist es auch in der Spielwirklichkeit: Wer die Namen für die Gegenstände kennt und das Tun bezeichnen kann, der hat Einfluss auf das Geschehen und kennt seinen Weg durch die vorerst verwirrenden Möglichkeiten seines Umfeldes. Somit ist es durchaus existentiell wichtig zu wissen und zu sagen: Dies ist die *Reling*; dies benutzen wir als *Anker*; hier richte ich mir meine *Kajüte* ein, dies ist das *Bullauge*, aus dem ich gleich ins Wasser springen werde.

Von der Sprachbegleitung zur Wortschatzerweiterung

Beobachten*:
- Kann das Kind einfache Abbildungen benennen? (Katze, Vogel, Pferd, Hund)
- Versteht das Kind Adjektive? (kalt, müde, hungrig: „Was machst du, wenn dir kalt ist?")
- Versteht das Kind Verhältnisworte? (auf, unter, vor, hinter: „Lege das Papier hinter dich!")
- Kann das Kind Worte definieren? (Ball, See, Schreibtisch, Haus, Banane, Vorhang, Zimmerdecke, Hecke, Fußboden: „Was ist ein Ball?")
- Kennt das Kind verschiedenes Material? (Löffel, Schuh, Tür: „Aus welchem Material ist ein Löffel gemacht?")

Pädagogisches Handeln:
- Standardsituationen wie **Begrüßung, Mahlzeiten, Aufräumen** sprachlich begleiten.
- Bau-, Bewegungs-, Rhythmik- und Rollenspiele aktiv beobachten und sprachlich begleiten.
- Eigenes Handeln und das Handeln der Kinder mit Worten verbinden.
- Vom Namen-Wort zum Tu-Wort, Wie-Wort, Verhältnis-Wort

Kasten 45   *vgl. William K. Frankenburg et al., 1992

Und auch das Wissen von der Fülle von Tu-Worten eröffnet eine Bandbreite neuer Verhaltensmöglichkeiten, um das Spiel nach den eigenen Vorstellungen zu gestalten: wir müssen die Planken *schrubben*, Segel *setzen*, *tauchen*, Kisten *schleppen*, Taue *knoten*, Fische *verspeisen*. Sprachbegleitung bedeutet, dass die Erzieherin während des Spiels aktiv mit den Kindern kommuniziert und dabei sich wirklich gewählt ausdrückt: „Habt ihr schon die Segel gesetzt?" – „Was hast du vom Ausguck aus erspäht?" – „Wollen wir jetzt die Eier in die Pfanne schlagen?" Solche treffenden Formulierungen geben den Kindern eine Idee davon, wie mit differenzierenden Worten die Wirklichkeit differenziert wahrgenommen werden kann. Dies ist das eigentlich Wesentliche. Es geht also nicht im engeren Sinne darum Vokabeln zu lernen, sondern um den Aufbau von Sprachstrukturen und die Orientierung in der Welt durch Benennung (vgl. Kasten 45)

Eine besondere Bedeutung für die Persönlichkeitsentwicklung durch Sprache messe ich den Namen-Wörtern für Werkzeuge und Material zu. Denn es ist sicherlich für ein Kind psychologisch bedeutsam, wenn es mit den entsprechenden Wörtern ein Bewusstsein darüber gewinnt, dass die Welt, in der es lebt, von Menschen hergestellt worden ist. Deswegen ist es sehr praktisch, wenn der Wort-Fundus (vgl. Kasten 43 und 44) einen entsprechenden Wortschatz hergibt und ein Kind weiß und auch sagen kann, dass die Stiefel der Piraten aus Leder, der Löffel aus Blech und der Tisch aus Holz gemacht sind; dass der Hammer, das Messer und die Kelle Werkzeuge sind. Desgleichen macht es Sinn, Kinder hier und da einmal Worte definieren zu lassen, denn dann wird ersichtlich, wie mit dem Spracherwerb auch die Intelligenzentwicklung mitzieht. Und wenn ein Kind den Gebrauch oder den Oberbegriff eines Wortes benennen kann, dann ist dies auch ein Zeichen dafür, das es gut Bescheid weiß und gut zurecht kommt in der Welt jenseits des Kinderzimmers (vgl. Kasten 45). Wie bei all solchen Testaufgaben gilt jedoch: ein Kind kann nur das können und wissen, was es Gelegenheit gehabt hat zu lernen. Und somit geben die Antworten auf Fragen wie beispielsweise: „Was ist ein Schreibtisch?" oder „Was ist eine Hecke?" unter anderem auch Hinweise auf die Art und Weise, wie das Lernfeld im Kindergarten bestellt ist, beziehungsweise in Zukunft noch besser bestellt sein sollte.

Ebenso bedeutsam sind Wie-Worte. Denn erst wenn ein Kind weiß und es ausdrücken kann, wie die Dinge und sein Selbst beschaffen sind, bekommen auch Denken, Fühlen und Handeln Farbe. *Wie* sind die Schiffsplanken? *Wie* schmeckt der Fisch? *Wie* ist die Bedeutung von *kalt, müde, hungrig*? Kann ein Kind bis zu seinem fünften Geburtstag Adjektive finden oder treffend definieren? Weiß es Bescheid? Mit dem Gebrauch von Adjektiven wird noch einmal mehr deutlich, wie mit dem Gebrauch von Sprache auch die Intelligenzentwicklung voran kommt. So sind beispielsweise Adjektive nicht so unmittelbar in der Welt, wie Namen- und Tu-Wörter, denn sie müssen erschlossen werden.

Ähnlich verhält es sich mit den Verhältnisworten: oben, unten, neben, davor, hinter, rechts, links, etc. Die kleinen Wörter haben es in sich. Sie ordnen die Welt. Und manch' ein Kindergartenkind kommt ins Schleudern, wenn es sich *hinter* einem anderen Kind aufstellen soll, die Tasche *unter* den Stuhl stellen oder den Stuhl *neben* den Hocker schieben soll. Die räumliche Wahrnehmung steht auf dem Prüfstand, wenn Verhältnisworte gefragt sind. Wenn ich beobachte, dass Kinder Schwierigkeiten damit haben, Verhältnisworte zu verstehen und selber anzuwenden, dann liegt es an mir, meine sprachliche Begleitung von Handlungen darauf gezielt abzustimmen. Dafür bieten die täglichen Bauspiele im Rahmen von Spielprojekten eine vortreffliche Gelegenheit, wenn es gilt, mit Worten das Spiel zu begleiten: Wollen wir vielleicht das Brett *hinter* den Stuhl klemmen, damit die Reling hält? Die Decke könnten wir *unter* die Platte legen, damit es in der Kajüte gemütlich ist, etc.

Genauso ergiebig für Sprachbegleitung sind Standardsituationen wie Begrüßung, Mahlzeiten und Aufräumen. Auch dafür ist es von Vorteil meine Wortlisten im Blick zu haben, um mit einem reichhaltigen Vorbild den Wortschatz der Kinder zu erweitern. Zunächst einmal kommt es jedoch darauf an, eigenes Handeln und das Handeln der Kinder wirklich eins zu eins mit Worten zu belegen. Das ist so einfach, und fällt vielen Erzieherinnen doch so schwer. Sie sagen beispielsweise: „Guten Morgen, schön, dass du da bist." Und verschenken die Möglichkeit, fortzufahren: „Oh, ich sehe, du hast heute deine *blauen Gummistiefel* an. Die stellen wir gleich *unter die Bank*. Ich sehe, du weißt Bescheid, deinen *gelben Anorak* hängst du an den *Haken*. Kommst du jetzt mit mir zu dem *Tisch*, wo *die anderen Kinder* sind? Zuerst *holen* wir uns am besten jeder einen *Stuhl*."

Bei den Mahlzeiten ergeben sich auch vortreffliche Möglichkeiten für Sprachförderung, dass es ein Jammer ist, dass diese in der Regel zu wenig genutzt werden. Selbstverständlich finden kleine Tischgespräche statt, in denen sich lebhafte und aufgeweckte Kinder zu Wort melden, um der Erzieherin etwas zu erzählen. Das hat seinen besonderen Wert, und deswegen schenken wir solchen Momenten weiter unten noch besondere Beachtung (vgl. Kasten 39). Aber Kinder, die zu wenig spontan sprechen, weil sie es nachweislich nicht gut genug können, brauchen eine handfeste Unterstützung, die ganz klar von der Erzieherin ausgehen sollte. Wie viele Namen und Tu- und Wie-Wörter lassen sich nicht rund um das Essen platzieren und gleichsam im Stück oder in Häppchen verdauen?!

Denn mit Leichtigkeit kann ein Kind Worte lernen, wenn sie mit dem eigenen Handeln und Erleben verknüpft sind. Das ist besonders für solche Kinder wichtig, die im Kindergarten deutsch als Zweitsprache lernen. Aber auch für manchen deutschen Kindergartenneuling wäre wünschenswert, wenn ihm täglich ganz individuell mit einer klar artikulierten Sprache begegnet würde, die sein Bewusstsein für Worte und Bedeutungen schärfen. Verwaschene und stümperhafte Äußerungen, mit denen sich so viele Kinder herumquälen, müssten nicht sein, wenn die Erzieherin es sich zur Aufgabe machte, verbunden mit individueller Zuwendung, den Alltag mit Sprache zu begleiten. Es ist eine Frage der Einstellung und nicht etwa des Zeitaufwandes. Viele Erzieherinnen meinen, sie kennten sich selber nicht wieder, wenn sie fortwährend redeten, sie seien ja schließlich keine Sprachmaschine. Aber da die Sprachförderung mit einer

Sprachbegleitung ist Spaßbegleitung beim Piratenfrühstück

Ich nehme einen Teller,
den Teller mit dem goldenen Rand.
Oh, es ist der schönste, den ich fand.
Und stelle nun den Goldrandteller auf den Tisch hier
Oh Schreck, oh Graus, da fällt er von der Kante: klirr

Komm' her, wir holen ein neues Geschirr
Komm' hilf! Wir machen immer schneller.
Da ist noch ein goldener Teller,
Ein Teller mit einem golden Rand,
den ich in der Kiste fand.

Viele Teller und die Löffel dazu,
die tragen wir hierher
und fertig sind wir im Nu.

Schau her! Ich kann Tricks mit den Löffeln:
Ich werfe sie in die Luft und fange sie auf!
Komm' her! Das kannst du auch.

Und jetzt den Pudding aus der Schüssel: hmmm!
Der Pudding ist so schön gelb,
so schön weich, so schön süß
in meinem Mund.

Ich esse Pudding und
genieß' das wie toll.
Willst du auch einen ganzen Mundvoll?
Ich nehme den Löffel
und schöpfe aus der Schüssel
die köstliche Speise.
Und jetzt bin ich ganz leise: Hmmm !

Oh! der Pudding ist so schön glatt,
so schön weich, so schön flüssig im Mund.
Ei, wie lecker! Es kleckert.
Ist doch egal.
Piratenfrühstück ist einfach gesund!

Und was essen wir jetzt?
Aha, Jaja! Jetzt ist die Gurke dran.
Die schneiden wir in Scheiben.
Gib mal das Messer!
Da soll gleich gar nichts übrig bleiben.
Mit dem Piraten-Messer wird das sehr

gut gehen.
Ich hole jetzt das Brett,
das Brot und die Wurst und die Butter.
Das wird ein richtiges Piraten-Futter.

Da machen wir einen Stapel draus –
keine Frage:
Zu unterst die Gurke,
ganz wie ich das sage:
die Gurkenscheibe, die Wurst, die Butter
und zuletzt noch das Brot.
Piraten leiden keine Not.

Oder doch lieber alles anders herum?
Auch gar nicht so dumm:
das Brot, die Butter, die Wurst,
dann die Gurke.
Und oben drauf
noch ein Stückchen vom Braten.
Na klar, das kann ich dir raten.

Oh, Jemine!
Das ist doch egal
Wir fangen gleich von vorne an.

Kasten 46

derartigen Sprachbegleitung nachweislich so effektiv ist, wäre es ein gravierender Kunstfehler darauf zu verzichten. Vielleicht hilft da ja ein wenig Humor. Sprachförderung muss ja schließlich nicht tierisch ernst sein, wie ein Piratenfrühstück beweist (vgl. Kasten 46).

Sehen, hören ...

Wenn Moritz sich beim Spaghetti-Essen an die Würmer im Atlas erinnert fühlt und entsprechende Lautmalereien von sich gibt (vgl. Kasten 1) dann ... trägt er dazu bei, dass Sprach-gehemmte Kinder lockerer werden.

... verstehen und lachen

Das Beispiel soll diejenigen aufmuntern, die schon beginnen zu stöhnen, weil alles nach so viel Arbeit riecht. Keine Sorge! Locker bleiben, heißt die Devise. Und die Kinder werden es uns danken, wenn wir nicht nachlassen, über Sprache geistiges Feuer zu entfachen, das Stumpfsinn vertreibt. Das Sprachvorbild verlangt keine Perfektion, aber so viel Expressivität, dass der berühmte Nachahmungstrieb der Kinder, besser gesagt die Spiegelzellen im Broca-Areal des Gehirns[52] aktiviert werden. Damit meine ich nicht, dass Sie unbedingt in gereimter Form mit den Kindern kommunizieren sollten, schaden kann es aber wirklich nicht, wenn hier und da Humor durchscheint, und zwar auch was die eigene Sprachfertigkeit betrifft.

Und immer wieder geht es darum, das Sprachverhalten der Kinder zu beobachten. Das bleibt niemandem erspart, der sich Sprachförderung zu Eigen machen und nicht zusätzlichen Experten überlassen will. Denn auf die Beobachtungen sollte sich stets das pädagogisches Handeln beziehen (vgl. hierzu sorgfältig die Notizen in allen Kästen) Die Beobachtungsaufgabe ist nicht zuletzt da von besonderem Interesse, wo *Sprachförderung als Überforderung* (vgl. Kasten 39) eingeplant sein will. Denn dann will ich wissen: Kann ein Kind Haupt- und Nebensätze bilden? In wie weit kann es Pluralformen und unterschiedliche Zeiten einsetzen, in wie weit beherrscht es die Grammatik? In wie weit kann das Kind Sprache mit begrifflichem und logischem Denken verknüpfen? (vgl. Kasten 47). Es ist allerhand, was von einem Kind bis zum Eintritt in die Schule verlangt wird.

Von der Überforderung zur sprachlichen Intelligenz

Beobachten*:
- Kann das Kind Haupt- und Nebensätze bilden? („Gestern war ich mit Mama beim Doktor. Die Sp(r)itze, die er mir gegeben hat, tat nicht weh.")
- Beherrscht das Kind die Grammatik? (unterschiedliche Zeit- und Pluralformen)
- Kann das Kind gegensätzliche Analogien bilden? („Ein Pferd ist groß, eine Maus ist ...? – Feuer ist heiß, Eis ist ...? – Mutter ist eine Frau, Vater ist ein ...?"

Pädagogisches Handeln:
- Im Sprachvorbild den Wortschatz über den Alltagsgebrauch hinaus erweitern.
- Im Sprachvorbild komplexe Sätze bilden (Satzgefüge!).
- Im Sprachvorbild verschiedene Zeiten verwenden (Vergangenheit!).
- Im Sprachvorbild einen größeren Sinnbogen spannen.

Kasten 47   *vgl. William K. Frankenburg et al., 1992 und Wolfgang Wendland, 1995

Wie die angeführten Beispiele erahnen lassen, ist eine komplexe Sprache ganz klar ein Zeichen von Intelligenz. Diese ist jedoch bis zu fünfzig Prozent von den Erfahrungen bestimmt, die ein Kind in seinem sozialen Umfeld sammeln kann. Da nun liegt schon wieder ein Hund begraben. Denn ein herkömmliches Kindergartenkind ist kaum in der Lage, eine komplexe Sprache aufzubauen, weil

52 Vgl. Bas Kast, 2003

in der Regel das Prinzip der notwendigen Überforderung nicht beachtet wird. Wie kann ein Kind mit Satzgefügen und schwierigen grammatikalischen Konstruktionen jonglieren lernen, wenn es so etwas niemals in der Alltagsroutine im Kindergarten oder auch Zuhause gehört hat? Selbst die Bilderbücher, die Erwachsene und Kinder wegen ihrer feinsinnigen oder expressiven Zeichnungen und Gemälde ansprechen, unterfordern Kinder sträflich mit kleinen Aussagesätzchen, die geistige Aktivität mit Ratefähigkeit, begrifflichem Denken und dem Aufbau komplexer Sprachstrukturen weiß Gott nicht herausfordern.

Wenn wir uns noch einmal vor Augen halten, dass Handlungen Sprache vorbereiten, aber auch Sprache rückwirkend wiederum Handlungen entstehen lassen, dann kann es nicht egal sein, wenn Kinder nur zu einer vereinfachten Sprache fähig sind. Denn darauf kann sich nur ein vereinfachtes Weltbild aufbauen und ein Handeln, das nur von der Hand in den Mund reicht. Deswegen brauchen wir beides: knackige, kurze Sätze im Punkt 3 und lange Sprachsentenzen im Punkt 4 des Sprachprogramms (vgl. Kasten 39). Mit dieser Kombination beider Ansätze fällt es manchem vielleicht leichter, traditionelle Wege der Kindergartenpädagogik, die mit Geduld und Helfen gepflastert sind, (zeitweise) zugunsten von Überforderung zu verlassen. Dann tauchen in dem Sprachvorbild ständig neue Worte auf, deren Bedeutung ein Kind nur aus dem Zusammenhang andeutungsweise erraten kann: „… brach solch' ein ohrenbetäubender Jubel in der Schiffsbesatzung aus, …" Und da werden Satzgefüge zu Gehör gebracht, die Rhythmus und Sprachmelodie anklingen lassen und weite Sinnbögen spannen (vgl. Piratengeschichte, Kasten 42). Spielprojekte leben von Geschichten, die vor- oder nacherzählt werden und bereiten ein derart breit gefächertes Sprachprogramm aus, dass ich mir gar nicht vorstellen kann, wie man darauf verzichten könnte.

Hören und staunen

> Wenn Moritz sagt: „Ich wünschte, ich könnte zaubern", dann ist das zwar nur ein kleiner Satz, aber … er spricht auf einem hohen Niveau, weil er in der Lage ist, den Konjunktiv zu benutzen.

Seemannsgarn

Ich finde es sehr anregend und für die eigene Arbeitszufriedenheit sicher von Wert, das Sprachvorbild für Kinder so aktiv zu gestalten, wie es die Punkte eins bis vier vorschlagen (vgl. Kasten 39). Denn es enthebt mich der vermeintlichen und leidigen Pflicht zu schweigen, um ja auch die Kinder zu Worte kommen zu lassen. Sich immer zurück zu halten, wäre nämlich insofern unglücklich, weil eine abverlangte Sprachlosigkeit die geistige Aktivität lähmt, die doch eigentlich in höchstem Maße erforderlich sein sollte im Umgang mit Kindern, die auf die Kommunikation mit Erwachsenen angewiesen sind. Die Beziehung zwischen dem Erwachsenen und den Kindern wird viel engagierter, wenn Sprache durch ein lebhaftes und vielseitiges Vorbild intensiviert wird. Denn auf ein „Hör schön zu!" der Erzieherin folgt selbstverständlich ein „Weißt du was …?" mit dem ganzen Mitteilungsbedürfnis der Kinder, die nur auf ihren Einsatz warten.

Bei aller Liebe für eine solche Sprachförderung, die aktiv von der Erzieherin inszeniert wird, sind für mich jedoch die eigentlichen Glanzpunkte in der Kommunikation mit Kindern solche Situationen, in denen sie sich spontan mit bedeutsamen Mitteilungen an die Erzieherin wenden. Es handelt sich um kleine Sätze wie: „Ich war im Schwimmkurs." – „Mein Vater ist im Krankenhaus." – „Ich habe eine neue Hose." – „Mein Papa hat ein Lagerfeuer gemacht." – „Ich bin im Heidepark mit der Wasserrutsche gefahren." – „Meine Mama hat mein Bild in die Mülltonne geworfen." Die Alltagserfahrung zeigt, dass Erwachsene mit solchen Äußerungen nicht all zu viel anfangen können. Jedenfalls antworten sie eher beiläufig mit „Oh, toll!" oder „Oh, da bist du aber traurig." Und erklären damit meistens die Angelegenheit für erledigt. Das ist nicht gut so. Denn hinter einer solchen Mitteilung steht meistens eine ganze Geschichte. Und das treuherzige Kind geht davon aus, dass mit seinen vier bis fünf Wörtern alles gesagt ist, und sich in dem Kopf seines Gegenübers der gleiche Film abspult, den es in seinem eigenen gerade eingelegt hat. Es realisiert nicht, dass eigentlich nur die Überschrift gesendet worden ist, und keiner richtig weiß, was noch kommt. Die Geschichte mit dem Titel: „Mein Papa hat ein Lagerfeuer gemacht" könnte folgendermaßen lauten: „Mein Vater und meine Mutter sind geschieden, und seit vielen, vielen Tagen wohnt mein Papa nicht mehr bei uns. Und wenn ich ganz traurig bin und ich mich nach ihm sehne, dann denke ich daran, wie er einmal, als er noch bei uns war, ein Lagerfeuer angemacht hat. Ich war noch ganz klein, aber Papi hat gesagt, ich bin sein Großer und ich kann helfen das Feuer zu schüren. Da habe ich große Stöcke angeschleppt, und dann haben Papi und ich die gemeinsam in das Feuer geschmissen … Und nun habe ich noch eine Frage: Bist du auch der Meinung, dass mein Papi mich noch genauso lieb hat wie damals, als wir zusammen das Lagerfeuer gemacht haben?" Dies ist eine lange Geschichte, und man könnte sie noch weiter spinnen. Seemannsgarn? Wer will wissen, wie es wirklich war? Wahr ist allerdings mit Sicherheit, dass es nicht gestern war, als das Feuer loderte. Das wäre schnell geklärt, denn Papi ist ja gar nicht da, weit weg – sogar in einer anderen Stadt. Was erzählst du da eigentlich? Warum erfindest du Lügengeschichten? „Wegen der Frage, die ich beantwortet haben muss, du Dummi", so könnte das unverstandene Kind antworten, wenn es denn das volle Bewusstsein seiner Selbst hätte.

Hören und verstehen

Wenn Rebeca sagt: „ich war im Schwimmkurs", dann ... könnte hinter dieser Aussage die Frage stehen: „Bist du auch der Meinung, dass ich schon groß bin?"

Es macht Sinn, sich vorzustellen, dass jede Aussage der Versuch ist, eine Antwort zu finden auf eine Frage. Und diese Frage berührt die existentiellen Lebensthemen des Kindes. Alles was ein Kind jedoch zur Verfügung hat, ist zu kommunizieren: „Mein Papa hat ein Lagerfeuer gemacht." Und der Rest bleibt im Nebel. Denn wir können davon ausgehen, dass erst durch Sprache Bewusstsein entsteht, und das Selbst nur durch sprachliche Kommunikation erfahren wird. Deswegen ist es eine begeisternde Aufgabe, Kinder zu unterstützen, wenn sie versuchen, sich durch Sprache zu verwirklichen.

In dem 7-Punkte-Programm der Sprachförderung sprechen wir vom *Verstehenden Helfen* (vgl. Kasten 39). Das bedeutet, die Erzieherin sollte sich auf einen sozialen Austausch mit dem Kind einlassen, indem sie durch Fragen, die sie dem Kind stellt, herauszufinden versucht, worum es dem Kind mit seiner Mitteilung geht. Die Idee, die sie dabei leitet ist: Mit jeder Antwort, die ein Kind gibt, gestaltet es mit den Worten, die es wählt, seine innere Befindlichkeit und beginnt, sich selber zu verstehen.

Vom Fragen zu Antworten auf eigene Fragen

Beobachten:
- Welches Lebensthema berührt das Kind mit seiner spontanen Mitteilung?
- Auf welche Frage sucht es eine Antwort?
  - Wie bin ich sicher? (survival)
  - Mit wem habe ich ein Wir? (love)
  - Wie kann ich sein, wie ich bin? (power)
  - Was kann ich entscheiden? (freedom)
  - Wie kann ich Spaß haben und lernen? (fun)

Pädagogisches Handeln:
- Spontane Gesprächssituationen erkennen und ausweiten.
- Verstehendes Helfen durch Fragen.
- Bezug zu den Lebensthemen des Kindes herstellen.
- Aus dem Gesprächsergebnis mögliches Handeln ableiten und sprachlich vorbereiten (planen)

Kasten 48

Die Erzieherin ist die Fragende, nicht die Belehrende, die Trösterin oder die voreilig Applaudierende. Es sind die Fragen, die dem Kind helfen zu klären, was Sinn macht. Durch den Akt der Kommunikation entsteht eine „Lebenserzählung".[53] Also erzähl' mal: Wo habt ihr das Lagerfeuer gemacht? Wer war dabei? Wie hat dein Papi das gemacht? Was hat dir am besten gefallen? Alle weiteren Fragen richten sich nach den Antworten des Kindes, und so holen wir mit all den Worten das Lagerfeuer und den Vater hierher und schaffen gemeinsam eine Wirklichkeit, in der der Vater eine zentrale Bedeutung im Leben dieses Kindes hat. Die Papi-Geschichte, die vorerst suggerierte, gerade erst gestern habe das Ereignis mit dem Lagerfeuer stattgefunden, während andere Kinder vielleicht mit ihren Vätern wer weiß was gemacht haben, ist eine sehnsuchtsvolle Liebesgeschichte. Und die Frage, die das Wir-Gefühl thematisiert, müsste positiv beschieden werden: Ja, mein Kind, dein Vater hat dich lieb. Mit dem kleinen Gespräch über Lagerfeuer und den abwesenden Vater, der in der Geschichte jedoch ganz nah ist, kann die Erzieherin dem Kind helfen mit Worten zu klären, worauf es ihm zurzeit ankommt im Leben. Die Welt ist nach dem gesprochenen Wort nicht mehr dieselbe wie vorher. Sie ist greifbarer geworden und ermöglicht strukturiertes Denken und Handeln.

Allerdings könnte sich auch eine ganz andere Geschichte hinter dem kleinen Einstiegssatz verbergen, den der kleine Junge seiner Erzieherin mit ernstem Blick darbietet. Wer will ad hoc wissen, was gemeint ist? Es könnte genauso gut herauskommen, dass der Junge klären will, ob es richtig ist anzunehmen, dass er demnächst genauso groß und stark sein werde wie sein Vater. Dann ginge es um seine Identität als Junge (power). Wir müssen davon ausgehen, dass kindliche Botschaften mehrdeutig sind. Fragen, die gestellt werden, helfen den Weg für eine (vorübergehende) Eindeutigkeit zu bahnen. Denn eine solche Kommunikation, die gedankliche Suchprozesse anstößt und Worte hervorbringt, die geeignet sind, das Lebensthema des Kindes abzubilden, verwirklicht ein Grundanliegen des Menschen, nämlich Geschichten zu erzählen.

Dabei geht es darum, mit Worten Sinnzusammenhänge herzustellen und in der Kommunikation mit anderen zu klären, ob man auf dem richtigen Wege ist. Wer sich für eine solche Sichtweise sensibilisiert, wird feststellen: Die Ein-Satz-Geschichten der Kinder implizieren eine Menge von Fragen, die nach Beantwortung drängen: Ist das so richtig? Wie findest du das? Ist das erlaubt? Kann ich darauf stolz sein? Ist das gefährlich? Habe ich recht in der Vermutung, dass … Ist es in Ordnung, was ich fühle, wie ich denke und handele? Wie geht das wohl weiter? Können wir hier auch so etwas machen, zulassen oder besser verhindern? Die Fülle der Fragezeichen lassen sich auf fünf globale Themen beziehen, mit denen sich Kinder beschäftigen. Es sind dies die zen-

53 vgl. Arnold Retzer, 2002

tralen Lebensthemen, die im direkten Bezug zu den Grundbedürfnissen des Kindes stehen (vgl. Kasten 48). Für die Persönlichkeitsentwicklung eines Kindes ist es sicher nützlich, über Sprache ein Bewusstsein dafür zu entwickeln, worauf es ankommt in seinem Leben. Wenn eine klare Frage formulierbar geworden ist, dann kann eine ebenso klare Antwort durch Taten folgen, um das Leben zu meistern. Deswegen ist es eine dankbare Herausforderung für jede Erzieherin, in einer Kommunikation, die durch aufrichtig neugierige Fragen gekennzeichnet ist, herauszufinden: Beschäftigt sich ein Kind mit seiner Grundsicherheit (survival: Wie bin ich sicher?), mit seinem Wir-Gefühl (love: mit wem habe ich ein Wir?), mit seiner Identität (power: Wie bin ich, wie ich bin?), mit seiner Freiheit (freedom: Was kann ich entscheiden?) oder mit seinem kreativen Potential (fun: Wie kann ich Spaß haben und lernen?).

Das pädagogische Handeln in diesem Bereich der Sprachförderung (vgl. Kasten 48) verlangt somit, selber die Ohren zu spitzen, um das kreative Potential spontaner Sprachäußerungen der Kinder zu erkennen und auszuweiten, indem über Verstehendes Helfen die Erzieherin im Konsens mit dem Kind dort anlandet, wo es darum geht, auf Sprechen Taten folgen zu lassen. Denn die ganz und gar erzählte Geschichte, die ja immer in der Vergangenheit spielt und somit unsichtbar ist, macht erst dann richtig Sinn, wenn sie erahnen lässt, was sie für die Zukunft hergibt. Und schon sind wir wieder mitten in unserem Spielprojekt: Wie wär's mit einem Lagerfeuer auf der einsamen Insel? Hat ein Pirat sich verletzt und muss gepflegt werden? Sollten Mutproben bestanden oder doch vielleicht lieber vermieden werden? Und was ist mit einer zünftigen Piratenhose, oder müsste es doch besser ein Zauberkleid sein? Im Spiel haben die Kinder ausführlich Gelegenheit, ihre ganz persönlichen Themen weiter zu bearbeiten, und zwar unter teilnehmender Beobachtung ihrer Betreuerin, die durch ihre Zwei-Minuten-Konversation mit manch' einem „Piraten" hellsichtig geworden ist und deswegen lernt, das Spiel zu schützen.

Oder wollen wir nicht besser gleich einmal richtig loslegen, Seemannsgarn zu spinnen, damit bewahrheitet wird, woran kein Kindergartenkind und schon gar kein Erwachsener zweifeln sollte: Geschichten sind immer wahr. Denn auch wenn die harten Fakten nicht immer zu belegen sind, so stimmt doch die Musik mit den Grundbedürfnissen des Erzählers überein, die mit Worten gespielt wird. Es sind die Worte, die das Unsichtbare – besser gesagt: das Unerhörte – Wirklichkeit werden lassen. Somit ist ganz klar: Was Kinder wirklich wollen, ist Geschichten zu erzählen. Allerdings müssen sie das erst lernen. Denn mit fünf Worten können sich leicht Missverständnisse oder Enttäuschungen einschleichen, wenn der Auftakt zu einem viel versprechenden Check an der Realität buchstäblich baden geht.

Im Rahmen eines Spielthemas wie „Piraten" lassen sich ganz frei und ungezwungen Geschichten erfinden. Denn es gibt kein Richtig und Falsch, und wenn die Spiellaune der Kindergruppe gut ist, dann gelangen viele Kinder in einer lockeren Erzählrunde zu abenteuerlichen Formulierungen, die ansteckend wirken und auch solche Kinder einbeziehen, die sich bisher vielleicht eher zurückhaltend gezeigt haben. Um richtig in Schwung zu kommen, empfiehlt es sich, der Kindergruppe einen zünftigen Einstieg zu präsentieren (vgl. Kasten 44). Und dann wird sich genau das ereignen, was manches Kind bereits mit seiner Ein-Satz-Erzählung hat durchblicken lassen: die Kinder projizieren mit ihren Wortbeiträgen ihre Innerlichkeit in eine (Sprach-)Wirklichkeit, die sie anschließend im Austausch mit ihren Spielgefährten so zurecht rücken, dass sie darin ihr gutes Auskommen haben. Und manch' ein Kummer findet im Kindergarten mit Spiel und Spaß eine angemessene Kompensation.

Auf diese Weise dient *das Erlebnis als Sprechanlass* und bereichert das 7-Punkte-Programm der Sprachförderung ganz grundsätzlich (vgl. Kasten 39). Denn Kinder sprechen normalerweise nur dann bereitwillig, wenn der Anlass einen direkten Bezug zu ihren eigenen Erlebnissen erkennen lässt (vgl. Kasten 49). Neben den erwähnten Themen, die ihr Leben ganz direkt in ihrem familiären Kontext berühren, sind natürlich die Erlebnisse besonders für Gespräche relevant, die sich in der Kindergruppe aus dem Spielprojekt ergeben. Spielereignisse müssen sowohl nacherzählt und damit reflektiert als auch vorbesprochen und damit geplant werden. Sprachliche Interaktionen, die im Gruppenspiel zentrale Bedeutungen haben, können sowohl hervorgehoben und wiederholt als auch in vorgestellte oder selbst erfundene Spielgeschichten eingepasst werden. Und all die anderen Ereignisse, die das Rollenspiel bereichern, werden mit viel Interesse der Kinder sprachlich aufbereitet. Wenn also ein ganzes Spielprojekt unter dem Vorzeichen von Sprachförderung aufgezogen wird, dann wird neben dem Aufbau der Sprechfertigkeit (vorwiegend mit den Punkten 1 bis 4, vgl. Kasten 39) spätestens mit den Punkten 5 bis 7 die umfassende Bedeutung von Sprache für die Persönlichkeitsentwicklung des Kindes deutlich: Mit Sprache werden Erfahrungen aufgearbeitet, wird die Identität gefunden und gefestigt, können Beziehungen geknüpft, Einfluss gewonnen und die Welt gestaltet werden.

Eine besondere Herausforderung im Kindergarten und ein besonderer Sprechanlass ist das Lösen von Konflikten. Denn statt Fäuste sollen Kinder lernen, Worte zu benutzen. Allerdings sind gut gemeinte Belehrungen: „Du sollst sprechen!" wenig hilfreich, wenn ein Kind nicht genügend gut sprechen kann, beziehungsweise es ihm gar nicht einfällt, was es sagen könnte. Denn eindrucksvoller als mit Schubsen, Beißen, Schlagen lässt sich gar nicht kommunizieren. Ein solches Verhalten entspricht meistens einem derart komplexen Erleben, dass dem Kind nicht die Worte zur Verfügung stehen, um abzubilden, worum es in dem Moment geht. So ist beispielsweise das Verhalten

Vom Erlebnis zur sprachlichen Konstruktion von Wirklichkeit

Beobachten:
- Welche Gesprächsanliegen bringt das Kind spontan ein?
- Welche Gesprächsanlässe lassen sich aus der Spielbeobachtung ableiten?

Pädagogisches Handeln:
- In täglichen Stuhlkreis-Gesprächen Spielereignisse nachbesprechen (reflektieren) und vorbesprechen (planen).
- Erfinden von Spielgeschichten.
- In Rollenspielen Impulse für sprachliche Interaktionen geben („Was sagt der Pirat zu Mr. Friday?").
- Exkursionen im Sinnzusammenhang des Spielprojektes vorbesprechen und nachbesprechen.
- Besondere Gruppenaktionen vorbesprechen und nachbesprechen (Herstellen von Mahlzeiten, Werken, Gartenarbeit, Exkursionen, Erkundungen an Waldtagen, Dokumentation, etc.).
- Stegreifkonferenzen für das Lösen von Konflikten.

Kasten 49

eines Jungen, der einem anderen eine Kasperlepuppe auf den Kopf haut und tri-tra-trallera ruft, eine analoge Kommunikation, weil diese handgreiflichen Vorgänge vielschichtigen Empfindungen und Vorerfahrungen entsprechen, die in dieser Situation aktiviert werden. Es könnte sich um eine Analogie für folgende Innerlichkeit handeln: „Ich langweile mich so. Komm! spiel endlich mit mir! Ich weiß allerdings nicht, wie wir Puppentheater machen können. Ich hoffe, du hast eine Idee. Komm endlich!" Leider weiß dies alles keiner, schon gar nicht derjenige, dem die Beule am Kopf wehtut und der mit seiner vehementen Abwehr beweist, dass er auch nicht von schlechten Eltern ist, die ihm vielleicht gerade gestern noch geraten haben, sich im Kindergarten nichts gefallen zu lassen. Mit seiner Unnachgiebigkeit in einem eskalierenden Streit versucht er vielleicht seinem Vater zu gefallen, der immer meint, er soll ein ganzer Kerl sein, und bemerkt darüber nicht, das sein Kontrahent im Kindergarten sein bester Freund sein möchte. So komplex und missverständlich kann Kommunikation (nicht nur) im Kindergarten sein.

Sehen und verstehen

Wenn Till Bausteine durch die Gegend wirft, dann ... fehlen ihm die Worte.

Wenn wir also Erlebnisse als Anlässe zum Sprechen nutzen wollen und Streitsituationen hier mit einbeziehen, dann wird deutlich, dass Punkt 6 nicht ohne eine angemessene Bearbeitung von Punkt 5 Erfolg verspricht (vgl. Kasten 39). Denn hier ist noch einmal und immer wieder Verstehendes Helfen vonnöten, um analoge Kommunikation von Kindern in sprachliche Kommunikation zu übersetzen. Fragen führen weiter als Anordnungen. Allerdings sollte jede Erzieherin die verhasste Frage von der Liste streichen: *Warum* hast du das gemacht? Denn ausgerechnet auf diese Frage weiß ein Kind nun wirklich keine Antwort. Hätte es die Worte und das Bewusstsein für die Motive seines Handelns zur Verfügung, ja dann hätte es ja bereits vorher sprechen können statt sich handelnd auszudrücken. Somit ist Kreativität gefragt (vgl. Spielprojekt „Wildnis"), und zwar nicht zuletzt von der Erzieherin, wenn sie als Fragende Kinder im buchstäblichen Sinne zu Worte kommen lässt. Das tut Not, denn viel versprechende Zukunftsperspektiven werden im Dialog aufgebaut.

Hören und verstehen

Wenn Tom Zuhause erzählt „die schimpfen gar nicht im Kindergarten", dann ... klappt im Kindergarten die Kommunikation unter den Kindern.

Wenn wir also damit leben müssen, dass hinter einer ausgetragenen Kommunikation oftmals Unausgesprochenes heimlich Regie führt, dann gewinnen wir mit dem Programmpunkt *Erweiterte Sprachräume* (vgl. Kasten 39) wieder festen Boden unter die Füße. Denn spätestens wenn Sachinformationen thematisiert werden, relativiert sich Seemannsgarn jedweder Art.

Jedes Fantasiespiel führt zum Sachbuch und zur Exkursion. Dann gilt es, harte Fakten mit eigenen Vorstellungen zu verbinden und zur Sprache zu bringen. Jetzt wird über die Sache gesprochen, und man muss bei der Sache bleiben. Es geht nicht darum, über irgendetwas zu sprechen, sondern über das, was jetzt in den Rahmen des Sachthemas passt. Diese Anforderungen sind nicht leicht zu erfüllen für ein Kindergartenkind, und manche Grundschullehrerin beklagt, dass Kinder dies nicht könnten, wenn sie in die Schule kommen. Das liegt natürlich daran, dass kleine Kinder nur über das sprechen, was sie ganz unmittelbar betrifft, wie ich ja gerade ausführlich beleuchtet habe. Aber im Rahmen von Spielprojekten ist die Hürde von der egozentrischen Weltsicht in eine mehr sachbezogene Perspektive nicht so hoch. Denn das gemeinsame Interesse, das die gesamte Kindergruppe bereits in ihrem Spielthema vereint, trägt sie aus der Enge des Kindergartens – sozusagen in die weite Welt hinaus. Der persönliche Bezug ist bereits hergestellt, wenn „Piraten" den Hafen ansteuern, ein Schiff besichtigen, sich im Sachbuch informieren. Und wenn sie dabei

162

Von der erweiterten Welt zur erweiterten Sprachwelt und umgekehrt

Beobachten:
■ Was interessiert das Kind?

Pädagogisches Handeln:
■ Zu jedem Spielprojekt eine Exkursion in das nähere und weitere Umfeld des Kindergartens durchführen.
■ Gespräche vor Ort führen und hinterher Sachberichte zusammentragen.
■ Neue Worte Spiel-begleitend anwenden.
■ Betrachten von Bild-Sachbüchern

Kasten 50

ihren Wortschatz erweitern, dann sicher auch gleichzeitig ihren tatsächlichen und geistigen Horizont (vgl. Kasten 50).

Und dennoch wird jedes Kind nach wie vor durch eine andere Brille gucken und manches neue Wort auf seine ganz eigene Weise mit seiner Fantasie und seinen eigenen Vorerfahrungen verknüpfen. Und wenn alle über das Gleiche reden, dann wird es vielfach doch etwas Verschiedenes sein. Da wünsche ich mir für solche Gruppengespräche, die vor Ort und auch später im Gruppenraum stattfinden sollten, eine angemessene Moderation, die verschiedene Sichtweisen auf das gemeinsame Erlebnis zulässt und nicht auf *ein* richtiges Ergebnis aus ist. Kinder sollte man nicht über einen Kamm scheren.

Und überhaupt! Es werden nur solche Worte den schon vorhandenen Schatz vergrößern, die emotional anschlussfähig sind. Deswegen wird nach dem Ausflug in die Sachkunde auch wieder gespielt, und dann wird sich zeigen, wie dauerhaft brauchbar neu erworbene Kenntnisse sind, die sich in Sprache manifestieren.

The pirates meet Mr. Friday and have a lot of fun

Obwohl wir nun beinahe vollends bei dem Ernst des Lebens angekommen sind, kehren wir gleich noch einmal in die Welt des Spiels zurück, wenn es nämlich darum geht, Kindergartenkindern die Gelegenheit zu geben, sich ein wenig in einer Fremdsprache zu versuchen.

Zunächst jedoch einige Empfehlungen für den Umgang mit Mehrsprachigkeit generell. Dafür verweise ich auf den Punkt „+1" des Förderprogramms (vgl. Kasten 39), der besagt, dass wir keine zusätzlichen Methoden benötigen, um ausländischen Kindern im Kindergarten die deutsche Sprache beizubringen. Vielmehr gilt für diese die gleiche Sprachbegleitung, die allen anderen Kindern auch zugute kommt. Ob Muttersprache (Erstsprache) oder Fremdsprache (Zweitsprache): Sprachen werden immer auf die gleiche Weise gelernt. Grundvoraussetzung für alle Kinder ist die Geborgenheit in tragfähigen Beziehungen. Deswegen dürfen wir den Gruppenverband in Kindergärten nicht aufgeben und nicht die Grundgedanken der Integration (vgl. „Dornröschen") gerade in solchen Momenten missachten, wo es letztlich um die Integration ausländischer Kinder und ihrer Familien geht. Wer den ersten Punkt des 7-Punkte-Programms auslässt, indem beispielsweise förderbedürftige Kinder ausgesondert und separat beschult werden, der weiß zu wenig von den Grundbedürfnissen und verschleudert die Lernmotivation der Kinder. Ausländische Kinder haben ein Recht auf Zugehörigkeit, um auf dieser Grundlage engagiert an dem gesamten Förderprogramm eines Spielprojektes, in dem ein bunter Sprachteppich ausgelegt wird, teilzunehmen. So weit, so gut.

Darüber hinaus gilt es zu beachten, dass die Umgangssprache im Kindergarten ganz klar deutsch sein sollte. Damit sich hirnorganisch komplette Sprachstrukturen aufbauen können, sollte die Erst- und Zeitsprache verschiedenen Sprachräumen zugeordnet werden, beispielsweise Zuhause türkisch und im Kindergarten deutsch. Gleichzeitig sollten wir ausländische Familien darauf hinweisen, wie wichtig es ist, dass sie mit ihren Kindern in der Muttersprache sprechen. Denn auf der Grundlage guter Fertigkeiten in der Erstsprache erlernt ein Kind unmerklich und wirklich kinderleicht auch eine Zweitsprache, weil im Gehirn die für den Spracherwerb notwendigen neuronalen Strukturen dann bereits angelegt sind, die für das Lernen jeder neuen Sprache zur Verfügung stehen. Manche Medizin für zügigen Spracherwerb, die im Kindergarten den Eltern zwischen Tür und Angel wohlmeinend verabreicht wird, nämlich „wenigstens eine Stunde pro Tag" mit dem Kind Zuhause deutsch zu sprechen, hat ganz erhebliche Risiken und Nebenwirkungen, die besser zu vermeiden wären. Denn zum einen lernt damit manch' ein Kind keine der beiden Sprachen richtig. Und zum anderen verpasst es die Gelegenheit, über die Familiensprache eine klare, kulturelle Identität auf zu bauen. Somit ist auch die muttersprachliche Förderung ausländischer Kinder eine Notwendigkeit. Wenn diese im Kindergarten erfolgen muss, weil es keine andere Möglichkeit gibt, dann sollte man organisierte Lernzeiten für Sprach-homogene Gruppen einrichten und beispielsweise montags nur in der Erstsprache kommunizieren. An den übrigen Tagen müssen dann die ausländischen Kinder wieder integriert in ihren Stammgruppen an dem deutschen Förderprogramm teilnehmen.

Dann gilt es, alle Kinder gut im Blick zu behalten, vor allen Dingen in solchen Situationen, wo sie unglücklich sind und sich nach Hause sehnen. (vgl. Kasten 51). Das wäre dann nämlich eigentlich ein glücklicher Moment, in dem ein weinendes Kind, dem sich die Erzieherin tröstend zuwendet, nun wirklich den deutschen Satz verstehen und behalten wird: „Mama kommt bald."

Von der Erstsprache zur Zweitsprache

Beobachten:
- Lässt das Kind sich in emotionalen Situationen sprachlich in der Zweitsprache begleiten? („Mama kommt gleich!")
- Oder braucht das Kind noch mehr das Gefühl der Zugehörigkeit?

Pädagogisches Handeln:
- Als Integrationssprache wird im Kindergarten Deutsch gesprochen.
- Für die Förderung der Sprachentwicklung ausländischer Kinder in ihrer Muttersprache (Erstsprache) sprachhomogene Gruppen mit festen Lernzeiten organisieren.
- Die Sprachförderung ausländischer Kinder in ihrer Zweitsprache (Deutsch) folgt dem gleichen Programm wie die Sprachförderung im gesamten Gruppenverband (vgl. Kasten 39, Punkt 1 bis 7).
- Das Kennenlernen einer Fremdsprache erfolgt an festgelegten Tagen oder bei ausgewählten Anlässen im Spielspaß innerhalb eines Spielprojektes.

Kasten 51

Und wenn nun auch deutsche Kindergartenkinder an dem Abenteuer Fremdsprache aktiv teilnehmen sollen, dann sind wir mit dem Piratenspiel gut gerüstet. Denn auf der einsamen Insel, auf der die Piraten landen – auf der Suche nach einem Schatz, versteht sich – muss es ja gar nicht so einsam sein. Wie wäre es denn, wenn Mr. Friday auftauchte, der zur Überraschung aller nur englisch spricht? Denn worauf es ankommt, ist dies: Aus dem Kennenlernen einer Fremdsprache machen wir keine Staatsaktion. Denn bei aller Begeisterung, die sich landauf und landab für Englischunterricht breit macht, müssen wir verdammt gut aufpassen, dass wir im Kindergarten nicht in veraltete Methoden zurückfallen. Eine Lehrerin, die eine dominante Haltung den Kindern gegenüber einnimmt, weil sie allein im Besitz des Wissens ist, in Unterrichtseinheiten einen linearen Lehrstoff abspult und die Kinder nach ihrem Gutdünken manipuliert, können wir im Kindergarten nicht gebrauchen. Ganz besonders auch dann nicht, wenn die Kinder nicht einmal gut genug deutsch sprechen können. Und das bisschen Fremdsprache, das Kinder auf diese Weise lernen, ist ohnehin bald wieder vergessen, wenn die Sprecherfahrungen nicht in das eingebettet sind, was die Kinder wirklich interessiert. Ich fände es sehr bedauerlich, wenn Ansätze einer systemisch-konstruktivistischen Pädagogik, wie sie mit Spielprojekten verwirklicht werden, ausgerechnet in dem Moment unwirksam werden sollten, wo wir versuchen, uns fortschrittlich zu geben.

The Pirates and Mr. Friday
(a hat, a treasure-chest, a map, a sword, and off we go)

Once upon a time pirates came to a desert island. They met Mr. Friday, who was just studying a map.

„What are you pirates doing on my island?" asked Mr. Friday.

„We are looking for our treasure",answered the leader, „that map tells, where our treasure is buried. We have come for that map."

Mr. Friday shook his head. The pirates promised him a share of the treasure. But that did not work.

„I will not give the map to you because a good friend of mine gave it to me when he left me alone", Mr. Friday explained.

„I hope he will come back to me."

Finally one of the pirates drew his sword and waved it over Mr. Friday's head. „Hand it over!" he roared.

"Better be quiet", Mr. Friday warned them, „or I will get angry."

The other pirates drew their swords for attack.

„Back off!" roared Mr. Friday. „Don't hurt me" he begged. „Stand away!" And he handed the map to the pirates.

But after a few minutes they gave it back to him. „It's no use to us", one of them said sadly.

„We can't read. None of us can."

„Oh, that's funny", said Mr. Friday. „Let's have a bit of fun. Look, Sir! I can do a trick, Sir"

Mr. Friday waved the map over the pirate's head. And while the pirates were trying to reach it, they all began to laugh.

But after a while Mr. Friday said: „Stop it! That is enough. I will read the map to you. And after that we shall find the pirates treasure."

The pirates and Mr. Friday became good friends. Since that day they have been looking for the treasure. I am sure, some day it will be found.

Kasten 52

Deswegen empfehle ich, dass die Erzieherin das Projekt „Englisch im Kindergarten" selber in die Hand nimmt und so gut sie kann, unterstützt durch ihre Kollegin (oder natürlich besser noch durch eine kundige Begleiterin mit guter englischer Aussprache), mit den Kindern englisch parliert. Dabei sollen Spiel und Spaß im Vordergrund stehen und vielleicht auch ein wenig das Gefühl, dass mit einer anderen Sprache auch das Leben nicht mehr ganz genauso ist wie vorher. Somit kommt es darauf an, das wir den Kindern eine liebenswerte Identifikationsfigur anbieten, der sie nacheifern können und die sie vielleicht anstiftet, sich für die andere Sprache, Land und Leute zu interessieren. Somit taucht also Mr. Friday in dem Piratenspiel auf und kann, nachdem er sich vorgestellt hat, möglicherweise einmal wöchentlich das Rollenspiel, Bau- und Bewegungsspiele sowie die Mahlzeiten begleiten. Wichtig finde ich auch hier, dass dann in einem vorher definierten räumlichen und zeitlichen Rahmen nur englisch gesprochen wird.

Das Spielprojekt beinhaltet viel Sprachspaß (vgl. Methoden-Baukasten, Kasten 38), damit Sprechhemmungen sich auflösen und jedes Kind mit seiner Stimme experimentieren und dabei nach Lust und Laune Laute produzieren

Mr. Friday comes along and makes a lot of fun.

Mr. Friday: Good morning everybody. Nice to see you. I like it here. I like it a lot. I want to be with you. I want to kiss you.
Pirate: Oh no, no no no no
Mr. Friday: May I have that thing ?
Pirate: Oh, no, no no no no! That is my sword.
Mr. Friday: Where I come from there are no swords at all. May I have that thing?
Pirate: Oh, no, no no no no! That is my hat.
Mr. Friday: Where I come from there are no hats at all.
Pirate: Where do you come from?
Mr. Friday: My home is far away. It is over there behind the hills. It's far away.

Pirate: and what's your name? Tell us: what is your name?
Mr. Friday: My name is Mr. Friday. I like it here. I like it a lot. I want to be with you. I want to kiss you.
Pirate: Oh, no, no no no no. Go away, I do not like it.
Mr. Friday: I am sorry. I will not go away. Let's have a bit of fun. I will show you a good game Look at me! I can do this: ...
Pirate: Stop it! Listen to me! First of all I want you to meet all the pirates. Would you like to shake hands with all of them?
Mr. Friday: Of course I will. Good morning, my name is

Mr. Friday and what is your name?
Pirate: Good morning, my name is ...
Mr. Friday: Nice to see you.
Pirate: come along. Who is next?
Mr. Friday: Good morning, my name is Mr. Friday and what is your name?
(Mr. Friday shakes hands with all the pirates and then he goes on having fun)
Mr. Friday: Let's have a bit of fun. I will show you a good game. Look at me! I can do this: ...
And what about you? What can you do? Let's have a bit of fun.

Show me what you can do.

Kasten 53

kann. Spielhandlungen werden mit Liedern, Reimen und dem Imitieren von Tierstimmen verbunden, Piraten sind mal laut und mal leise. Das Rahmenprogramm sieht vielfältige Formen des Zuhörens und Sprechens in unterschiedlichen Gruppierungen vor. Nur auf dieser Basis macht es für mich Sinn, eine Fremdsprache einzuführen. Was in deutscher Sprache praktiziert wurde, soll in der Fremdsprache fortgesetzt werden, so dass bei Kindern und Erwachsenen möglichst viel Unbefangenheit erhalten bleibt. Besonders dann, wenn eines schönen Tages – vielleicht an einem Freitag – die Erzieherin eine Spielgeschichte diesmal in Englisch erzählt: „The pirates and Mr. Friday" (vgl. Kasten 52). Dafür stattet sie sich mit einem Hut, einer Schatzkiste, einem Schwert und einer Schatzkarte aus und führt gemeinsam mit ihrer Kollegin Text-begleitend recht lebhaft ein kleines Stegreifspiel auf. Das amüsiert die Kinder, und irgendwie bekommen sie mit, worum es sich in der Geschichte handeln könnte, zumal die Szene ihr Rollenspiel fortsetzt und sie sich deswegen in der Thematik zuhause fühlen. Da bietet es sich an, die Geschichte mehrfach zu erzählen und sogleich auch die Kinder mitagieren zu lassen. Natürlich wird nichts übersetzt. Es kommt auf die Hörerfahrungen an, wie es das 7-Punkte-

Programm verlangt (vgl. Kasten 39, Punkt 2). Denn auch im Bezug auf eine Fremdsprache wäre es müßig, die Kinder zum Sprechen zu animieren, noch bevor sie richtig gehört haben.

Nach dieser ersten Bekanntschaft mit Mr. Friday verläuft das Spielprojekt zunächst in seinen bekannten Bahnen weiter. Allerdings verlagert sich das Rollenspiel mit Bau- und Bewegungsspielen auf die einsame Insel. Und wenn wieder Freitag ist, tritt Mr. Friday wieder in Erscheinung, und zwar höchstpersönlich in Gestalt der Erzieherin. Dafür setzt sie sich eine struwwelige Perücke auf, um sich in ihrer Rolle kenntlich zu machen. Ich persönlich finde es besser, sie spricht direkt zu den Kindern als stellvertretend für eine Handpuppe, weil Kinder, die es gewohnt sind Rollenspiele zu spielen, eine solche Hilfskonstruktion nicht benötigen. Allerdings muss die Erzieherin gut mit ihrer Kollegin zusammenarbeiten, die als Pirat(in) im Dialog mit ihr, die Kinder zum Nachahmen ansteckt (vgl. Kasten 53.)

Der erste Auftritt von Mr. Friday (und auch alle weiteren) impliziert alle solche Sprachhäppchen, die üblicherweise in einem Fremdsprachenkurs[54] vorgesehen werden. So geht es beispielsweise darum, nach Aufforderung seinen Namen zu sagen, Körperteile, Kleidungsstücke und Gegenstände des täglichen Lebens zu benennen etc. Der Unterschied zu solchen Programmen wird hier ganz bewusst in der Weise hergestellt, dass die englisch sprechende Bezugsperson etwas mehr als nur das spricht, was die Kinder in der entsprechenden Lektion gerade lernen sollen, da die Künstlichkeit einer Unterrichtsstunde nicht in einen Spiel-orientierten Kontext passt. Und besonders wichtig: Die Fantasie-Inhalte des laufenden Spielprojektes bestimmen das Vokabular mit, das in der fremden Sprache angeboten wird. Allerdings können ausgearbeitete Programme die Erzieherin leiten, sich selber mit dem nötigen Vokabelschatz und passenden Redewendungen zu versorgen. Eine andere Quelle für den spielerischen Umgang mit einer Fremdsprache sind Kinderbücher aus dem jeweiligen Land. Ganz besonders sind solche zu empfehlen, die den landesüblichen Humor und Wortspaß mitliefern.[55] In Anlehnung an solche Vorgaben lässt sich die Spielfigur durch immer wiederkehrende, typische Formulierungen als einen lustigen Gesellen kennzeichnen, der hauptsächlich Spaß verbreitet und eher beiläufig auch Sprachunterricht erteilt. (vgl. Kasten 54)

Somit geht es mit Unterstützung von Mr. Friday in erster Linie darum, eine Fremdsprache kennen zu lernen, und erst in zweiter Linie um das Vokabellernen. Denn um hirnorganisch richtig mit zu ziehen, kommt es nicht darauf an, WAS gelernt wird, sondern *wie* gelernt wird. Und Kinder, die im Kindergarten das Interesse für Fremdsprachen entwickeln und am Ball bleiben, de-

---

54 Für ein ausführliches Programm vgl. Leonora Fröhlich-Ward & Gisela Schmidt-Schönbein, 2002

55 vgl. die traditionellen und trotzdem aktuellen Kinderbücher von: Dr. Seuss, 1957 u. 1965

Redewendungen von Mr. Friday

- Good morning everybody.
- How are you?
- What is the weather like?
- Look, Sir! I can do a trick, Sir
- We call this a ...
- Tell me, what this is ...
- Stop it! That is enough.
- Now, wait a minute.
- Thank you for a lot of fun.
- Let's do tricks with ...
- What do you know about this?

- Let's have a little talk about things.
- I am so sorry.
- I can't do it very well.
- Who comes next?
- Can you show me how you do it?
- I hate this game.
- I love this game.
- This is an easy game to play.
- I like it here.
- I like it a lot.

- I will show you another good game.
- I will not go away.
- Tell me, what you are doing?
- I love it.
- I feel like a ...
- Have a bit of fun.
- Oh, I like this apple.
- Who has got my socks?

Kasten 54

Dialoge mit Mr. Friday

Mr. Friday and the pirates introduce themselves to each other:

- My name is Mr. Friday.
- What's your name?
- My name is ...
- Nice to see you.
- Let's shake hands.

Mr. Friday shows his best things:

- Let's have a little talk about things.
- Let's have a look at that! This is a stick (a nut, a feather, a stone)

The Pirates show their best things:

- Let's have a little talk about things: Let's have a look at that! This is my knife (my

hat, my sword, my bottle, my clock, my socks)

Eating as Mr. Friday likes to eat

- I like to eat a nut (a fish, a fruit, a leaf)
- Do you like to eat a nut?
- I like it. I like it a lot.

Eating as the pirates like to eat

- I like to eat a sausage
- Do you like to eat a sausage? (a potato, a chicken, a pudding)
- I like it. I like it a lot.

Mr. Friday shows his home

- Here is my house.
- This is the door.
- This is my window.

- This is my table.
- This is my chaire.
- This is my bed.
- Where is the door?
- Here is the door.
- Where is the table?
- Here is the table.

Mr. Friday can do tricks

- Look, Sir! I can do a trick, Sir!
- Look at me!
- I can do a trick with my hand ... (my head, my leg, my finger, my stick)
- That is an easy game to play. Look at me!
- What can you do?
- Can you do a trick with your leg? (your sword, ball, stick, finger etc.)
- Stop it. That's enough!
- Thank you for a lot of fun.

Kasten 55

169

nen wird es so ergehen wie den Kleinkindern, die nach den ersten fünfzig Worten, die sie aktiv einsetzen können, eine Sprachexplosion erleben und mit einem Mal ganz viel verstehen und auch sprechen können. Allerdings sind dafür ein dauerhaft gutes Sprachvorbild und Sprachbegleitung notwendig, wie es das 7-Punkte-Programm der Sprachförderung für alle Kinder in jedweder Sprache vorgibt.

In das Piratenspiel integriert, werden deswegen zu bestimmten Zeiten, beispielsweise freitags, Dialoge in alle möglichen Projektereignisse integriert. Dafür tritt Mr. Friday gut gelaunt, witzig und vor allen Dingen neugierig auf den Plan, wenn es gilt, bei den Bewegungsspielen Tricks vorzuführen, an einem Piratenfrühstück sich dafür zu interessieren, was die Piraten gerne essen, um bei der nächsten Gelegenheit seine eigenen Essgewohnheiten zu demonstrieren. Oder im Bau- und Rollenspiel in der Weise mit zu mischen, dass er fragt und zeigt, wie die Dinge heißen. Bei all diesen Gelegenheiten gibt das Erzieherinnen-Gespann in den Rollen „Pirat" und „Mr. Friday" das Modell für die Dialoge (vgl. Kasten 55), in die die Kinder nach und nach einbezogen werden.

Englisch lernen im Kindergarten (resp. Französisch, Dänisch, Plattdeutsch etc.) kann eine schöne Gelegenheit sein, ein Miteinander-Lernen Wirklichkeit werden zu lassen, indem nämlich Erzieherinnen und Kinder sich im Sprechen wechselseitig motivieren und den Spaß an allseitigen Fortschritten teilen. Und wenn alles zuerst vielleicht ein wenig holperig vonstatten geht, dann dauert es nicht lange und alle freuen sich gemeinsam auf Freitag, wenn nämlich Mr. Friday wieder kommt und mit ihm systemisch-konstruktivistische Prozesse, die über kurz oder lang alle Programm-Vorgaben überflüssig machen. Denn Piraten lieben das (Bildungs-)Abenteuer.

170

Lernen

ist

List

Wiederholung

3

Wir erinnern uns: Das Gehirn eines heranwachsenden Kindes passt sich an seine Umgebung an. Denn häufig genutzte Synapsen, also die Schaltstellen, die Nachrichten auf die Nervenbahnen schicken, werden stärker, wohingegen weniger häufig angeregte Synapsen verkümmern. Häufig genutzte Nervenbahnen werden quasi zu breiten Schnellstraßen ausgebaut, auf denen genau diejenigen Informationen entlang sausen, die für das Überleben in der spezifischen Umgebung relevant sind. Und weniger befahrene Bahnen führen vielleicht als selten genutzte Landstraßen oder gar Feldwege ein eher verträumtes Dasein. Wie wir alle wissen, können gerade solche Pfade durch das Leben besonders romantisch und vielversprechend sein. Und es könnte sich lohnen, diese häufiger zu benutzen, weil es das Leben bereichert, wenn wir uns nicht nur auf eingefahrenen Bahnen bewegen. Mit anderen Worten: Die Pädagogik sollte zum einen dazu beitragen, dass sich komplexe Strukturen im kindlichen Gehirn ausbilden können, und zum anderen darauf achten, dass relevante Bahnen sich einschleifen. Beides sind Vorgänge des Lernens. Es geht um Anregung UND Wiederholung.

Wie ich bereits kritisch dargelegt habe, dominiert die Wiederholung für die Alltagsroutine im Kindergarten die notwendigen Anregungen: Es schleicht sich eine oberflächliche Anpassung ein, die zwar die Kinder recht und schlecht über die Runden bringt, aber zu wenig neue Lernerfahrungen festigt. Wiederholung wird häufig versehentlich gerade in solchen Kontexten sträflich vernachlässigt, wo neue Lernerfahrungen eine Vertiefung brauchten. Viele Erzieherinnen geben gelegentlich und situativ Anregungen und belassen es dann dabei. Offenbar ist die Wiederholung eine genauso schwer zu bewältigende pädagogische Herausforderung wie die Anregung. Denn wie die neurobiologischen Dinge liegen, muss man sagen: Pädagogik ist eine Kunst, die mit der Gleichzeitigkeit von Widersprüchen so umgehen muss, dass trotzdem Sinn dabei herauskommt.

Da ist zum Beispiel die Geschichte vom Hippokampus, genannt das Seepferdchen[56], das sich weit innen im Gehirn verbirgt, und immer dann in Aktion gerät, wenn ganz besondere Ereignisse Einzug ins Gehirn halten. Dieses kleine Wesen muss man ja geradezu lieb haben, denn es macht blitzschnell ganze Arbeit. Es bildet so genannte neuronale Repräsentationen, wenn es eingehende Ereignisse als neu, interessant und in jeder Hinsicht als ganz besonders bewertet hat. Eingetroffen, abgelagert, gelernt und fertig! Kein mühsames Einprägen, kein mühevolles Üben, Wiederholungen? Nicht notwendig! Bei solch vortrefflichen Lernleistungen handelt es sich darum, dass wir be-

---

56 vgl. Manfred Spitzer, 2002

172

stimmte Erfahrungen einfach im Gedächtnis behalten und uns immer wieder daran erinnern können. Kinder geben uns davon immer wieder Beispiele, wenn sie mit Kenntnissen imponieren, die sie einfach so aufgeschnappt haben. Und man fragt sich erstaunt, wie der kleine zweijährige Knirps es schafft, alle Autotypen im Straßenverkehr zu unterscheiden und zu benennen, oder wieso das dreijährige Mädchen den Mittagstisch perfekt decken kann.

Auf der anderen Seite ist doch jedem bekannt, dass ein Tennisspieler viele tausende Male die Filzkugel mit dem Schläger getroffen haben muss, bevor er in die Top Ten der Weltrangliste aufgestiegen ist. Und auch die Klavierspielerin wird sicher nicht ohne fleißige Fingerübungen zur Meisterin.

Vielleicht hilft uns ja das Seepferdchen weiter. Es springt, wie bereits vermeldet, auf alles Neue an. Aber es ergänzt auch fortlaufend unvollständige Informationen. Ich finde es sehr praktisch, dass wir uns darauf verlassen können. Pädagogisch bedeutet das: wir müssen einerseits für Neuigkeiten sorgen und gleichzeitig für ergänzende Fakten, die zu dem Initialerlebnis passen. Denn beim genaueren Hinsehen stecken hinter den imponierenden Fertigkeiten (Autotypen erkennen, Tischdecken, Tennis spielen, Klavier spielen) beeindruckende Einstiegserlebnisse, die im Hippokampus für Furore gesorgt haben und nun fortlaufend aufgerufen werden, um Anschlussinformationen ebenfalls so zu repräsentieren, dass sie nach Bedarf wieder abgerufen werden können. So ist der erste Ausflug mit dem Großvater in die Stadt, die Bewunderung, die einem Kind von der Familie oder Freunden zuteil wird, oder die ganz besonders schöne Geburtstagsfeier vielleicht im Hippokampus repräsentiert und arbeitet fortan für die Herstellung und Erinnerung von brauchbaren Fakten.

Die Kenntnisse, die uns die neurologische Forschung über den Hippokampus zuspielt, können uns tatsächlich helfen, ein Lernumfeld pädagogisch so zu gestalten, dass auf jeden Fall ein Lernstoff von diesem fähigen Seepferdchen aufgenommen wird. Dafür muss es sich um eine sensationelle Neuigkeit handeln. Denn von daher speist sich jegliche Motivation, dran zu bleiben und ergänzende Informationen anzusammeln. Einzelheiten, Einzelinformationen, Einzelfakten – sie alle sind nutzlos und schnell wieder vergessen, und ein Üben vertane Zeit. Nein, es geht in erster Linie um das Erleben von Zusammenhängen. Wiederholungen, die wir erfahrungsgemäß alle benötigen, sollten einerseits so angelegt sein, dass sie eingebettet werden in den bereits vorhandenen Sinnzusammenhang, und andererseits sollten sie gerade diese neuronale Repräsentationen immer wieder neu abrufen. „Aus Neu mach Alt" und „aus Alt mach Neu" : Ich glaube, diese beiden Seiten einer Medaille decken das Geheimnis von Lernen auf.

Die Aufmachung dieses Buches, dass Sie gerade lesen, versucht diesem Prinzip zu folgen, und ich hoffe, dass Sie sich Ihre eigenen Gedanken machen und dabei lernen. Denn es werden mit den verschiedenen Spielprojekten Geschichten erzählt, in die sich rhythmisch wiederholende Informationen einfügen und die – wie ich hoffe – die Sinnzusammenhänge des Bildungskanons immer wieder in einem neuen Licht erscheinen lassen.

Und überhaupt! Kinder brauchen Geschichten. Denn es sind die Geschichten, die Sinn stiften und die deswegen immer wieder erinnert werden. Geschichten, die Kinder gehört, selber erzählt und besonders natürlich so schön gespielt haben, sind es, die Lernen und Behalten über die Zeit bringen. Kinder fordern ja geradezu die Wiederholung von Geschichten; sie wollen sie wieder und wieder hören, wenn die erzählten Ereignisse sie in ihrem Innern wirklich berühren. Und auch das Spiel in einem Thema, beispielsweise „Spaßfamilien auf Reisen" soll kontinuierlich wiederholt und dabei auch immer wieder erneuert werden. Das liegt sicherlich daran, dass aus Sinnzusammenhängen, die Kinder erfassen können, Sicherheit erwächst. Eigenes Verhalten bekommt einen sicheren Bezugsrahmen und das Risiko, sich im Dschungel des Daseins, falsch, ungeschickt oder ganz und gar daneben zu benehmen, wird geringer. Mit dieser „Suche nach Gewissheit"[57] sind Kinder in bester Gesellschaft, nämlich mit Philosophen erster Güte. Für die Pädagogik bedeutet dies, dass wir stets ein Lernen in Sinnzusammenhängen ermöglichen müssen, und dass Wiederholungen dann nützlich und von den Kindern erwünscht sind, wenn sie im Kontext wirklicher Ereignisse erfolgen.

Dies gilt ganz besonders auch für das Lernen von Kulturtechniken, womit sich das nächste Spielprojekt beschäftigt. Wenn es um Mengen, Zahlen und Symbole geht, steht die Kindergartenpädagogik auf dem Prüfstand. Denn die Versuchung ist groß, für einen schnellen Lernerfolg durch leidiges Üben von Einzelheiten auf Umwege zu verzichten. Aber gerade bei einem Lernen, das in die Nähe von schulischen Standards rückt, ist Achtsamkeit geboten, um das schöpferische Potential des Spiels zu schützen. Aber keine Sorge: Eine bis hierher eingespielte Kindergruppe wird ganz bestimmt das Seepferdchen mitspielen lassen. Und so werden wir mit vereintem Enthusiasmus viele schöne Gelegenheiten schaffen, die in ihrer Wiederholung die Meister machen.

Ich sehe das so: Kinder suchen Sinn und Abenteuer

Bei der Fülle von Kinderliedern, die in manch einem Kindergarten gesungen werden, müssten wir doch eigentlich über die Jahre ein sehr sangesfreudiges Völkchen geworden sein. Das sind wir aber nach meinen Beobachtungen gar nicht. Was ist los? Wie kommt das? Ich befürchte, die Antwort ist: Kinder behalten Text und Melodie nicht, und sie entwickeln nicht eigentlich

57 vgl. John Dewey, 1998

Freude am Singen, weil viel zu viel Zerstreuung und Zufälligkeiten sie daran hindern, wirklich beeindruckt zu sein. Seepferdchen lässt grüßen (s. o.). Und so ergeht es ihnen mit vielen anderen gut gemeinten Beschäftigungen. Denn die Aneinanderreihung von sporadischen Einzelangeboten lässt keinen Sinn erkennen. Der momentane Unterhaltungswert vieler verschiedener Angebote, die verwirrende Unruhe durch gleichzeitig ablaufende Aktivitäten und die mangelnde Verlässlichkeit in der Wiederkehr ersehnter Ereignisse – all dies schadet dem jungen Gehirn. Und ich wundere mich überhaupt nicht, dass so viele Kinder nicht aufmerksam sein können. Wenn ein bisher als aufgeweckt geltender kleiner Junge nach einigen Wochen Kindergarten müde und lustlos wirkt, dann ist das ein ernst zu nehmendes Zeichen. Und wenn Kinder an eigens dafür eingerichteten Spielzeugtagen ihre Konsumgegenstände von Zuhause mitbringen sollen, dann finde ich das ebenso bedenklich. Wo bleibt das Abenteuer, das sich Kleinkinder vom Kindergarten erhoffen? Und wie kommen sie dahinter, was wirklich Sinn macht im Leben?

Erzieherinnen klagen, dass ihnen die Arbeit zu viel wird, dass sie nicht wissen, was sie zuerst tun sollen. Es sind häufig die besonders engagierten, die bekennen, dass es die vielen Kleinigkeiten seien, die sie verwirren. Sie legen sich Zettel hin, um sich nicht zu verzetteln und tun gerade dies, weil Sinnzusammenhänge in ihrem eigenen Tun nicht auffindbar sind. Und da fragt es sich doch, wie es wohl in den Köpfen der Kinder aussieht.

Was macht denn nun aber Sinn? Da würde ich doch gerne einmal unsere Kunden fragen. Denn es sind die Kinder, die wirklich kundig sind. Mit den Antworten sieht es freilich noch etwas dünn aus. Die Forschung[58] tut sich da noch etwas schwer. Aber aus dem Tun und Trachten der Kinder, wie ich es beobachte, wird deutlich: Sinn macht für Kinder, was für sie eine glückliche Gegenwart ausmacht, und das sind die Erfüllung ihrer Grundbedürfnisse. Der Bildungskanon (vgl. Kasten 5) trägt dem Rechnung: Mit dem Sinnzusammenhang, den jedes Spielprojekt stiftet, wird die Wiederholung des Gleichen im immer wieder neuen Gewande verwirklicht. Diese Art von Wiederholung lieben die Kinder, denn es ist etwas anderes, als dreimal, viermal, fünfmal das Gleiche gesagt zu bekommen oder selber tun zu sollen. Es geht dabei vielmehr um variable Lernwelten, in denen es gilt, Neues im Bekannten zu entdecken. Somit schließt Wiederholung Abenteuer nicht aus, was man gemeinhin denken könnte. Denn in der Wiederholung wird stets der Sicherheit gebende Sinn verwirklicht; und in diesem Rahmen wird Kühnheit und Wagemut ohne Risiko des Scheiterns zum Vergnügen. Wer hätte gedacht, dass im Urwald ein Schreibtisch platziert werden könnte, die Piraten auch plötzlich ein paar Brocken Englisch reden, und dass Dornröschen durchaus die dreizehn-

---

58 vgl. Susanna Roux, 2002

te Fee zu ihrer Hochzeit einladen könnte. Wem war klar, dass man mit dem gekippten Tisch einen Pferdestall, ein Piratenschiff oder auch einen Wohnwagen bauen kann? Wer weiß schon, dass sich aus Pappmaché und Kleister genauso gut eine Ritterburg wie ein köstlicher Pfannkuchen herstellen lässt? Alles Mögliche wird zum Ereignis, aber der jeweils rote Faden bleibt immer erhalten. Und deswegen hoffe ich, dass demnächst viele Kindergartenkinder auf die Frage: „Was macht ihr im Kindergarten?" sagen können: Wir spielen Spaßfamilien auf Reisen, und wir lernen dabei Mathematik. Oder: Wir spielen Zirkus, und wir lernen dabei, wie wir gesund bleiben. Oder: Wir spielen Frau Holle und lernen, was uns interessiert.

Das, was Sinn macht, drängt nach Wiederholung. Und Sinn stiftet den Zusammenhang von sich wiederholenden Einzelinformationen, die in eine Passform gebracht werden. Alles was Sinn macht, beeindruckt Kinder, und nach vielen Jahren noch soll ein inzwischen Erwachsener sagen können: Damals in der Kindergruppe, da haben wir im Gruppenraum „Wildnis" gespielt, und heute bin ich Forscher; oder: Damals in der Kindergruppe, da haben wir gelernt, was Integration ist, und seit dem arbeite ich am liebsten im Team.

Für den Bildungsauftrag im Kindergarten dürfen wir deswegen nicht vergessen: Sinnzusammenhänge geben Sicherheit, und bei erlebter Sicherheit wird Abenteuer möglich; und mit jedem Abenteuer wird gelernt: Es werden neue Eindrücke gespeichert und fortlaufend durch hinzu kommende Informationen aktualisiert und bereichert.

Die Voraussetzungen dafür, dass Wiederholungen sich aus dem Sinnzusammenhang von Ereignissen ergeben, ist, dass im Kindergarten grundsätzlich in Projekten gearbeitet wird, ganz so wie der von mir vertretene Bildungskanon spielpädagogisch umgesetzt wird: Spielthema und Bildungsgut sind jeweils einem Grundbedürfnis gewidmet und wiederholen sich täglich in differenzierten Kindergartenmethoden, wie sie in allen Methoden-Baukästen abgebildet sind. Wie aus den Überschriften „Kinder spielen ... und lernen ..." in allen Kapiteln dieses Buches ersichtlich, lässt sich der ganze Bildungskanon mit sechs Spielprojekten abdecken, die über ein Kindergartenjahr verteilt und von Jahr zu Jahr mit wechselnden Spielthemen wiederholt werden können. Ich habe bereits an anderer Stelle ausführlich dargelegt, wie es gelingen kann, ein Spielthema[59] zu finden, das der jeweiligen Kindergruppe in vollem Umfang gerecht wird. Die hier vorgestellten Spielprojekte sind jedoch auch sehr gut geeignet, auf die Bedürfnisse ganz unterschiedlicher Gruppenkonstellationen ausgelegt zu werden.

Die systemisch-konstruktivistische Spielpädagogik verlangt jedoch von der Erzieherin Mut und Geschick im Jonglieren. Denn Sinn und Abenteuer kann

59 vgl. Erdmute Partecke, 2002

176

sich nur im Dialog verwirklichen. In jeder Kindergruppe verläuft ein Spielprojekt mit gleichem Thema in einer anderen Weise. Denn Sinn ist nicht etwas Endgültiges, Wahres, Fixiertes. Sinn steht nicht als eine Allgemeingültigkeit von Werten, sondern muss kontinuierlich ausgehandelt werden. Dabei gehen Instruktion (durch pädagogische Vorgaben wie beispielsweise die Spielgeschichte oder eine Exkursion) eine Verbindung mit Konstruktion (durch kommunizierte Vorerfahrungen, Vorstellungen und Fantasien der Kinder)ein. Das bedeutet: die Wiederholung im Lernprozess verlangt, dass die Kindergruppe täglich ihr gemeinsames Erleben bewertet: Wie gefällt uns unsere Geschichte? Wie wollen wir weiter spielen? Dabei kann es sein, dass der Sinn, der nach Wiederholung schreit, im Prozess der Rekonstruktion in abenteuerlicher Weise verändert wird, wie ich bereits mit vielen kleinen Beispielen gezeigt habe.

Und dennoch behält ein definierter Sinn den Charakter der Gewissheit bei, weil es die Gemeinschaft aller Beteiligter ist, die den roten Faden spinnt. So besteht ausgesprochen oder auch unausgesprochen die Gewissheit darüber, dass es in dem Spiel „Dornröschen" um liebevolle Verbindungen ganz verschiedener Menschen geht (love), und da kann schon die Idee aufkommen, die dreizehnte Fee wieder einzubeziehen. Im Spiel „Zirkus" stehen individuelle Leistungen im Vordergrund (power), die aber nur dann richtig zur Geltung kommen, wenn alle Zirkusleute dazu beitragen, dass eine Manege gebaut und für eine gemeinsame Vorstellung freigegeben wird. Die Piraten experimentieren mit Sprache und geben damit ihrer Individualität Ausdruck (power), können aber desgleichen mit einander eine eher betuliche Gemütlichkeit an Deck ihres Schiffes an den Tag legen (love). Und wenn Spaßfamilien auf Reisen gehen (was gleich passiert), dann heißt die Devise, planvoll und organisiert zu Werke zu gehen (survival); aber wer weiß, welche Kapriolen letztendlich unterwegs die Fantasie der Reisegesellschaft schlagen wird (fun). Der Prozess der Entscheidungen und die Eigenverantwortung (freedom)der Kindergruppe für ihre gemeinsame Spielwirklichkeit bestimmen die Lernkultur in jedem Spielprojekt. Und die Wertvorstellungen[60], die mit jedem Spielprojekt rekonstruiert werden, steuern das Verhalten aller Beteiligter. Darauf verlässt sich jedes Kind.

Es bleibt also spannend. Dennoch verlangt der Bildungskanon Transparenz[61]: Die Erzieherin sollte jeden Tag wissen, was sie tut; die Eltern sollten nachvollziehen können, was Sache ist; und nicht zuletzt die Kinder sollten sich jederzeit so über ihre Kindergartenaktivitäten äußern können, wie ich es bereits oben angedeutet habe. Dabei sollte die Erzieherin stellvertretend für alle Beteiligte dafür sorgen, dass auf keinen Fall, alles, was wichtig ist, zur gleichen Zeit vorangetrieben wird. Denn dann kommt – wie bisher! – dabei

60 vgl. John Dewey. 1998
61 Zur Qualität deutscher Kindergärten vgl. Wolfgang Tietze (Hg.), 1998

heraus, dass gar nichts im eigentlichen Sinne Wichtigkeit erlangt. Es regiert der Un-Sinn, wenn keiner mehr weiß, worauf es ganz spezifisch ankommt. Deswegen empfehle ich die Orientierung an dem von mir vorgestellten Bildungskanon, deren einzelne Stationen ganz bestimmten Spielprojekten zugeordnet werden können. Obwohl bei getroffener Wahl dennoch wie immer im Leben, Vieles trotzdem gleichzeitig abläuft, kommt es darauf an, dass die Spiel-begleitenden Impulse ganz beherzt nur spezifische, *jetzt* als relevant definierte Bildungsgüter fokussieren. Der Vorteil einer solchen Betreuung der Kindergruppe in ihren eigenen Konstruktionen der (Spiel-)Wirklichkeit liegt darin, dass die Kinder sowohl ein Bewusstsein davon erwerben, *dass* sie lernen als auch davon, *wie* sie lernen.

Für den Nachweis einer solchen pädagogischen Qualität ist ein Gruppenbuch zu empfehlen, in dem die Spiel-begleitenden Lernimpulse im Fokus des jeweiligen Bildungsangebotes ohne viel Aufwand dokumentiert werden (vgl. Kasten 83). Das Formblatt sieht für jeden Tag sowohl die Benennung des laufenden Spielprojektes als auch den Fokus im spezifischen Bildungsgut vor. Entsprechend sind Eintragungen zu tätigen, ob und in welcher Weise in den einzelnen Lernfeldern pädagogische Impulse gesetzt wurden. Dafür ist es nützlich, sich auf die zugehörigen Programme zu beziehen, die jedem Methoden-Baukasten beigefügt sind (beispielsweise die Punkte eins bis fünf des 10-Punkte-Programms für die Verwirklichung mathematischer Vorstellungen, vgl. unten). Außerdem sind Eintragungen vorzunehmen, mit welchen (Teil-)Gruppierungen an welchem Platz der Einrichtung gearbeitet wurde, so dass ersichtlich wird, ob über das Jahr der Bildungskanon für *alle* Kinder erfüllt ist. Und zwar in der Art und Weise, wie diese und keine andere Kindergruppe die Empfehlungen umgesetzt hat.

Das Gruppenbuch sorgt dafür, dass Sinn und Abenteuer sich verwirklichen können, weil pädagogische Prozess-Strukturen für Verlässlichkeit stehen. Denn ohne organisierte Lernzeit ist Kindergartenbildung nicht zu verwirklichen. Leerlauf, Warteschleifen, Unverbindlichkeit und Willkür sind nicht zu akzeptieren. Stattdessen ein Rhythmus über den Tag, der Phasen der Aktivität und Phasen der Ruhe und Besinnung gleichberechtigt vorsieht.[62] Es sind die Halt gebenden immer gleichen Handlungsabläufe von Stuhlkreis als Auftakt, Gruppenspiel, Gruppenmahlzeit, Wahlangeboten im Bildungskanon und Stuhlkreis als Abschluss, die es den Kindern erlauben, eigene geistig-seelische Strukturen aufzubauen, die Sinn und Abenteuer vereinbar machen. Für diese systemisch-konstruktivistischen Lernprozesse erübrigt sich das engmaschige Regelwerk, das viele Kindergärten überzieht. Denn die genannten pädagogischen Standards gestalten den Alltag so übersichtlich, dass Kinder

---

62 vgl. Erdmute Partecke, 2002

sich in Raum und Zeit und Gruppierungen gut orientieren können. Sie sind dann in der Lage, für ihr eigenes Wohl zu sorgen, Verabredungen auf Zeit zu treffen und den Lebens-Sinn, der mit Spielgeschichten und Fantasie-Spielen transportiert wird, Wirklichkeit im Handeln werden zu lassen. Und was dann im Rahmen eines Spielprojektes an Lernergebnissen für jedes Kind heraus kommt, ist sicher beachtlich, aber nicht vorhersehbar. Das wäre ja auch noch schöner! Denn wo bliebe denn das Abenteuer, was für Lernen unverzichtbar ist, wenn es keine Überraschungen gäbe.

Bildungsgut Orientierung

Der *Bildungskanon* (vgl. Kasten 5) weist im Grundbedürfnis „survival" die Bildungsgüter Kulturtechniken und Interessen aus, die exemplarisch darauf hinweisen, dass ein Kind an den Errungenschaften der Gesellschaft teilnehmen möchte. Für beide Bereiche des Lernens wird wiederum zwischen Können und Wissen unterschieden und mit je drei inhaltlichen Schwerpunkten belegt. Mit den Spielprojekten „Spaßfamilien auf Reisen" und „Frau Holle" werde ich zeigen, wie bereits im Kindergarten begriffliches Denken angeregt werden kann, um den Kindern selbstständige Orientierung in der Realität auch außerhalb des Kindergartens zu ermöglichen. Dafür ist systemisches Zusammenwirken der ganzen Kindergruppe genauso relevant, wie Neugier, geistige Beweglichkeit und sprachliche Gewandtheit – kurz all die Fähigkeiten, die in den vorangegangenen Spielprojekten bereits im Fokus der Bildungsangebote standen. Sie werden mit den nachfolgenden Spielprojekten erneut abgerufen. Alle Spielprojekte verlangen täglich eine klare Organisation im Rahmen eines deutlich strukturierten Tages und einer übersichtlich gestalteten Woche – ganz besonders solche Spielprojekte, die eigens dafür bestimmt sind, dass Kinder lernen, eigene geistige Orientierungen zu finden. Denn nur auf der Grundlage erlebter Sicherheit kann ein Kind gemeinsam mit anderen herausfinden, wie es sich auf sich selber verlassen kann.

Kulturtechniken sind nützliche Werkzeuge

Kulturtechniken sind nützliche Werkzeuge, den Alltag zu meistern. Wer je in einem fremden Land gewesen ist und weder die Sprache verstehen, die Schriftzeichen deuten noch mit der Währung umgehen konnte, der kann ein Lied davon singen, wie ganz und gar unangenehm es ist, auf einen Lotsen angewiesen zu sein. Man muss an die Hand genommen und mitgenommen werden und kann nur hoffen, dass man dort anlangt, wo man gerne hin will.

179

Jeder eigene Schritt kommt einem Wagnis gleich, und die Gefahr sich zu verlaufen, ist ganz erheblich.

Ich gehe davon aus, dass es auch bereits für Kindergartenkinder Sinn macht, eine Idee davon zu bekommen, wie die Orientierung durch den Dschungel der Zivilisation auf Verabredungen basiert, die sich in Zeichen niederschlagen und die zu kennen und zu gebrauchen das Leben erleichtert. Ich finde es unverzeihlich, wenn wir Kindern in einem Alter, wo sie begierig sind, in die Welt hinaus zu gehen, Können und Wissen vorenthalten, die es ihnen ermöglichen, Selbstständigkeit im Denken und Handeln zu erlangen. Nicht die tatsächliche, sondern vielmehr die geistige Abhängigkeit wird dabei zum Problem, weil all zu viele Kinder heranwachsen mit gelernter Hilflosigkeit als Grundhaltung. Paul, Moritz und Tom haben sich dagegen gewappnet, allerdings bringen sie höchst wahrscheinlich ihre geistigen Werkzeuge von Zuhause mit. Aber was ist mit Marie, die den Weg zum Bücherregal noch nicht gefunden hat (vgl. Kasten 2)? Und überhaupt: Sind denn Wegweiser deutlich sichtbar aufgestellt?

Viele Erzieherinnen sind auch heute noch der Meinung, sie würden den Kindern die Kindheit verderben, wenn sie sie mit Lernstoff konfrontieren, der traditionell der Schule vorbehalten ist. Dabei verkennen sie das Naturell von Kleinkindern, die sich unermüdlich – all zu oft schier verzweifelt – bemühen, ihre Grundbedürfnisse ins Spiel zu bringen, und eines von diesen fordert nun einmal, Durchblick zu erlangen. Warum sollte das nicht Spaß machen?

Deswegen sieht der Bildungskanon für Kindergartenkinder vor, dass sie Symbole unterscheiden, deuten wieder erkennen und auch hier und da selber abbilden können (vgl. Kasten 5, Kulturtechniken/Können, 1). Dabei geht es vorrangig darum, dass sie ein Gespür dafür bekommen, dass die Wirklichkeit auf unterschiedlichen Abstraktionsstufen abgebildet werden kann: Von der erlebten Realität, zur Illustration, zum Zeichen, zum geschriebenen Wort. Der Nutzeffekt von Symbolen wird jedem Kind ersichtlich, wenn beispielsweise in dem Spielprojekt „Spaßfamilien auf Reisen" (vgl. unten) alle Ballonfahrer mit dem gleichen Zeichen ausgestattet werden und sich deutlich von den Wohnwagenfahrern unterscheiden, die sich ein anderes Zeichen der Zugehörigkeit an den Pulli heften. Das Zeichen als eine abstrahierte Form eines Ballons respektive Wagens bedeutet heute – wie verabredet – das gleiche wie morgen und hilft vortrefflich die Welt zu ordnen, beispielsweise zwei Teilgruppen zu unterscheiden. Die Kinder begreifen, dass Symbole gelesen werden können, und dass ihre Bedeutungen stabil bleiben. Das Wiedererkennen von Worten ist auf diesem Grundverständnis ein kleiner Schritt und das Interesse groß, wenn erkannt ist, dass es die Mühe lohnt, genau hin zu schauen. Deswegen sollten wir, wo immer wir mit Kindern unterwegs sind, nicht die einfache Möglichkeit außer Acht lassen, sie auf Symbole und ihre Bedeu-

180

tungen aufmerksam zu machen, und sie beispielsweise auffordern, plakative Verkehrsschilder zu lesen.

Begleitend zu solchen Grunderfahrungen, durch Symbolverstehen unabhängig von Lotsen zu werden, ist bereits für Kindergartenkinder die Erkenntnis ein wichtiges Bildungsgut, dass Schriftzeichen auf Vereinbarungen von Menschen beruhen, die sie gemeinsam nutzen wollen. Noch vor Schuleintritt sollten sie wissen, dass Lesen, Schreiben, Rechnen (und PC-Anwendungen) nicht gelernt werden sollen, weil die Großen (nämlich die Schulkinder) so etwas lernen, sondern weil es hier und jetzt nützlich ist, mittels solcher Techniken das Spiel übersichtlich zu organisieren (vgl. Kasten 5, Kulturtechniken/Wissen, 1, 2, 3). Dafür können die Kinder sich selber Zeichen ausdenken und als gültig für bestimmte Bedeutungen erklären.

Genauso verhält es sich bezüglich des Umgangs mit Mengen (vgl. Kasten 5, Kulturtechniken/Können, 2). Besser kann ein Kind doch gar nicht Ordnung in die Welt bringen, als dass es lernt, Elemente seiner Wahrnehmung (Gegenstände, Personen, Laute, Bewegungen etc.) nach bestimmten Merkmalen und Quantitäten zu unterscheiden, zu sortieren, zu vergleichen, auszugleichen, aufzuteilen, zu ergänzen etc. Auf der Grundlage solcher elementarer mathematischer Vorstellungen entsteht Aufmerksamkeit, Verhaltenssicherheit und Selbstkontrolle, weil das Kind ganz substantiell erlebt, dass es Co-Konstrukteur einer Wirklichkeit ist, in dem es sich durch seine eigenen Aktionen ein verlässliches Zuhause schafft.

Für den Erkenntnisprozess der Nützlichkeit steht die Anwendung von Symbolen und elementarer mathematischer Operationen im Mittelpunkt vielfältiger Spielsituationen, wenn Spaßfamilien auf Reisen gehen (vgl. unten).

Interessen bahnen die Wege

Interessen bahnen die Wege durch den Dschungel der Möglichkeiten, die unsere Gesellschaft bereithält. Denn über definierte Interessen werden Ziele verfolgt, Ablenkungen ausgeblendet und Störungen umschifft. Auf diese Weise bekommt die Wirklichkeit Struktur und Übersichtlichkeit. Somit verweist das Bildungsgut, Interessen auszubilden, neben dem Kennenlernen von Kulturtechniken auf die Erfüllung des Grundbedürfnisses nach Sicherheit und Orientierung (survival). Während jedoch über den ersten Umgang mit Kulturtechniken Kindergartenkinder einen Schritt in die Erwachsenenwelt unternehmen, indem sie lernen, sich innerlich – nämlich geistig – unabhängig von Helfern zu machen, verlangt die Entwicklung von Interessen vermehrt eine tatsächliche Außenperspektive. Die Öffnung des Kindergartens für das Umfeld ist allerdings für den Bildungsauftrag nur dann sinnvoll, wenn die Kindergruppe sich nicht nur zu dem nächsten Spielplatz oder Picknickausflug auf die Socken macht, sondern in Form von Exkursionen immer wieder neue Lernfelder erobert. Kinder sollten Wege zu Kindergarten, Schule und zu ausgewählten Plätzen der Gemeinde kennen und geordnet gehen (vgl. Kasten 5, Interesse/Können, 1) und dabei natürlich die Aufmerksamkeit auf Sachverhalte im Kontext vorher definierter Sinn- und Wertvorstellungen zentrieren können. Deswegen führt jedes Spielprojekt die Kindergruppe zu solchen Plätzen im Umfeld des Kindergartens, die das reale Pendant zu den Fantasiespielen der Kinder abbilden. Der Check an der Realität, indem ein Schiff, ein Schloss, eine Bäckerei, ein Affengehege erkundet wird, ist notwendig, damit die Kinder bleibende Interessen an der gesellschaftlichen Wirklichkeit außerhalb des Kindergartens aufbauen können. Dies gilt ebenso für Naturerleben in den Jahreszeiten, was in Kindergärten eine schöne Tradition hat. Allerdings gehört für solche Bildungsangebote, die den Kindern Wege eröffnen sollen, sich selbstständig orientieren zu können, auch dazu, dass gelernt wird, wie Beobachtungen benannt, gesammelt, geordnet und gepflegt werden können (vgl. Kasten 5, Interesse/Können, 2). Hier greifen der Umgang mit Kulturtechniken und der Aufbau bleibender Interessen ineinander.

Ganz besonders Kinder kurz vor der Einschulung gewinnen mit derartigen Bildungsangeboten über die direkten Spielhandlungen hinaus ein reichhaltiges Betätigungsfeld. Solche Lernerfahrungen bauen durch handelnde Auseinandersetzungen ein bewusstes Wissen über geographische und jahreszeitliche Orientierungen auf, die ergänzend mit Sachbüchern und eigenen Gruppenmappen sich als sachkundliches Wissen dokumentieren lassen (vgl. Kasten 5, Interesse/Wissen, 1, 2, 3).

In einem solchen Bildungsprozess soll die Förderung kindlicher Interessen jedoch nicht in erster Linie als direkte Anbahnung späterer Hobbys verstanden werden (obwohl das dabei durchaus herauskommen kann). Es geht vielmehr darum, eine aktive Auseinandersetzung mit Ereignissen im erweiterten Kontext des Kinderalltags zu pflegen. Dabei steht nicht die Anhäufung von Sachkenntnissen im Vordergrund, sondern die Herausforderung an das Kind, mit wachen Augen durch die Welt zu gehen und eigene Fragen zu stellen, für deren Antworten es sich nachhaltig interessieren sollte (vgl. Kasten 5, Interesse/Können, 3).

Kinder spielen „Spaßfamilien auf Reisen" und lernen Kulturtechniken

Wie ich bereits dargelegt habe, geht es im Kindergarten nicht darum, Kindern vorzeitig schulische Fertigkeiten abzuverlangen, damit Eltern zufriedengestellt werden, die sich um die Schulkarriere ihrer Kinder Gedanken machen. Die Bildungsangebote, die im Grundbedürfnis der Kinder mit dem Namen „survival" (vgl. Kasten 5) angesiedelt sind, sollen vielmehr Voraussetzungen schaffen, dass Kinder die notwendige geistige Reife erlangen können, die erforderlich ist, um Selbstsicherheit zu entwickeln. Denn wer nicht weiß, wo es langgeht im Leben, der kann auch nicht solche weiterführenden Fähigkeiten erwerben, die ihm eine glückliche Zukunft ermöglichen könnten. Nach meinen Beobachtungen sind die Entwicklungschancen für Kinder im Kindergarten unter anderem deswegen so wenig zufriedenstellend, weil eine diffuse Mischung aus Über- und Unterforderung viele Kinder verwirren. Die Überforderung besteht zweifellos darin, dass Kinder in zu großen Kinderansammlungen über zu lange Zeiträume in einer äußerst langweiligen Umgebung sich selber überlassen bleiben. Da möchte ich kein Kind sein. Unterforderung auf der anderen Seite ist da permanent vorhanden, wo neben der Alltagsroutine mit Fingerspielen, Liedchen und Kreisspielchen ein Mitdenken und Mitgestalten seitens der Kinder überhaupt nicht vorgesehen sind. Da muss es uns doch nicht wundern, dass bereits die Fünfjährigen sich auf die Schule freuen, nicht ahnend, dass sie vielerorts vom Regen in die Traufe kommen, was wirkliche Eigenständigkeit im Denken und Handeln anbelangt.

Somit besteht die Herausforderung im Kindergarten darin, die Domäne kindlicher Gestaltung, nämlich das Spiel in Gruppen, klar zu strukturieren, um dann auf dieser Grundlage den Kindern Gelegenheit zu geben, geistige Türen zu öffnen.

Der Methodenbaukasten „Spaßfamilien auf Reisen"

Das Spielprojekt „Spaßfamilien auf Reisen" ist dem Bildungsgut „Orientierung" mit dem Fokus auf „Kulturtechniken" gewidmet. Und was sich dafür in der Kindergruppe ereignet, soll ein abwechslungsreiches Spiel sein mit all den Elementen der Integration, der Fantasie und der vielfältigen körperlichen und sprachlichen Grunderfahrungen, wie sie in den bereits vorgestellten Spielprojekten verwirklicht wurden. Viele Kinder zehren noch von diesen Lernerfahrungen und führen sie ganz selbstverständlich auf ihre Weise fort oder erproben sich vielleicht jetzt erst darin erfolgreich. Auch die Erzieherin bleibt in diesem Fahrwasser und begleitet die Spielgruppe fortlaufend mit teilnehmendem Engagement. Die pädagogischen Akzente jedoch, die sie mit der Eröffnung dieses neuen Spielprojektes setzt, befördern Symbolverstehen und mathematische Vorstellungen, und zwar so deutlich, dass alle Kinder dies bemerken.

Obwohl wir mit diesen Bildungsinhalten ein Terrain betreten, dass augenscheinlich primär im kognitiven Verarbeitungsbereich angesiedelt ist, bleiben wir konsequent dem ganzheitlichen Ansatz der Kindergartenbetreuung treu. Das bedeutet: Alle Methoden-Bausteine sollen ausgewogen sowohl kognitive als auch somatische, emotionale und soziale Erlebnis- und Verhaltensweisen abrufen und dabei gleichzeitig Erfahrungen mit Kulturtechniken Raum geben, die kontinuierlich in das Spiel Einzug halten.

In dem Bewusstsein, dass Kinder klare, übersichtliche Strukturen lieben, weil sie darin ganz zuversichtlich auf die Verwirklichung ihrer eigenen Abenteuer bauen können, sollte die Erzieherin mit Beginn dieses Spielprojektes

Methoden-Baukasten „Spaßfamilien auf Reisen"
Erlebnis- und Verhaltensweisen im System der Autonomie

somatisch sensorisch + motorisch	emotional	sozial	kognitiv
Bauspiel Mit Möbeln und großem Material: Wohnwagen, Wohnschiff, Wohnballon	**Erlebniserzählung** Zeigen und sprechen: Lieblingssachen, die ich auf die Reise mitnehme.	**Rollenspiel** Gruppen-Differenzierung nach drei Reisegruppen in spontaner Wahl: Einrichten und Wohnen	**Bildbetrachtung** Buch: „Die kleine Hexe geht auf Reisen" (vgl. Lit.)
Bauspiel Mit großem Material im Außengelände, Turnhalle, freier Natur: Wohnwagen, Wohnschiff, Wohnballon	**Lied** „Eins, zwei, drei, vier, fünf, sechs, sieben, wo ist nur mein Schatz geblieben?" „Muss i denn zum Städele hinaus ..."	**Rollenspiel** Gruppen-Differenzierungen: Kleine/Große; Junge/Mädchen; Spielgruppen in verschiedenen Räumen	**Planungsgespräch** Wie bauen wir drei verschiedene Vehikel?
Bewegungsspiel Die Reise nach Jerusalem	**Stehgreifspiel** Die Spaßfamilien stellen sich vor	**Mahlzeit** In das Rollenspiel integriert: Zusammenstellen von Picknickkörben	**Herstellen einer Mahlzeit** Pellkartoffeln mit Quark Waffeln Quarkspeise Gemüsesuppe
Bewegungsspiel Unterwegs zu Land, zu Wasser, in der Luft. Und ankommen. Spiel mit unterschiedlichen Reisegruppen	**Stehgreifspiel** Wir spielen Abschied und Ankunft: Hänschen klein ging allein in die weite Welt hinein ...	**Mahlzeit** In das Rollenspiel integriert: Die Spaßfamilien kehren in ein Gasthaus ein. Bestellungen aufgeben und Servieren	**Sachbücher und Atlanten** „Deutschland – Atlas für Kinder"; „Mein erster Weltatlas" (vgl. Lit.)
Bauspiel Mit Möbeln und großem Material: Aufbau und Einrichten der Festwiese	**Stehgreifspiel** Spaßfamilien stellen ihre Wohnvehikel vor	**Rollenspiel** Spaßfamilien begegnen sich und feiern ein Fest	**Exkursion** Wir fahren mit Bus und Bahn. Wir gehen ans Wasser. Wir kaufen ein.
Schöpferisches Gestalten mit hartem und weichem Material: Landschaften, Fahrzeuge	**Erlebnisgespräch** Wie ich einmal etwas ganz allein organisiert habe	**Rollenspiel** Rollenwahl nach Vorlieben der Kinder. Rollenspiel nach frei erfundenen Motiven	**Denksport** Papier- Schere- Bleistift-Aufgaben: Unser Reisetagebuch: Spaßfamilien auf Reisen

Kasten 56

184

einmal mehr besonders achtsam mit der notwendigen Organisation umgehen. So empfiehlt es sich, mit klaren Gruppendifferenzierungen zu arbeiten. Das beginnt beispielsweise damit, dass die Kindergruppe aus dem Stuhlkreis heraus in drei übersichtliche Erzählgruppen eingeteilt wird, um im Rotationsverfahren drei verschiede Bilder zu betrachten (vgl. Kasten 56). Dieser an sich kognitive Einstieg wird getragen von einer Organisationsform, die die Kinder von vorn herein in übersichtlichen Kleingruppen auffängt.

Auch nach der Initialzündung verweist dieses Spielprojekt jedes Kind ganz zuverlässig auf seinen definierten Platz im Spielgeschehen, erhält ihm die feste Zugehörigkeit in einer jeweils überschaubaren Kleingruppe. Damit haben Ruhe, Aufmerksamkeit und Ausdauer eine solide Chance. Denn nachdem jedes Kind alle drei Abbildungen von fantasievollen Illustrationen[63] von je einem anderen Wohnvehikel betrachtet und sich mit den Kindern seiner Teilgruppe darüber ausgetauscht hat, wird durch eine schnelle Wahl (rufen und rennen) die Kindergruppe auf drei verschiedene Plätze im Gruppenraum verteilt: Kinder, die ihre Vorliebe als Ballonfahrer erkannt haben, treffen zusammen; Kinder, die lieber im Wohnwagen unterwegs sein wollen, bilden eine Fahrgemeinschaft; und die Kinder, die am liebsten mit einem Wohnboot unterwegs sein wollen, treffen an dem dafür vorgesehenen Platz mit Gleichgesinnten zusammen. Dafür werden der jeweilige Platz und die zugehörigen Kinder mit Symbolen gekennzeichnet: Ballon, Wohnwagen, Wohnboot (vgl. Kasten 80).

In diesen spontan gefundenen Spielgruppen geht es nun auf Reisen. Dafür ist es wichtig, dass die Gruppenzusammensetzung in jeder Teilgruppe genauso erhalten bleibt, wie das Schicksal der gleichen Wahl die Kinder zusammengeführt hat, auch wenn beispielsweise es nur drei Wohnwagenfahrer geben und dafür der Ballon übervölkert sein sollte. Immerhin spielen wir ja „Spaßfamilien auf Reisen", und da wäre es ja gelacht, wenn nicht jedes Kind seinen Neigungen folgen dürfte. Denn bei aller Liebe für Ordnung, die dieses Spiel betont, um auf dieser Grundlage Ordnung in die Köpfe zu bringen, kommen wir niemals ohne Spontaneität, Lust und Laune aus. Mit dem Bauspiel befinden sich die Kinder mit den intensiven *somatischen* Erlebnisformen auf bekanntem Terrain, sodass die gewohnte Aktivität für die meisten Kinder Verhaltenssicherheit gewährleistet. Dies ist die beste Voraussetzung für den Spiel-begleitenden Umgang mit Mengen und Zahlen, auf die die Kinder in diesem Projekt vorbereitet werden (vgl. unten). Zunächst aber schlüpfen sie in Rollen, die gegebenenfalls durch kleine Interviewfragen der Erzieherin vorbereitet werden. Der Spielspaß im weiteren Verlauf des Projektes hängt nicht unerheblich davon ab, wie die verschiedenen Spaßfamilien sich zusammensetzen und entsprechend unterschiedlich ihr Zusammenspiel gestalten.

63 vgl. Lieve Baeten, 1999

Die Bildvorlagen geben da einige Anregungen. Auf jeden Fall wird es neben recht verantwortungsvollen Mitgliedern wie Steuerfrau, Hexe und Treckerfahrer auch diverse liebesbedürftige Wesen wie Äffchen und Kätzchen sowie exotische Sonderlinge wie beispielsweise Baby-Dinosaurier oder bunte Vögel geben. Aber auch fleißige Arbeiter, die „nur so" mit auf die Reise gehen.

Tipp

Halten sie die Kinder in ihren stabilen Bezugsgruppen aber gestalten Sie den Auftrag zur Rollenwahl sehr locker.

Die *sozialen* Komponenten eines solch munteren Geschehens lassen sich vortrefflich für den lebendigen Gebrauch von Kulturtechniken nutzen. Man denke nur an die diversen Gepäckstücke und Wohnutensilien, die es zu sortieren und geordnet zu verstauen gilt. Genauso gut geeignet sind die verschiedensten Mahlzeiten, die sich als Picknick oder Restaurantbesuche in das Spiel direkt einbeziehen lassen, wenn Spaßfamilien unterwegs sind. Bei solchen Gelegenheiten wird ersichtlich, dass es nützlich ist, richtig abzählen zu können, schon der Gerechtigkeit halber, wenn Leckerbissen zu verteilen sind. Und wenn alle Reisenden sich zu einem großen Fest versammeln, dann gibt es auf jeden Fall viel Bedarf an mathematischer Vorstellungskraft, wenn es gilt, kunterbuntes Material zu sortieren, zu vergleichen, aufzuteilen, auszugleichen oder abzuzählen.

Auch die *somatischen* Komponenten des Spielprojektes verlangen nach ordnender Gestaltung, wenn Bewegungsspiele wie „die Reise nach Jerusalem" in den verschiedensten Varianten neben der geforderten Beweglichkeit zur kognitiven Herausforderung werden, nämlich elementare mathematische Vorstellungen umzusetzen.

Da kann es durchaus zu einem *emotionalen* Vergnügen ganz besonderer Art werden, wenn Spaßfamilien in Form von Stegreifspielen Symbole, Mengen und Zahlen vorstellen und dabei die ganze Aufmerksamkeit genießen. Ergänzt werden solche vielseitigen Erfahrungen, Kulturtechniken zu gebrauchen, durch kleine Gespräche, die den Bezug des Gelernten zu dem Alltag außerhalb des Kindergartens herstellen, etwa mit dem Erzählthema: „Als ich einmal etwas Zuhause organisiert habe."

Im *kognitiven* Bereich sind es noch einmal die lukrativen Köstlichkeiten, mit denen Spaßfamilien auf Reisen in Symbolverstehen und Mathematik schwelgen. Denn das sieht jede kleine Köchin ein, dass es äußerst nützlich ist, ein Rezept aufzuschreiben, damit man ein für alle mal weiß, wie Pellkartoffeln mit Quark, Waffeln, eine feine Süßspeise oder eine Gemüsesuppe zustande zu bringen sind. Da ist richtig Denksport gefragt, wenn Kindergarten-

Das 10-Punkte-Programm für die Verwirklichung mathematischer Vorstellungen mit Mengen*

1 Sortieren
Gegenstände lassen sich nach unterschiedlichen **Merkmalen** wie Art, Form, Farbe Ausdehnung zu Mengen zusammenfassen.

Sprachliche Begleitung:
„Ich habe alle blauen Kugeln ausgesucht. Die Kugeln mit den anderen Farben liegen noch in dem Korb".

2 Vergleichen
Gegenstände können paarweise zugeordnet und in ihren **Mengen** verglichen werden.

Sprachliche Begleitung:
Formulierungen im ganzen Satz hinsichtlich „ebenso viele", „mehr als", „weniger als".

3 Zahlwörter Eins, Zwei, Drei
Beim Abzählen bezeichnet das zuletzt genannte Zahlwort die gesamte Menge. Mengen mit gleich vielen Elementen haben das gleiche Zahlwort.

Sprachliche Begleitung:
Zahlwörter verwenden: „Ich habe **drei** Mützen: eins, zwei, drei."

4 Zahlwörter Vier, Fünf
Vier Gegenstände erhalten wir, wenn wir zu **drei** Gegenständen noch eins hinzufügen. **Vier** Gegenstände sind eins mehr als drei. Das Zahlwort **Vier** gilt für unterschiedliche Elemente einer Menge: Gegenstände, Bewegungen, Handlungen, Töne etc.

Sprachliche Begleitung:
Gebrauch von Zahlworten bei paarweiser Zuordnung der Elemente zweier Mengen

5 Zählen und Vergleichen bis Fünf
Der Unterschied zwischen zwei Mengen wird mit einem Zahlwort angegeben.

Sprachliche Begleitung:
Formulierungen, die den Mengenunterschied mit dem richtigen Zahlwort benennt.

6 Vergleichen und Ausgleichen bis Fünf
Zwei Mengen von Gegenständen oder Personen lassen sich nach der jeweiligen Anzahl unterscheiden und zahlenmäßig genau ergänzen.

Sprachliche Begleitung:
Die Unterschiede von zwei Mengen sollen mit Zahlwörtern benannt werden.

7 Aufteilen und Zusammenfügen bis Fünf
Eine Menge von Gegenständen oder Personen lässt sich unterschiedlich aufteilen und wieder zusammenfügen.

Sprachliche Begleitung:
Formulierungen mit Zahlwörtern.

8 Ordnungszahlen bis Fünf
Der abgezählte Platz in einer Reihe wird Ordnungszahl genannt.

Sprachliche Begleitung:
Formulierungen mit Ordnungszahlen.

9 Mengen bis 10
Die Zahlwörter bis **Zehn** werden veranschaulicht wie die Zahlwörter Vier und Fünf. Die Aufgaben bis Fünf wiederholen sich im erweiterten Zahlenraum bis Zehn.

Sprachliche Begleitung:
Formulierung im ganzen Satz, die Handlungen mit dem Gebrauch von Zahlwörtern verbinden.

10 Zusammenfassen bis Zehn
Zwei unterschiedliche Mengen können zu einer Menge zusammengefasst werden.

Sprachliche Begleitung:
Formulierungen im ganzen Satz mit Gebrauch der richtigen Zahlwörter.

+1 Umgang mit Mengen OHNE praktisches Handeln und OHNE direkte Anschauung
(Mengen mit wenigen! Elementen!)

Sprachliche Begleitung:
Formulierungen im ganzen Satz.

Kasten 57

* vgl. Fußnote 64

Mathematische Vorstellungen in Bewegungsspielen:
flink fünf kleine „Fische" fangen

Am Anfang mathematischer Vorstellungen
steht das Sortieren: weiches Material

kinder mit derartiger Hausarbeit zur Höchstform auflaufen. Für dergleichen
Abenteuer ist allerdings zu empfehlen, mit Bedacht kleine Arbeitsgruppen
zusammenzustellen, die bei aufmerksamer Betreuung ganze Arbeit leisten.
Die Krönung all solcher Aktivitäten, die das Bildungsgut „Orientierung" verwirklichen, sind die Reisetagebücher, in denen Spaßfamilien ganz ernsthaft
Eintragungen machen, indem sie mit Papier, Bleistift, Schere und Klebstoff
aus all den vielseitigen Vorerfahrungen das abbilden, was eigentlich die ganze Zeit vorher auch schon verwirklicht wurde: der nützliche Gebrauch von
Kulturtechniken.

Das 10+6-Punkte-Programm für die Verwirklichung elementarer mathematischer Vorstellungen

Mit einem 10+6 Punkte-Programm[64] können wir uns im Kindergarten dem
annähern, was es heißt, mit Kindern elementare mathematische Vorstellungen zu entwickeln (vgl. Kasten 57 u. 69). Das beginnt mit Sortieren von
Gegenständen und endet bei dem Zahlwort Zehn. Dazwischen passiert so
Einiges, was bisher nach meinen Beobachtungen wenig Beachtung im Kindergarten gefunden hat: Geistige Beweglichkeit. Denn die Operationen mit
Mengen und Zahlen bieten eine solche Fülle unterschiedlicher Operationen,
dass manch' eine Spielstunde gerade in solchen Momenten besonderen Spaß

---

64 Kasten 57 bis 75 in Anlehnung an: Programm für die Bildungs- und Erziehungsarbeit im Kindergarten, Volk und Wissen 1985

bringt, wo mancher Erwachsene Mühsal und Arbeit vermutet hätte. Und wo der Lerneifer von Kindergartenkindern entfacht ist, da reicht es eben nicht, dass wir täglich im Morgenkreis Kinder zählen oder bei Tischspielen auf dem Würfel ein, zwei, drei, vier, fünf und sechs Augen erkennen. Elementare mathematische Vorstellungen verlangen mehr, und Kindern ist das mehr als recht. Denn Spiel ist dann besonders schön, wenn sich durch Nachdenken die Bedeutsamkeit des Tuns erhöht.

Da fragt es sich jedoch: Wie gehen wir das Förderprogramm an? Wie lernen Kinder Rechnen ohne Unterricht? Ich habe keine Ahnung, wie sie das machen. Aber lernen werden sie es. Denn sicher sind es die vielen verschiedenen Gelegenheiten, die Erkenntnisse bewirken. Darauf wollen wir vertrauen und deswegen Spaßfamilien auf Reisen mit Mengen und Zahlen füttern.

Reisevorbereitungen mit mathematischem Grundverständnis

Ich nehme an, die Kindergruppe ist längst ganz vortrefflich damit beschäftigt, sich für viele interessante Ausflüge zu rüsten, indem die verschiedenen Spaßfamilien ihre ganz eigenen Vehikel bauen und dafür das unterschiedlichste Material heranschleppen: Bretter, Spanplatten, Bänke, Decken, Kisten, Hocker und diverse kleine Teile als Reisgepäck etc. Da müssen wir uns sputen, unsere eigenen Reisevorbereitungen zu treffen. Denn bevor wir geeignete Lernimpulse ausgeben können, ist es angebracht, dass wir uns selber einmal vor Augen halten, was es mit Zahlen und Mengen so auf sich hat.

Ich schlage vor, Sie nehmen sich ein Tablett. Darauf legen sie am besten zehn gleich große Bausteine und dazu fünfmal je eine Handvoll anderer kleiner Teile: Knöpfe, Wäscheklammern, Buntstifte, Holzperlen etc. Und schon ist geistige Aktivität gefragt, denn es geht ums Sortieren, den ersten Punkt des Programms (vgl. Kasten 57 u. 58).

Aufgaben für Sortieren

- Wählt alle Gegenstände aus, die Ecken haben (rot, rund, klein etc. sind)!
- Könnt ihr erkennen, nach welchem Merkmal ICH diese Gegenstände sortiert habe?
- Nach welchem Merkmal können wir die Gegenstände auch noch sortieren?
- Wählt alle Gegenstände aus, die rund UND rot sind! (zwei Merkmale)

Kasten 58

Vielleicht sitzen Sie ja mit zwei oder drei Kolleginnen zusammen. Dann handeln sie doch einmal aus, nach welchem Merkmal Sie die Teile sortieren wollen. „Was stellen wir fest?" Mit dieser Frage, die pädagogisch sehr nützlich ist, gelangen wir zu der ersten Erkenntnis: Es gibt viele verschiedene Möglichkeiten. Es muss ein Merkmal benannt werden, nach dem sich die Gegenstände von einander unterscheiden lassen. So ein Merkmal kann man Kindern vorgeben (vgl. Kasten 57), man kann eine Kindergruppe von fünf Kindern jedoch auch alleine darauf kommen lassen, wenn man beispielsweise sagt: „Ich bin gespannt, welche Teile ihr aussortiert." Neben der kognitiven Anstrengung, die hier abverlangt wird, indem eine Abstraktion (das gemeinsame Merkmal verschiedener Elemente) als Grundlage für ein Sortieren notwendig wird, ist es gleichzeitig die Gemeinschaftsleistung, die in einer solchen Aufgabenstellung wertvoll ist: Ein Kind gibt vielleicht eine Idee vor (wir nehmen alles, was aus Holz ist), andere folgen „nur" in der Ausführung (die Bausteine sind aus Holz, die Buntstifte sind aus Holz, und was ist mit den Korken?). Auf die Frage „Welche andere Möglichkeit gibt es, zu sortieren?" hat nach einer solchen Vorerfahrung vielleicht ein anderes Kind einen Vorschlag zu machen. Eine Steigerung für eifrige Kinder ist die Anregung, ob es gelingen kann, Gegenstände nach *zwei* gemeinsamen Merkmalen auszuwählen (beispielsweise rund *und* rot).

Wie bei allen anderen Lernerfahrungen, die bisher sämtliche Spielprojekte begleitet haben, soll auch hier das Miteinander die Grundlage von Lernen bleiben. Auch wenn jeder von uns Erwachsenen sicher noch aus der Schulzeit im Kopf hat, dass die Lehrerin sagt, man solle alleine arbeiten und nicht abgucken: Mit einer solchen Disziplinierung vergeuden wir viel Erkenntnispotential, das meistens erst durch kommunikativen Austausch verwirklicht wird. Deswegen werden Nachmachen, Vormachen und Zusammenmachen als verschiedene Wege zu Erkenntnissen zu gelangen, respektiert. Ja, sie sind geradezu erwünscht.

Ein weiterer wesentlicher Gesichtspunkt für das Ausbilden elementarer mathematischer Vorstellungen ist die sprachliche Begleitung, auf die in allen Stationen des Programms hingewiesen wird (vgl. Kasten 57 u. 69). Dafür sollte die Erzieherin ein gutes Beispiel sein und wiederholt Handlungsstrategien und gewonnene Erkenntnisse in ganzen Sätzen formulieren und auch die Kinder auffordern, sich ebenfalls sprachlich genau auszudrücken: „Wir haben das Merkmal Holz gewählt und alle Gegenstände herausgesucht, die aus Holz sind. Die Gegenstände, die nicht aus Holz sind, haben wir auf dem Haufen liegen gelassen." Was sich sprachlich ausdrücken lässt, kann besser behalten und bei der nächsten guten Gelegenheit bewusst wieder verwandt werden.

Der nächste Punkt im Programm ist das *Vergleichen* (vgl. Kasten 57 u. 59). Wie gehen Sie das an, wenn Sie herausfinden wollen, von welchen Gegenständen auf Ihrem Tablett mehr, weniger oder gleich viel vorhanden sind? Wie schätzen Sie Mengen ab? Natürlich können sie kurz einmal abzählen. Aber wie kommt ein Vierjähriger zu einem verlässlichen Ergebnis? Es macht Sinn, ihn Vermutungen anstellen zu lassen: Ist die Hand voll Knöpfe weniger als die verbleibenden Bausteine auf dem Tablett? Die Methode der Wahl, um das herauszufinden, ist die paarweise Zuordnung. Handeln und Erkennen, das gefällt jedem Kind. Also legen wir einmal die Bausteine in eine Reihe und ordnen jedem Baustein einen Knopf zu. Was stellen wir fest? Richtig: Bei jedem Baustein liegt ein Knopf: Also haben wir genauso viele Knöpfe wie Bausteine. Da staunt der Vierjährige, und wir selber lernen (hier vielleicht erstmals): Mathematische Vorstellungen haben zunächst einmal etwas mit Sortieren und Vergleichen von Mengen zu tun. Und erst an dritter Stelle mit Zahlen. Diese Erkenntnis braucht jedes Kind, wenn es nicht auswendig gelernten Krimskrams speichern soll, den es natürlich nicht richtig behalten kann. Ich nehme an, manch' ein Erstklässler bleibt hängen, weil ihm die elementaren mathematischen Vorstellungen fehlen. Im Kindergarten kann er diese dauerhaft abspeichern, indem er dabei ist, wenn Spaßfamilien auf Reisen gehen und sich (neben fantasievollen Interaktionen) für geordnete Verhältnisse interessieren.

Aufgaben für Vergleichen

- Jeder Reisende braucht eine Tasche. Ich lege zu jedem Reisenden eine Tasche. Wir haben GENAUSO VIELE Taschen wie Reisende.
- Wir haben hier Teller und brauchen zu jedem Teller einen Löffel. Legt zu jedem Teller einen Löffel! Stimmt die Menge der Teller mit der Menge der Teller überein?
- Ich habe hier Löffel und Gabeln hingelegt. Legt Löffel und Gabeln paarweise zusammen und prüft, ob wir GENAUSO VIELE Löffel wie Gabeln haben!

Kasten 59

Mit Punkt drei sind wir bei *Zahlwörtern* (vgl. Kasten 57 u. 60) angelangt: ein, zwei, drei. Auch wenn in der Kindergruppe Kinder dabei sind, die schon bis zwanzig oder wer weiß bis wohin zählen können, gönnen sie ihnen das Abenteuer mit dem Zahlwort drei!

Aufgaben für Zahlwörter Eins, Zwei, Drei

- Ich zähle die Kinder: eins, zwei, drei (mit Antippen). Jetzt lege ich zu jedem Kind einen Apfel, und dann noch zu jedem Kind eine Banane. WIE VIELE Kinder, WIE VIELE Äpfel und WIE VIELE Bananen sind es? (Von allem haben wir gleich viel: drei Kinder, drei Äpfel, drei Bananen)
- Hole drei Bananen und verteile sie an die drei Kinder!
- Sucht im Gruppenraum drei Gegenstände, die zusammen passen, und stellt sie vor! (Zählen mit Antippen)

Kasten 60

Falls sie noch mit ihren Kolleginnen zusammensitzen, dann tun Sie mir doch den Gefallen und holen Sie jede drei Gegenstände, die zusammen passen, und legen Sie diese auf den Tisch. Aha: Da haben wir ein, zwei, drei Bücher; ein, zwei, drei Stifte; ein, zwei, drei Sofakissen. Das sieht gut aus. Und was stellen wir fest? Richtig: Mengen mit gleich vielen Elementen haben das gleiche Zahlwort, in diesem Fall „drei". Die Drei bezeichnet die Menge Bücher, die Menge Stifte und die Menge Sofakissen. Wir haben drei Bücher, drei Stifte und drei Sofakissen. Das zuletzt genannte Zahlwort bezeichnet die *gesamte* Menge. Ich wette, Sie haben noch niemals so ausführlich die Zahl drei betrachtet. Aber nur mit einer derartigen Veranschaulichung wird ersichtlich, mit wie wenig mathematischen Vorstellungen wir alle groß geworden sind. Für Kinder geht es also nicht darum, auf die Schnelle „eins, zwei drei" zu sagen, sondern Erkenntnisse darüber zu sammeln, dass Zahlwörter nützliche Werkzeuge sind, Vielfalt zuverlässig zu ordnen.

Und so fahren wir fort mit den *Zahlwörtern Vier und Fünf* (vgl. Kasten 57 u. 61). Weiß wirklich jedes Kind, dass fünf Gegenstände eins mehr sind als vier? Ich möchte das bezweifeln, solange es sich nicht selbstständig davon überzeugt hat. Bis Fünf zu zählen ist natürlich „baby-leicht". Aber nicht vergessen: Es geht um mathematische Vorstellungen!

Aufgaben für Zahlwörter Vier, Fünf

- Hier liegen kleine und große Bausteine (jeweils drei). Ordnet die kleinen und die großen Bausteine paarweise! Fügt jetzt noch einen kleinen Baustein hinzu! Vergleicht nun! WO IST MEHR? Von den kleinen Bausteinen haben wir einen mehr als von den großen. Wie viele kleine Bausteine haben wir? Es sind VIER kleine Bausteine.
- Mit anderen Gegenständen den Vorgang wiederholen!

WICHTIG!
Die Veranschaulichung des Mengenvergleichs für den richtigen Gebrauch des Zahlwortes Vier wird zu einem späteren Zeitpunkt zur Einführung der Zahlwortes Fünf (resp. bis Zehn) wiederholt.

Kasten 61

Jedes Kind sollte erkennen, sagen und dann wissen: Vier Gegenstände erhalten wir, wenn wir zu drei Gegenständen noch einen hinzufügen; vier Gegenstände sind eins mehr als drei. Für die Veranschaulichung einer solchen Gesetzmäßigkeit sollten wiederum die Gegenstände paarweise angeordnet werden (vgl. Kasten 61). Falls Sie noch auf der Sofakante sitzen, rate ich Ihnen, mit Ihrem Guthaben auf dem Tablett in der genannten Weise eine Weile zu operieren, damit Sie später dem Erkenntnisprozess der Kinder besonnen beiwohnen können und sich nicht verwirren lassen. Denn es könnte passieren, dass beispielsweise die Menge von (vier) Bausteinen als größer benannt wird, weil die (fünf) Knöpfe nicht wirklich paarweise zugeordnet wurden und deswegen eine deutlich kürzere Reihe abbilden als die Bausteine. Solche Beobachtungen belegen, dass es Sinn macht, die Veranschaulichung des Mengenvergleichs für den richtigen Gebrauch des Zahlwortes Vier und Fünf zu einem späteren Zeitpunkt zur Einführung der folgenden Zahlwörter bis Zehn zu wiederholen. Kleinere Kinder erarbeiten sich dabei zuverlässige Erkenntnisse über Mengen und die zugehörigen Zahlwörter, und größere Kinder genießen es, dass sie wissen, wie sie die Beweisführung angehen müssen.

Wenn wir bei dem Zahlwort Fünf angelangt sind, macht es Spaß damit vielseitigen Umgang zu pflegen, indem wir ganz bewusst unterschiedliche Elemente einer Menge fleißig mit dem richtigen Zahlwort belegen. So können wir mit den Kindern nachvollziehen, dass außer Gegenständen auch Bewegungen, Töne, Abbildungen etc. das gleiche Zahlwort haben können. Da klatschen wir doch gleich fünfmal in die Hände!

Und schon sind wir bei Punkt Fünf unseres Programms angelangt: *Zählen und Vergleichen bis Fünf* (vgl. Kasten 57 u. 62). Ich kann auch sagen: Erst *jetzt* sind wir so weit, dass es Sinn macht, zu zählen und Mengenunterschiede mit dem entsprechenden Zahlwort auszudrücken. Es geht jetzt erstmalig nicht nur darum, festzustellen, ob zwei Mengen gleich sind oder sich in *mehr* oder *weniger* unterscheiden. Sondern jetzt wollen wir es genau wissen: *Wie viel mehr? Wie viel weniger?* Die bis hierher erprobten Operationen bleiben jedoch immer für kleinere oder langsamere Kinder erhalten. Für alle Kinder aber erweitert sich die Variabilität der Anwendungen (vgl. Kasten 62). Das

Aufgaben für Zählen und Vergleichen bis Fünf

- Vergleicht, wie viele blaue und rote Stift wir haben! Wovon sind mehr? WIE VIEL MEHR?
- Wie viele Kinder sitzen hier an diesem Tisch, und wie viele sitzen an dem anderen Tisch? Wo sind MEHR, wo WENIGER?
- Wie viele Teller stehen auf diesem Tisch? Hole genauso viele Stühle wie Teller auf dem Tisch stehen!
- Wie viele Bälle und Matten liegen hier? Wovon haben wir mehr, WIE VIEL MEHR?
- Hole VIER (FÜNF) Bälle! Und WENIGER Seile als Bälle! (mehrere Lösungen !) Wie viele Seile hast du geholt? (z.B. zwei) Warum? (Weil zwei weniger ist als vier.)
- Wir wollen zählen, wie oft ich winke: eins, zwei, drei, vier. Und wie oft nicke ich mit dem Kopf? Mehr? WIE VIEL MEHR?
- Klatscht VIERMAL (FÜNFMAL) in die Hände! Lauscht auf den Glockenton (dreimal). Was war mehr? WIE VIEL MEHR? Wir wollen EINMAL MEHR in die Hände klatschen als die Glocke ertönt.

Kasten 62

Aufgaben für Vergleichen und Ausgleichen bis Fünf

- Vergleiche die Menge der großen Bausteine mit der Menge der kleinen Bausteine, wenn du Bausteine wegnimmst und wieder zufügst!
- Wie viele Kinder sind hier? (vier) und wie viele Fahrzeuge sind hier? (zwei). Wie viele Fahrzeuge müssen wir holen, damit jedes Kind ein Fahrzeug haben kann?
- Hier steht erst eine Tasse; es sind aber vier Kinder. Wie viele Tassen müssen wir noch holen?
- Hier liegen zwei Messer und drei Gabeln. Wie viele Gabeln haben wir mehr als Messer? Wie viele Messer müssen wir dazu legen, damit wir genauso viele Messer wie Gabeln haben?
- Zähle die Mützen! Und nun die Schals! Wie viele Schals müssen wir dazu legen, damit wir genauso viele Schals wie Mützen haben?

Kasten 63

macht Spaß, und die Kinder begreifen schnell, was Sache ist. Viele werden den Zahlenraum von sich aus ausweiten. Als Angebot würde ich jedoch länger (wie lange?) bei Fünf bleiben. Denn es geht um die Grunderkenntnisse, die sich später sicher von allein vervielfältigen.

Immerhin gibt es ja im Zahlenraum bis Fünf noch viel zu erleben, nämlich mit Punkt sechs des Programms *Vergleichen und Ausgleichen bis Fünf* (vgl. Kasten 57 u. 63). Diese sowie die vorherigen Denkleistungen verlangen bereits eine ganze Menge geistiger Beweglichkeit, allein um sprachlich formulierte Aufträge richtig zu verstehen. Falls Sie in der Schule bei so genannten eingekleideten Aufgaben den Kopf in den Sand gesteckt haben, dann rate ich Ihnen, sich noch einmal mit Ihrem Tablett zu befassen, beispielsweise so: Nimm fünf Klammern und weniger Knöpfe als Klammern! Wie viele Knöpfe hast du genommen? Na? Wie viele Lösungen gibt es? Wie viele Knöpfe musst du jetzt dazu legen, damit du genauso viele Knöpfe wie Klammern hast? Und so weiter (vgl. Kasten 63).

Ähnlich lebhaft kann es zugehen, wenn wir mit dem Punkt 7 des Programms da angelangt sind, wo *Aufteilen und Zusammenfügen bis Fünf* (vgl. Kasten 57 u. 64) dran ist. Hier gilt es nun zu erkennen, dass eine Menge von Gegenständen oder Personen sich unterschiedlich aufteilen und (!) sich wieder zusammenfügen lassen. Ich glaube, der zweite Teil dieser Aussage ist der eigentlich schwierige, und Kinder werden viele Versuche benötigen, bis sie das begriffen haben. Die Rückführung eines Ergebnisses auf seinen ursprünglichen Zustand ist doch wahrlich rätselhaft. Da wird man sich doch immer wieder neu davon überzeugen müssen, dass die Verhältnisse immer wieder stimmen. Aber Kinder sind ja so angelegt, dass sie durch unermüdliche Wiederholungen Klarheit herstellen. Erinnern wir uns nur an die Babys, die ganz aus sich selbst heraus ihre kognitiven Experimente durchführen und beispielsweise zum x-ten Mal wissen wollen, ob wohl auch diesmal wieder die Rassel über die Kante fällt.

Die Beispiele in dem Kasten sind schon recht anspruchsvoll. Vielleicht versuchen Sie es selbst zunächst einmal mit ihren Kleinteilen vom Tablett und überlegen sich, was ihrer Kindergruppe zuzumuten ist. Die Beispiele (vgl. Kasten 64) sollen jedoch daran erinnern, dass das gesamte Förderprogramm nicht als Schulunterricht am Tisch, sondern zu jeder Zeit eingebettet in selbstverständliche Handlungsabfolgen im Kontext von Spiel und Arbeit im Tagesablauf vollzogen werden soll. Und Sie werden staunen, wie viel Futter für hungrige Geister Sie zur Verfügung halten müssen. So wird eben doch per Anschauung klar, dass es wieder fünf Äpfel sind, wenn wir sie vor dem Anbeißen noch einmal schnell in den Obstkorb zurücklegen, obwohl sie vorher auf fünf Kinder verteilt worden waren, und somit jedes Kind nur einen Apfel in der Hand hielt.

Aufgaben für Aufteilen und Zusammenfügen bis Fünf

- Hier sind vier Kinder. Einige sollen Pudding kochen, und andere sollen den Tisch decken. Wie wollen wir die vier Kinder aufteilen? Wie viele Kinder sitzen später zusammen am Tisch?
  Wie wollen wir morgen die vier Kinder aufteilen?
- Hier sind vier Decken. Die Mädchen bekommen drei Decken zum Spielen und die Jungen bekommen eine Decke. Wie viele Decken haben wir, wenn wir nachher alle wieder auf einen Stapel legen?
- Teile die fünf Stifte auf zwei Kinder auf! Wie viele bekommt das eine und wie viele bekommt das andere Kind? Sammele die Stifte wieder ein. Wie viele Stifte sind es wieder zusammen? Wie können wir die Stifte auch noch anders aufteilen?
- Wir wollen diese fünf Kisten auf zwei Schiffe verladen. Auf dem großen Schiff sollen mehr Kisten sein als auf dem kleinen. Wenn wir alle Kisten wieder ausladen, wie viele Kisten sind es dann zusammen? (wieder fünf)

Kasten 64

Einen ganz neuen Impuls bekommt der Umgang mit Zahlwörtern, wenn wir mit dem achten Punkt des Programms bei Ordnungszahlen bis Fünf (vgl. Kasten 57 u. 65) angelangt sind. Denn für ein Kind, das gut aufgepasst hat, ist jetzt ein Umdenken angesagt. Weiß es doch inzwischen, dass beim Abzählen das zuletzt genannte Zahlwort die gesamte Menge meint: eins, zwei, drei, vier, fünf; das bedeutet, wir haben zusammen fünf Mützen. Wenn wir aber sagen: „Gib mir die zweite Mütze!", dann bezeichnet die Ordnungszahl (die Zweite) den abgezählten zweiten Platz. Aufgeweckte Kinder wollen so etwas wissen. Aber machen Sie das bloß nicht zur Pflichtübung für alle, womöglich mit täglichem Training beim Morgenappell! Alles, was zählt, ist der Spaß, der niemals ausbleiben darf.

Aufgaben für Ordnungszahlen bis Fünf

- Zähle (mit Antippen) die Gegenstände, die hier in einer Reihe liegen! Bringe mir den fünften Gegenstand!
- Hier liegen Reifen in einer Reihe. Lege das Säckchen in den vierten Reifen!
- Ich lege das Tuch in den dritten Reifen von links.

Kasten 65

Mit den Programmpunkten neun und zehn sind wir nun – man höre und staune! – bei *Mengen bis Zehn* (vgl. Kasten 57 u. 66) angelangt. Ich finde es wichtig, darauf hinzuweisen, dass bis hierher sämtliche mathematische Vorstellungen vorwiegend mit fünf Elementen auskommen. Viele Kinder haben sicher bereits selbst den Zahlenraum bis zehn erweitert. Aber für viele kleine und langsame Kinder sei mit diesem Programmpunkt daran erinnert, dass mit der Zehn eine schöne Gelegenheit gegeben ist, den Beweis anzutreten, wieso beispielsweise zehn Stöckchen eines mehr als neun sind (vgl. Kasten 61). Warum nicht ein Kind bitten, bei der Rast im Wald einmal die Stöcke paarweise aufzureihen?

Mit dem erreichten Zahlwort Zehn wird auch daran erinnert, wie sich das ganze Programm kontinuierlich wiederholen lässt (vgl. (Kasten 66). Denn es gilt die Devise: Viele gute Gelegenheiten machen den Meister.

Aufgaben für Mengen bis Zehn

- ZÄHLEN UND VERGLEICHEN: Zähle die Stäbe, die hier liegen, und zähle die Stäbe, die noch im Regal liegen. Wo sind mehr Stäbe?
- VERGLEICHEN UND AUSGLEICHEN: Hier sind 10 Teller und fünf Tassen. Wie viele Tassen musst du noch dazu stellen, damit wir genauso viele Tassen wie Teller haben?
- AUFTEILEN UND ZUSAMMENFÜGEN: Teile die zehn Äpfel auf zwei Tische auf. Hole alle wieder her: wie viele sind es zusammen? (wieder zehn) Wie kannst du die Äpfel auch noch anders auf zwei Tische aufteilen?
- ORDNUNGSZAHLEN: Alle Kinder stellen sich in einer Reihe auf. Das fünfte Kind (zehnte) tritt einen Schritt vor. Wer ist das fünfte Kind?

Kasten 66

Aber eine Neuigkeit gilt es noch zu vermelden: *Zusammenfassen bis Zehn* (vgl. Kasten 57 u. 67) verweist auf den Fakt, dass außer gleichen genauso gut auch unterschiedliche Mengen zusammengefasst werden können, was nichts anderes heißt, als dass wir Äpfel und Birnen zusammenschmeißen dürfen (vgl. Kasten 67). Das Ganze sieht jetzt schon richtig nach Rechnen aus, wie wir es aus der Schule kennen. Abzählen oder schnelles Erfassen der Mengen behal-

196

ten aber ihre gleichwertige Berechtigung. Genauso sind immer nach wie vor Anschauung und praktisches Handeln die Basis für die Festigung mathematischer Vorstellungen. Somit bleiben wir im Kindergarten und freuen uns mit den Kindern an ihren vortrefflichen Leistungen.

Aufgaben für Zusammenfassen bis Zehn

- Lege in diesen Korb zuerst drei Äpfel und dann noch einmal fünf Äpfel. Wie viele Äpfel liegen nun zusammen in dem Korb?
- Ich lege fünf Gabeln auf den Tisch, und dann lege ich noch fünf Messer dazu. Jetzt liegen zehn Besteckteile auf dem Tisch. (neu: Zusammenfassen von Mengen aus ungleichen Gegenständen!)
- Ich zähle drei Jungen ab, und nun stellen sich noch drei Mädchen dazu. Wie viele Kinder stehen jetzt hier zusammen?

Kasten 67

Aufgaben für Umgang mit Mengen *ohne* praktisches Handeln und *ohne* direkte Anschauung

- Wenn drei Jungen und zwei Mädchen zusammen „Familie" spielen wollen, wie viele Personen gehören dann zusammen?
- Wenn in der einen „Familie" drei Kinder sind und in der anderen „Familie" zwei: wie viele Brötchen müssen wir holen?
- Wenn Anna fünf Zapfen gesammelt hat und Tom drei. Wer hat mehr Zapfen?
  (Wie viele Zapfen muss Tom noch sammeln, damit er genauso viele hat wie Anna?)

Kasten 68

Aber einen haben wir noch! Mit dem Punkt „+1" (vgl. Kasten 57 u. 68) springen wir ins Abstrakte. Denn Differenzierung tut Not, wenn wir besonders lernbegierige und lernbegabte Kinder nicht vorzeitig an die Schule verlieren wollen. Auf der Grundlage all der vielen Vorerfahrungen während des gesamten Spielprojektes können einige Kinder nun auch mit Mengen und Zahlen operieren ohne Sehen und Anfassen. Aber halten wir uns dabei an die Empfehlung, dafür nur mit wenigen Elementen (bis fünf) zu jonglieren, damit mathematische Vorstellungen weiterhin greifen.

So bleiben wir bei elementaren Erfahrungen. Dazu gehört das *Messen*. Auch dafür gibt es ein Programm (vgl. Kasten 69), das in sanften Bewegungen Erkenntnisse aufbaut, aber auch Sprünge zulässt, wenn Kinder begreifen, wie nützlich die Anwendung des Gelernten ist. Sämtliche Spielprojekte, die von Bauspielen getragen werden, geben dafür weiterhin erstklassige Gelegenheiten. Wie bereits für die Vorstellungen von Mengen hervorgehoben, so gilt

Das 6-Punkte-Programm für die Verwirklichung mathematischer Vorstellungen mit Maßen*

1 Vergleichen von Größen
Jeweils zwei gleichartige Gegenstände lassen sich hinsichtlich ihrer Größe unterscheiden

Sprachliche Begleitung:
Formulierungen hinsichtlich: größer als, kleiner als, nicht so groß wie, ebenso groß wie, etwas kleiner als, am größten, am kleinsten.

2 Vergleichen von Breiten
Jeweils zwei gleichartige Gegenstände lassen sich hinsichtlich ihrer Breite unterscheiden.

Sprachliche Begleitung:
Formulierungen hinsichtlich: breiter, schmaler, etwas schmaler etc.

3 Vergleichen von Längen
Jeweils zwei Gegenstände lassen sich hinsichtlich ihrer Länge unterscheiden

Sprachliche Begleitung:
Formulierungen hinsichtlich: länger als, kürzer als, gleich lang.

4 Messen mit einer Maßeinheit
Ein Gegenstand kann als Maßeinheit dienen: Einführung: Fünf Bausteine aneinandergereiht oder fünfmal ein Baustein

Sprachliche Begleitung:
Formulierungen mit „Maß" und „messen"

5 Messen mit unterschiedlichen Maßen
Unterschiedliche Gegenstände können als Maßeinheit dienen.

Sprachliche Begleitung:
Formulierungen hinsichtlich „Maß" und „messen". Ggf. Angaben von Ausdehnungsunterschieden durch Zahlwörter. (Der Turm ist höher, weil er zwei Bausteine mehr hat. Der Turm misst viermal ein Baustein)

6 Experimentieren mit Maßeinheiten
Verwendung von verschieden langen Maßen

Sprachliche Begleitung:
Formulierungen in ganzen Sätzen, die Handlungsstrategien beschreiben und die Worte „Maß" und „messen" verwenden.

Kasten 69   * vgl. Fußnote 64

auch hier, auf die sprachliche Begleitung ganz besonders zu achten, damit gewonnene Erkenntnisse im Bewusstsein bleiben.

Desgleichen gilt, dass es vorrangig darauf ankommt, dass Kinder einen Begriff von Messen bekommen, und dass es nicht darum geht, schnell abfragbares Wissen zu erlangen. Deswegen widmen sich die ersten drei Programmpunkte dem Vergleichen von Größen, Breiten und Längen (vgl. Kasten 69 u. 70, 71, 72). Wie die Beispielaufgaben in den Kästen zeigen, geht es in vielfältiger Weise um die Feststellung: Was ist größer, kleiner, gleich groß? Respektive breiter, schmaler, gleich breit? Oder länger, kürzer, etwas länger? etc. Für solche Unterscheidungen sind schon sehr kleine Kinder zu gewinnen, die gleichzeitig mit solchen Fragen darauf hingewiesen werden, die Gegenstände ihres Gebrauchs genau zu betrachten und abzuschätzen. Wir erinnern uns an die Sprachförderung, mit der es die „Piraten" zu tun hatten, und wissen daher, wie der Wortschatz dazu beiträgt, die Wirklichkeit zu strukturieren und rückwirkend auch das Handeln einerseits auszuweiten und andererseits zu konzentrieren. Auch in einem solchen Lichte möchte ich mathematische Vorstellungen verstanden wissen, die es zu fördern gilt. Kein Kind sollte davon ausgeschlossen sein, Maß zu nehmen.

Aufgaben für Vergleichen von Größen

- Welchen Baustein kann ich hinter diesem verstecken? (deutlicher Größenunterschied!)
- Suche einen Baustein aus, der kleiner (größer, gleich groß) ist wie dieser!
- Baue einen Turm der größer (kleiner) ist als dieser!
- Vergleiche diesen Ball nacheinander mit allen anderen Bällen und lege alle Bälle der Größe nach in eine Reihe!
- Suche einen Ball aus, der größer ist als der blaue, aber kleiner als der rote!

Kasten 70

Aufgaben für Vergleichen von Breiten

- Wie unterscheidet sich dein Streifen Papier von diesem? (er ist breiter, schmaler)
- Sucht Latten, die breiter (schmaler) sind wie diese!

Kasten 71

Aufgaben für Längen

- Vergleiche die beiden Stäbe: welcher ist länger? (deutlicher Unterschied!)
- Suche einen Stock, der länger (kürzer, gleich lang) ist wie dieser!
- Zeichne eine Linie, die kürzer (gleich lang, länger) ist als diese, die ich gezeichnet habe!
- Stelle Ketten unterschiedlicher Länge her! Sage mir, warum diese Kette länger, (kürzer, gleich lang) ist wie diese? (Diese Kette hat mehr Perlen als die andere.)
- Vergleiche alle Bänder mit einander und sage mir, welches das kürzeste (längste) Band ist!
- Suche ein Band aus, das länger ist als das blaue, aber kleiner als das rote!

Kasten 72

Allerdings sind wir erst mit dem Punkt vier des Programms da angelangt, wo es um *Maßeinheiten geht* (vgl. Kasten 69 u. 73). Die Einführung ist wieder eine Herausforderung an das pädagogische Geschick der Erzieherin. Denn es gilt zum einen, den Kindern eine Idee davon zu geben, dass Gegenstände als Maßeinheiten verwendet werden können (fünf Bausteine), die aneinander gelegt werden, um ein bestimmtes Maß zu erreichen. Zum anderen ist der Gebrauch von nur *einem* Gegenstand als Maßeinheit (ein Baustein) geeignet, der *mehrfach* angelegt wird. Dass kann die Erzieherin zeigen, es die Kinder ausprobieren und sprachlich ausdrücken lassen. Aber bekommen davon Moritz und Marie einen Begriff von Messen? Das kann wohl sein. Aber einpauken können wir es ihnen nicht. Wir können ihnen nur Gelegenheiten zuspielen, Gebrauch von gewonnenen Vorstellungen zu machen oder einfach nur nachzuahmen, was sie gesehen haben. Dafür kann die Erzieherin natürlich im Modellverhalten sich nachhaltig dafür interessieren, selber etwas auszumessen und Ergebnisse zu verkünden, die sie selber überrascht haben: Das Papier für unser Plakat ist doch tatsächlich so lang wie fünfmal der Baustein. Das hätte ich nicht gedacht.

Aufgaben für Messen mit einer Maßeinheit

■ Ich werde jetzt einen Streifen Papier abmessen. Dafür lege ich fünf gleich große Bausteine aneinander und markiere das Ende der Reihe mit einem Strich. Der Streifen Papier ist nun GENAUSO LANG wie FÜNF BAUSTEINE. Ich kann auch nur einen Baustein verwenden. Ich verwende einen BAUSTEIN ALS MASS. Wenn ich den Baustein FÜNFMAL anlege, dann ist der Streifen Papier FÜNFMAL so lang wie ein Baustein.
■ Verwende diese Messlatte zum Abmessen! (beim Bauen, Werken, Dekorieren). Lege die Messlatte DREIMAL an. Das Papier soll DREIMAL DIE MESSLATTE LANG sein.

Kasten 73

Mit der nächsten Möglichkeit, Messen möglichst erlebnisreich zu gestalten, sind wir da angelangt, wo das Programm auf *Messen mit unterschiedlichen Maßen* verweist (Vgl. Kasten 69 u. 74). Nun kommen neben der Angabe, mit welchem Maß etwas gemessen wurde, auch Zahlwörter ins Spiel, beispielsweise: Der Abstand zwischen den beiden Bäumen beträgt fünf Schritte. Und es lässt sich auch bestimmen, wie viel höher ein Turm als ein anderer ist, wenn die Anzahl der Bausteine benannt wird, mit der sie gebaut wurden. Es macht Kindern Spaß auszuprobieren, was als Maß tauglich ist (vgl. Kasten 74).

Aufgaben für Messen mit unterschiedlichen Maßen

■ Wähle ein Maß (Schrittlänge, Armlänge, Handspanne, Latte) und sage mir, wie weit die Kugel gerollt ist (du gesprungen bist, der Abstand zwischen den Bäumen ist)
■ Baut Türme mit zwei, drei, vier Bausteinen! Ordnet die Türme nach der Höhe. Wieso sind diese Türme unterschiedlich hoch?
■ Baue einen Turm mit zwei Bausteinen und einen mit vier Bausteinen. Wieso sind die Türme unterschiedlich hoch?

Kasten 74

Die höhere Schule der Erkenntnis ist auch hier erreicht, wenn Kinder generalisierte Einsichten erworben haben. Wer Verallgemeinerungen herstellen kann, der hat begriffen, worum es geht, und das wäre in dem Kontext von Messen und Maßeinheiten: Es handelt sich um Erfindungen, die man nach Lust und Laune nutzen kann. *Experimentieren mit Maßeinheiten* als Punkt sechs des Programms (vgl. 69 u. 75) räumt dem Kind geistige Eigenständig-

200

keit ein. Und Nachdenken ist angesagt, wenn mit unterschiedlichem Maß gemessen wird. „Da staunst du!" ist der beste Weg zur Erkenntnis.

Aufgaben für Experimentieren mit Maßeinheiten

■ Nimm diesen Baustein (lang) als Maß und miss diese Strecke aus. Und dann nimm diesen Baustein (klein) und miss ebenfalls diese Strecke aus! (Ein langes Maß muss weniger oft angelegt werden wie ein kurzes.)
■ Ein Kind bekommt ein langes Maß und ein anderes Kind ein kurzes. Sie legen ihr Maß zum Abmessen einer Schnur gleich oft an. Warum sind die Schnüre unterschiedlich lang? (weil die Maße unterschiedlich lang sind.)
■ Messt diese Strecke ab! Sie soll zwei Maße länger sein als diese.

Kasten 75

Unterwegs in variablen Lernfeldern

Wenn Sie bis hierher einen Begriff davon rekonstruiert haben, was es mit Mengen und Messen so auf sich hat und welche Denkleistungen dem voraus gehen, was doch im eigenen Alltag so selbstverständlich abläuft, dann überlegen Sie sicher, wie Sie all dies den Kindern beibringen können. Wo ist beispielsweise die Zeit für einen derartigen Lehrgang? Und hier nun muss ich Sie noch einmal enttäuschen, beziehungsweise vielleicht eher erleichtern. Denn wir können den Kindern überhaupt nicht mathematische Vorstellungen *beibringen*. Wir könnten zwar sagen: Aufgepasst, Kinder! Ich zeige euch, wie man Dinge sortiert; ich zeige euch, was eine Menge ist; ich zeige euch, wie wir Dinge verteilen und wieder zusammenfügen. Wenn wir so vorgingen, was bliebe wohl von einem solchen Unterricht in den Köpfen der Kinder hängen? Da ist doch fraglich, ob überhaupt zugehört wird. Bestenfalls werden die Sätze gelernt wie jedes andere Kinderlied auch. Mit Bildung hat das dann nicht all zu viel zu tun. Denn es ist zweifelhaft, ob irgend ein Kind einen Begriff davon erlangt, was mit diesen Demonstrationen gemeint ist, auch wenn es artig macht, was verlangt wird. Imitieren wir also nicht den Schulmeister von Seinerzeit.

Denn ein Kindergartenkind will zum Denken angeregt werden und erkannte Schlussfolgerungen nutzbringend für seine ganz persönlichen Belange umsetzen. Es geht also nicht darum „etwas" zu lernen, was später einmal brauchbar sein könnte, sondern Lernen und Machen sollen jederzeit eine Einheit sein wie bei allen bisherigen Bildungsprogrammen der vorangegangenen Spielprojekte auch. Dafür können Fragen, die wir stellen, dem Kind helfen sich zu orientieren. Ein bedeutsamer Moment ist, wenn es merkt, dass seine bisherigen Anschauungen plötzlich ins Wanken geraten, wenn nämlich der

Umgang mit Mengen, Maßen und Symbolen ...		
Lernfelder in pädagogischen Standards	**Umgang mit Mengen** sortieren und vergleichen, zählen und vergleichen, vergleichen und ausgleichen, aufteilen und zusammenfügen, zusammenfassen, messen	**Umgang mit Symbolen** Bilder, Zeichen unterschiedlicher Formen, Buchstaben, Worte erkennen, lesen, zeichnen
Stuhlkreis	▪ Hier sitzen die Jungen, und hier sitzen die Mädchen. Es sind mehr Jungen als Mädchen. ▪ Hier sind zehn Kinder. Wir wollen die Kinder auf zwei Spielgruppen aufteilen. Wie können wir die Kinder (ganz unterschiedlich) aufteilen? ▪ Drei Kinder haben Bücher von Zuhause mit gebracht, und zwei Kinder haben Hüte mitgebracht. Wie viele Kinder haben etwas mitgebracht?	▪ Beim Vorlesen: hier ist das Bild von der kleinen Hexe, und hier steht das Wort „Hexe". Hier steht wieder das Wort „Hexe". ▪ Beim Bild betrachten: hier ist das Bild von dem Wohnwagen, und hier ist das Zeichen für den Wohnwagen. ▪ Wie können wir das Zeichen für den Ballon selber herstellen?
Rollenspiel	▪ Wir sind Tiere und Menschen; Kleine und Große. ▪ Wir sind fünf Ballonfahrer. ▪ Wir sind drei Tiere und zwei Menschen. ▪ Wir sind mehr Tiere als Menschen. ▪ Wir 3 Tiere suchen Futter und brauchen 3 Futternäpfe.	▪ Auf dieses Schild schreiben wir das Wort BALLON, weil wir die Ballonfahrer sind. ▪ Wir schreiben die Zahl 1, weil unser Ballon die Nummer 1 ist. ▪ Unser Zeichen ist: O ▪ Wir kennzeichnen die Mitspieler der verschiedenen Spaßfamilien mit ihren Symbolen: Boot, Wagen, Ballon.
Bauspiel	▪ Wir haben weiches und hartes Material; rote und blaue Tücher. ▪ Wir haben 5 Tücher. ▪ Jeder Ballonfahrer hat ein Tuch. ▪ Wir haben 2 blaue und 3 rote Tücher. ▪ Wir haben mehr rote als blaue Tücher. ▪ Wir brauchen noch 3 Decken. ▪ Die Entfernung vom Ballon bis zum Schiff beträgt 3 Mal die Stocklänge. ▪ Beim Aufräumen: In diesen Container gehören 10 Tücher.	▪ Hier sind die Zeichen für die Vehikel: Boot, Wagen, Ballon. Die stellen wir auf unseren Baustellen auf. ▪ Am Eingang stellen wir unser Namensschild auf.
Mahlzeit	▪ Tischdecken: Wir sind fünf Kinder. Deswegen brauchen wir fünf Stühle, fünf Teller und fünf Tassen. Hier sind fünf Messer und zwei Gabeln. Wir haben mehr Messer als Gabeln. Wir müssen noch drei Gabeln holen. ▪ Spiel-integrierte Mahlzeit: Ordern von Bestellungen: Wir sind hier drei Gäste. Wir hätten gerne drei Gläser Saft und dreimal Salat. ▪ Zusammenstellen von Picknickkörben: Wir brauchen 5 Brötchen, 2 Tüten Saft und 3 Flaschen Wasser. ▪ Wie viele Gepäckstücke wollt ihr verladen?	▪ Einkaufszettel: Wiener Würstchen und Brötchen: Wir brauchen fünf Würstchen für fünf Kinder und fünf Brötchen für fünf Kinder. Deswegen zeichnen wir fünfmal das Symbol für Würstchen und fünfmal das Symbol für Brötchen. Oder wir malen ein Würstchen und schreiben das Zahlwort Fünf davor. Und wir malen ein Brötchen und schreiben das Zahlwort Fünf davor. ▪ Rezepte: Auf dieser Packung steht das Wort: „Milch" („Zucker"). ▪ Wir zeichnen Symbole für Maßeinheiten: Tasse, Löffel, Päckchen. ▪ Wir zeichnen die Symbole für Gemüse (Möhre = Dreieck, Kartoffel = Kreis).

Kasten 76a

... in variablen Lernfeldern		
Lernfelder in pädagogischen Standards	**Umgang mit Mengen** sortieren und vergleichen, zählen und vergleichen, vergleichen und ausgleichen, aufteilen und zusammenfügen, zusammenfassen, messen	**Umgang mit Symbolen** Bilder, Zeichen unterschiedlicher Formen, Buchstaben, Worte erkennen, lesen, zeichnen
Schöpferisches Gestalten	■ Wir haben Stöckchen, Brettchen, Stoffreste. ■ Wir haben hartes und weiches Material. ■ Wir haben 5 Brettchen, und wir sind 5 Kinder. Jedes Kind bekommt ein Brettchen. ■ Wir haben mehr Stöckchen als Brettchen. ■ Wir haben große und kleine (lange und kurze) Stöckchen. ■ Diese Leine soll dreimal die Stocklänge lang sein. ■ Mit dem Baustein messe ich mein Schiff aus. Es ist dreimal so lang wie der Baustein.	■ Ich schreibe meinen Namen auf diese Collage: TOM ■ Ich male das Symbol von unserem Vehikel auf meine Flagge: O
Bewegungs-spiele	■ Wir haben genauso viele Bälle wie Reifen (weniger / mehr). ■ Wir sind fünf Kinder und haben fünf Spielgeräte. ■ Zwei Kinder haben einen Reifen und drei Kinder haben einen Ball. Unsere Gruppe hat zusammen 5 Spielgeräte.	■ Wir kennzeichnen die großen Matten mit den Symbolen von unseren Vehikeln: Ballon, Wagen, Boot. ■ Wir kennzeichnen die verschiedenen Spielgruppen mit den Symbolen der Spaßfamilien: Boot, Wagen, Ballon.
Exkursion	■ Fundstücke: Wir haben rote, gelbe und grüne Blätter. ■ Rote und gelbe Blätter sind zusammen mehr als grüne Blätter. ■ Wir haben dicke und dünne; lange und kurze Stöcke. ■ Wir haben mehr Regenwürmer als Käfer. ■ Hier liegen 3 Zapfen, und da liegen 7 Zapfen. Wenn wir 2 Zapfen von da nach hier legen, dann liegen auf jeder Seite gleich viele Zapfen.	■ Verkehrsschilder: Das Zeichen bedeutet „Achtung!" („Fußgänger", „Zebrastreifen", „Einbahnstraße", „Fahrradweg") ■ Auf diesem Straßenschild steht „Bahnhofstraße". Was steht auf diesem Schild? („Schule") Dieses Zeichen bedeutet S-Bahn (U-Bahn).
Denksport	■ Rezepte (Pellkartoffeln und Quark): Wir zeichnen für jede Kartoffel einen Kreis: zehn Kreise in einer Reihe. Und wir zeichnen für jedes Päckchen ein Viereck: zwei Vierecke in einer Reihe. Wir haben mehr Kreise als Vierecke. ■ Wir wollen die zehn Kartoffeln auf fünf Kinder aufteilen. Wie viele Kartoffeln bekommt jedes Kind? ■ Arbeitsbogen „Tischdecken" (mit diversen Aufträgen im Umgang mit Mengen. Lösungen mit Stift und Schere) ■ Arbeitsbogen „Kisten verladen" (mit diversen Aufträgen im Umgang mit Mengen. Lösungen mit Stift und Schere)	■ Arbeitsbogen „Lesen": Reihen mit den Symbolen der Spielgeschichte: Boot, Wagen, Ballon. (Augenbewegung von links nach rechts, von Zeile zu Zeile): Benennen und erzählen. ■ Logische Reihen erkennen und bilden mit den Symbolen der Spielgeschichte. ■ Bildergeschichten erfinden mit den Symbolen der Spielgeschichte. ■ Geschichten diktieren und sich vorlesen lassen. ■ Informatives Zeichnen. ■ Bildunterschriften wiedererkennen. ■ Zierborten herstellen mit Formen: Kreis, Dreieck, Viereck.

Kasten 76b

203

hohe Stapel dicker Decken nicht eine größere Menge darstellt als der flache Stapel mit dünnen Tüchern. Belehrungen im traditionellen Sinne, fruchten nicht. Der hohe Stapel Decken sieht nun mal nach mehr aus. Und die Reihe von fünf Gymnastikstäben ist länger als die Reihe von fünf Bohnensäckchen, aber den Beweis über die gleichen oder unterschiedlichen Mengen muss das Kind selber erbracht haben.

Was erforderlich ist, sind viele verschiedene Gelegenheiten, in denen die Kinder versuchen können, selber dahinter zu kommen, was sie mit Zahlen und Mengen und Maßen anfangen können. Sie müssen sich ihre eigenen Begriffe schaffen.[65]

Allerdings würde ich in einer Situation, in der Kinder sich nachweislich auf dem Holzweg befinden, schon den einen oder anderen Tipp geben. Ich kann ja fragen: Darf ich auch mal probieren? Ich möchte einen Gedanken beisteuern. Und dann kann ich mit den Kindern Stäbe und Säckchen paarweise ordnen und dann die vortreffliche Frage stellen: Was stellen wir fest? Oder im Falle der Stapel von Decken und Tüchern könnte ich sagen: Es scheint mir so, als ob wir das einmal überprüfen sollten. Es sieht so aus, als ob die Decken und Tücher paarweise nicht genau zusammenpassen. Das probieren wir aus, … und was stellen wir jetzt fest?

Mit einer solchen Kommunikation helfen wir Kindern über manch' eine Hürde, ohne sie dumm aussehen zu lassen. Immerhin wollen sie es ja wissen und sind hoch motiviert, immer wieder neue Schwierigkeiten zu überwinden, was letztlich Lernen ausmacht.[66] Unsere Aufgabe ist es, sie nicht zu demotivieren. Deswegen sollten wir nicht etwa die Anforderungen herab schrauben, sondern für ansprechende Wiederholungen in wechselnden Kontexten sorgen und gleichzeitig die Denkprozesse artikulieren. Die nachfolgende Übersicht (vgl. Kasten 76) zeigt die Fülle von Möglichkeiten, wie immer wieder neue Herausforderungen mit dem verknüpft werden können, was ein Kind schon weiß oder beinahe weiß, weil das, was es gerade im Begriff ist zu lernen, zu dem passt, was es schon vorher einmal auf andere Weise ausprobiert hat.

Die Liste stellt eine Sammlung von möglichen Aufträgen und Feststellungen dar, die sich aus dem Kontext verschiedener Lernfelder in Kooperation mit den Kindern ergeben. Ich glaube, es ist nützlich, wenn wir uns als Erwachsene die vielfältigen Möglichkeiten vor Augen halten, die uns der Alltag mit Kindern bietet, um diese in ihren eigenen Lernanstrengungen zu begleiten. Deswegen empfehle ich, sich ein derartiges Kontingent einmal zu Gemüte zu führen, um dann hell wach jede Gelegenheit zu erkennen, wo Denkanstöße die Kommunikation mit den Kindern bereichern.

65 vgl. Ernst von Glasersfeld: Was heißt „Lernen" aus konstruktivistischer Sicht? In: Reinhard Voß (Hg.), 2003
66 Jürgen Oelkers: Vortrag, Internet

Dabei sollten wir auch nicht vergessen, dass der Umgang mit *Symbolen* eine genauso anregende Angelegenheit sein kann wie der Umgang mit mathematischen Vorstellungen, wenn wir Bilder, Zeichen und Symbole so planmäßig in das Spielprojekt integrieren, wie es der Bildungskanon vorsieht. Davon werde ich über die Liste hinaus (vgl. Kasten 75) noch einmal zu sprechen kommen, wenn wir da angelangt sind, wo Spaßfamilien ihre Eintragungen in ihr Reisetagebuch mit Denksport verbinden.

Und überhaupt! Wie sehen eigentlich die Spiel-begleitenden Impulse nun wirklich aus? Wie nutzen wir das Spielgeschehen planmäßig für das Matheprogramm? Da gucken wir doch einmal in das Spielprojekt hinein, in dem „Spaßfamilien auf Reisen" gehen.

Wie die Liste verdeutlicht, bietet es sich an, alle pädagogischen Standards wie Stuhlkreis, Rollenspiel, Bauspiel, Mahlzeit, schöpferisches Gestalten, Bewegungsspiele, Exkursion und Denksport so lange, wie das Spielprojekt läuft (ca. zwei Monate) fortlaufend für den gewählten Bildungsschwerpunkt zu nutzen. Dafür ist zu empfehlen, dass die Erzieherin sich über spontane Impulse hinaus systematisch einzelnen Teilgruppen zuwendet. In dem Spielprojekt „Spaßfamilien auf Reisen" wären das die Ballonfahrer, die Wohnwagenfahrer und die Wohnbootfahrer. Sie nimmt also vorübergehend an dem entsprechenden Spielverlauf teil und thematisiert dabei Kulturtechniken. Dafür kommt es nicht darauf an, das sie eine methodisch einwandfreie Unterrichtseinheit hinlegt, sondern dass sie ganz selbstverständlich beispielsweise in der Rolle eines Lagerverwalters das Bauvorhaben eines Teams mit Mengen und Zahlen konfrontiert (vgl. Kasten 77).

Bauspiel mit Mengen und Zahlwörtern

- Guten Morgen, Spaßfamilie Rot, wie kommt ihr voran? Wollen wir mal euer Material sichten? Womit baut ihr euren Wohnwagen?
- Mit Brettern und Tischen und Matten und Decken und Stühlen und ...
- Das liegt hier alles durcheinander. Wie könnt ihr das Material sortieren?
- Alles was aus Holz ist und die anderen Sachen.
- Da pack ich doch gleich mal mit an. Wovon habt ihr am meisten?
- Decken.
- Das will ich sehen. Sind das mehr Decken als Bretter? Das müsst ihr beweisen.
- Eins, zwei, drei vier, fünf, sechs Decken. Eins, zwei, drei, vier Bretter. Decken sind mehr
- Wie viel mehr?
- Zwei.
- Dann macht euch man an die Arbeit. Ich komme später noch mal wieder. Dann will ich euer Gepäck begutachten. Vielleicht könnt ihr das schon mal sortieren. Und denkt daran: bald ist Brotzeit

Kasten 77

Die sprachliche und handelnde Kommunikation mit der Kindergruppe sollte immer von spielerischen Elementen getragen sein und in Haltung und Wortwahl zu dem Spielthema passen. Es ist also weniger die Lehrerin, die im Spielgeschehen aufkreuzt, als die interessierte Besucherin, die immer etwas im Gepäck hat.

Die Lernimpulse, die die Erzieherin in das Spielgeschehen einstreut, sollen möglichst immer eine Passform mit den derzeitigen kognitiven Möglichkeiten derjenigen Kinder haben, die angesprochen werden. Dafür ist Intuition die beste Ratgeberin. Dennoch ist es notwendig, jederzeit das ganze Programm präsent zu haben, um aus dem Vollen schöpfen zu können. Sortieren, paarweises Zuordnen und Vergleichen sollten als Basiserfahrungen immer im Angebot sein. Wer mehr will, der wird das signalisieren. Somit kann eine Erzieherin in der Rolle beispielsweise einer Kantinenwirtin vortrefflich agieren, wenn ihre Kunden bei ihr vorsprechen (vgl. Kasten 78).

Und während Sie sich vielleicht in Gedanken in Ihre eigene mögliche Rolle einleben, möchte ich daran erinnern, dass bei aller Liebe für Mengen, Maße, Zahlwörter und Symbole weiterhin die Spielhandlungen die Szene beherrschen. Da macht vielleicht der Ballon eine Bruchlandung, oder das Wohnboot ist auf Grund gelaufen. Da müssen vielleicht diverse Tiere ge-

Rollenspiel mit Mengen und Zahlwörtern

- Hallo, Herr Ballonfahrer, wollen Sie in meiner Kantine für die große Fahrt das Reiseproviant abholen?
- Ja, wir brauchen was zum Trinken.
- Wie viele Ballonfahrer seid ihr denn?
- Ich glaube, vier.
- Hier stehen Flaschen in einer Reihe. Wollen mal sehen, wie viele: eins, zwei, drei, vier, fünf. Ich habe fünf Flaschen. Wie viele muss ich wegnehmen, damit es für euch reicht?
- Eine.
- Gib am besten jedem Ballonfahrer eine Flasche und dann können wir sehen, was du auch noch brauchst. Wie willst du die Flachen transportieren? Wieviel nimmst du zur gleichen Zeit mit?
- Wir brauchen noch Brötchen.
- Ich habe welche mit Wurst und welche mit Käse. Wollen mal sehen, wovon wir mehr haben. Wovon haben wir mehr?
- Weiß nicht.
- Das können wir überprüfen. Wie machen wir das? Genau: wir legen sie paarweise in zwei Reihen. Was stellen wir fest?
- Mit Käse sind mehr. Zwei mehr. Ich will vier mit Käse.
- Wie oft musst du gehen, wenn du zuerst zwei nimmst?
- Einmal und noch einmal.
- Ich wünsch' euch eine gute Reise. Und viele Grüße an die ganze Spaßfamilie.

Kasten 78

rettet und das eine oder andere Vehikel repariert werden. Da hat vielleicht längst eine Sperrmüllkommode Einzug in die Spielwerkstatt gefunden und eine zünftige Werkzeugkiste dominiert die Gruppenaktionen. So soll es sein. Aber wenn die besagte Besucherin vorbeischaut, dann wird sie sich in diesem Spielprojekt primär dem Bildungsgut Orientierung widmen.

Bewegungsspiel mit Symbolen, Mengen, Zahlwörtern

Kasten 79

So auch, wenn Bewegungsspiele angesagt sind. Wie in jedem Spielprojekt werden diese in die Spielfantasie eingefügt, in der sich die Kinder auskennen. Und so versammeln sich zehn Kinder (mit den Zeichen für Wohnwagen und Ballon gekennzeichnet) in der Halle (die anderen Kinder spielen derweil wie gewohnt im Gruppenraum) und platzieren sich als Ballonfahrer in einem aus Tauen ausgelegten Kreis und als Wohnwagenfahrer auf dem Rechteck einer Matte (vgl. Kasten 79).

Und schon spielen wir „die Reise nach Jerusalem" in rasantem Tempo, natürlich in einer ganz neuen Variante, denn alle Mitreisenden werden immer wieder aussteigen, um Gepäckstücke ein- oder auszuladen. Bei einer ausreichenden Entfernung des Gepäckdepots bis zu den Vehikeln gibt es ein schönes Gerenne. Und Geschicklichkeit ist auch gefragt (vgl. Dreieckslauf im Spielprojekt „Zirkus", Kasten 31). Auf Zuruf und um die Wette, versteht sich. Schluss mit Gemütlichkeit. Wir erinnern uns: Schnelligkeit ist nicht nur

207

für die Muskeln, sondern auch für das Köpfchen gut. Also schadet es nicht, wenn wir einmal feststellen, welche Reisegesellschaft schneller zu Fuß ist. Die Variationsmöglichkeiten an Aufträgen sind schier unerschöpflich: Es können unterschiedlich viele Kinder jeder Teilgruppe losgeschickt und natürlich unterschiedliche Kombinationen von Gepäckstücken (Bälle und Sandsäckchen) geholt oder zurückgetragen werden. Wer zuerst seine Sachen an Bord hat, der kann sie verstauen, die anderen müssen darauf verzichten. Zwischendurch geht die Reise in den Vehikeln weiter, und da kann dann in Ruhe gesichtet werden, was bereits verladen wurde: Wovon haben wir mehr, wie viel mehr? Wie können wir die Teile unter den Mitreisenden verteilen? etc. Haben Sie das ganze Programm im Kopf? Wichtig ist, dass alle Spaß haben, deswegen ist Abwechslung gefragt. Vielleicht ist jemand unter den Kindern, der gut ist im Zurufen und aus der Entfernung Unterstützung geben kann, falls es Probleme gibt, den Auftrag richtig zu erfüllen (vier Bälle und weniger Säckchen!), ein anderer flink im Rennen. Und manch' ein Mitfahrer oder eine Mitfahrerin spielt vielleicht schön mit, indem er oder sie die Gepäckstücke gut sortiert und verstaut. Nur kein Stress! Teamarbeit ist gefragt.

Und anschließend spielen die Kinder sicher noch nach eigenen Ideen weiter.

Denksport mit dem Reisetagebuch

Der Vorteil, ein bestimmtes Spielprojekt mit einem definierten Bildungsangebot zu verbinden, besteht ohne Frage darin, dass ich selber immer im Programm bin. Und so gehe ich natürlich mit Symbolen, Mengen, Maßen und Zahlwörtern schwanger, solange wir „Spaßfamilien auf Reisen" spielen, und dann wähle ich eben in der Halle die Matte, weil ich sie als Viereck erkenne und benenne, und dann legen wir die Taue als Kreis aus, und dann wird dieses Gebilde auch als Symbol für den Ballon benannt. Dann ist es mir nicht egal, wie viele Bälle und Säckchen wir benutzen, sondern mit Bedacht jeweils zehn Stück. Und dann werden wir die beiden Teilgruppen nach den Mengen von Mädchen und Jungen vergleichen und nicht versäumen, die Gepäckstücke zu sortieren, damit kleinere Kinder mitmachen und gleichzeitig von den größeren Kindern abgucken können. Und dann werden wir daran denken, Aufteilen und Zusammenfügen nicht auszulassen und auch nicht Zusammenfassen bis Zehn, um aufgeweckte Kinder nicht zu langweilen. Und wenn wir dabei an die Bewegungsspiele in der Halle denken, dann ist es auch möglich, nach dem temporeichen Spiel mit einigen Vorschulkindern noch die Entfernungen der Rennstrecken auszumessen, weil die Gymnastikstäbe es ja geradezu verlangen, als Messlatten verwendet zu werden.

Was will ich mit dieser Aufzählung sagen? Ganz klar: Wir machen ohne Unterlass Vorschularbeit. Und dennoch kann es darüber hinaus nichts schaden, wenn wir uns mit den größeren Kindern auch regelmäßig einmal die Woche an den (Schul-)Tisch setzen. Und da machen wir mit ihnen, was vermutlich manch' eine Mutter und manch' einen Vater entzückt: Wir bringen etwas zu Papier.

Das hat aber nicht viel mit dem zu tun, was in vielen Einrichtungen unter Vorschularbeit verstanden wird, nämlich ein Sammelsurium von Angeboten quer durch das Gemüsebeet: Ein bisschen in die Bücherei, ein bisschen vorlesen und dazu malen, ein bisschen ausprobieren, was schwimmt und ein bisschen Samen in den Blumentopf drücken, weil wir den Frühling durchnehmen. Und dann wieder malen, immer wieder Bilder malen! Bei solchen Gelegenheiten kann es schon passieren, dass der Auftrag: „Mal' mal, was dir von der Geschichte am besten gefallen hat!" von manch' einem Pfiffikus damit erledigt wird, dass er das auswählt, was ihn am schnellsten von dieser langweiligen Aufgabe wegbringt, nämlich beispielsweise den Apfel aus dem Märchen „Schneewittchen". Und die Faltarbeit als Geschenk für Mama zum Muttertag ist auch nicht unbedingt das, was den Tatendrang eines aufgeweckten Vorschulkindes befriedigt. Wenn Kinder von solchen Unterrichtsstündchen fliehen(„ich bin fertig, darf ich jetzt in der Halle spielen?"), um anderswo auch nur bei Unfug oder Verlegenheitsbeschäftigungen zu landen, dann wird es höchste Zeit, die pädagogische Konzeption zu hinterfragen (oder dieses Buch zu lesen!)

Denn das, was jetzt angesagt ist, nennen wir Denksport. Denksport für Vorschulkinder und solche, die sich selber dafür halten. Wer sich an den Vorschultisch setzt, der muss alles bereits Gelernte auf der Ebene der Abstraktion fortsetzen wollen und gleichzeitig so viel Feinmotorik, Aufgabenbewusstsein und Sitzfleisch erworben haben, dass er oder sie eine halbe Stunde im Stück durchhalten kann. Das kann ein knapp Fünfjähriger oder ein gut Sechsjähriger sein. Denn Prozesse des Lernens gestalten sich bei einzelnen Kindern ganz unterschiedlich. Die Ergebnisse solcher Entwicklungen sind nicht vorhersagbar und häufig anders als vermutet. Eines aber kann ich aus meiner Erfahrung versichern: Kinder, die nicht richtig gespielt haben, können auch nicht richtig Schularbeiten machen. Denn ohne vorherige handelnde Auseinandersetzung in einem attraktiven Lernumfeld geht es nur mühsam voran. Immer aber gilt auch dieses: Kinder lernen anders und zu anderen Zeiten, als Erwachsene es oftmals annehmen. So kann es auch am Vorschultisch passieren, dass es manch' einem Kind beispielsweise um einen emotional-sozialen Zugewinn geht (ich gehöre zu den Großen), wobei die Erzieherin primär kognitive Erlebnisse im Kopf hat und auch von den Kindern erwartet. Aber gerade diese Motivation eines Kindes kann es sein, die es zu Höchstleistungen anspornt und seinen Platz am Tisch rechtfertigt. Aber alles, was wir tun können ist, die Lernfelder zu bestellen und dann mit Neugier zu beobachten, was dann passiert.

Da wären beispielsweise die Aufgaben, die nach Bearbeitung mit Stift und Papier verlangen. Und die „Mappen", die vor dreißig Jahren Einzug in die Kindergärten hielten und seitdem von manch' einem Kind und besonders von manch' einer Erzieherin verdammt wurden, kommen zurück. Allerdings hätte ich sie gerne in einem neuen Gewande, nämlich mit einer besseren Passform für die jeweilige Erlebniswelt der Kindergruppe. Und somit legen „Spaßfamilien auf Reisen" ihre eigenen Reisetagebücher an. Denn dabei findet alles das, was im Spiel erfahren und verarbeitet wurde, seine sinnvolle Ergänzung. Das Kind kann erkennen, dass es vom Handeln zur Abstraktion gelangen kann. Das, was abgebildet wird durch Zeichen und Symbole, bedeutet das Gleiche wie das, was vorher handelnd erlebt wurde. Wir nehmen also den Spielspaß mit und setzen die Abenteuer im Kopf fort.

Dafür verwenden wir die gleichen Symbole, die wir bereits für die Kennzeichnung von Ballon, Wagen und Boot während der Rollen-, Bau- und Bewegungsspiele benutzt haben, und fügen sie auf einem Arbeitsbogen in Reihen an (vgl. Kasten 80). Wenn nun auch noch neue Abbildungen dazu gefügt werden, dann ergibt sich eine vielseitige Verwendungsmöglichkeit für die Einführung in die Kulturtechnik des Lesens und des logischen Denkens.

Die Kinder werden zum „Bilder-Lesen" aufgefordert. Dies ist eine ganz neue Erfahrung für die meisten Kinder. Denn anders als beim Betrachten eines großen Bildes im Bilderbuch (vgl. Methodenbaukasten, Kasten 56), wo man zunächst ganzheitlich darauf guckt und sich dann Einzelheiten zuwendet, ist es jetzt erforderlich, dass die Augen von links nach rechts wandern und von Zeile zu Zeile. So ein Vorgang muss geübt werden, denn es ist keine natürliche Bewegung, sondern eine gesellschaftliche Vereinbarung, sich so zu verhalten, eben eine Kulturtechnik. Bevor noch die erste Fibel aufgeschlagen wird, sollte jedes Kind diese Gewohnheit angenommen haben, sich in der beschriebenen Art auf einem Blatt Papier zu orientieren, um spätere Irritationen und die damit verbundenen Schwierigkeiten beim Lesenlernen zu vermeiden.

Wenn nun jedes Kind weiß, wie es sich mit einem bedruckten Blatt Papier zu verhalten hat, nämlich immer von links nach rechts und dann von oben nach unten, dann kann es natürlich viel erzählen, beispielsweise zu jeder Station in der richtigen Reihenfolge das, was ihm in den Sinn kommt. Und stutzen oder auch nicht, wenn es bei einer Abbildung angelangt ist, die gar nicht so recht in die Reihe passt (die Sesamstraße von vor dreißig Jahren lässt grüßen).

Bilder-Lesebogen

Kasten 80

Auch hierbei ist es glücklicher, Kinder in einer Sitzgruppe sich gemeinsam oder abwechselnd mit dem Material beschäftigen zu lassen, damit alle die Erfahrung machen, dass es viele verschiedene Möglichkeiten gibt, (Lese-) Geschichten zu konstruieren oder zu rekonstruieren. Und wer den Bilderbogen genau studiert, erkennt auch viele Aufgaben, die Kinder sich selber oder gegenseitig stellen können, um ihren gekonnten Umgang mit Mengen und Zahlen unter Beweis zu stellen. Und bei wem Lust entsteht, eigene Bildfolgen zusammenzustellen, der sollte die Schere zur Hand nehmen, einzelne Bilder ausschneiden und in einer neuen Ordnung wieder aneinander fügen. Immerhin lässt sich so ein Bogen nach Anregung der Abbildung einfach herstellen und beliebig oft kopieren. Versteht sich, dass jetzt manch' ein Blatt in der Sammelmappe mit der Aufschrift „Spaßfamilien auf Reisen" abgeheftet wird. Und wenn ein Kind Kreis, Dreieck und Quadrat deutlich erkennbar abbilden kann, dann sind diese Zeichen wunderbar als Zierborten zu gebrauchen aber auch ein schöner Beweis für eine gelungene Auge-Hand-Koordination, die sich bereits damals anbahnte, als „Zirkus" gespielt wurde.

Kasten 81

Genauso lässt sich auf dem Papier fortsetzen, was sich im Spielprojekt im Zusammenhang mit Mahlzeiten in tätiger Auseinandersetzung mit Mengen und Zahlwörtern ereignete. Mit dem Arbeitsbogen „Tischdecken" (vgl. Kasten 81) lassen sich sehr vielseitige Aufgaben abwickeln, indem Elemente gleicher Mengen angemalt, ergänzt, ausgeschnitten und aufgeklebt werden. Ein anderes schönes Beispiel, das dazu einlädt – als Vorbereitung auf den späteren Unterricht in der Schule – am Vorschultisch Mengen schriftlich aufzuzeichnen und zu bearbeiten, ist das Verladen von Gepäckstücken auf die beliebten Vehikel Ballon, Boot und Wagen. Da sind die Bastelexpertinnen aufgerufen, das Mathe-Programm mit Papier, Stift und Schere als wirklichen Leistungsnachweis am Tisch umzusetzen. Die Vielfalt unterschiedlicher Möglichkeiten, die die Kinder bereits in Bau-, Bewegungs- und Rollenspielen erfahren haben, sind selbstverständlich nicht auf das Papier zu bannen. Aber es wird ihnen auf jeden Fall mit gezielten Aufgaben eine Idee davon vermittelt, wie Handeln eine Entsprechung in der Abstraktion bekommt.

Was jeder erkennt, der gerne Kinder beobachtet, ist deren Begabung für Begriffsbildungen. Denn was ist es denn anderes als das Herstellen von Abstraktionen, wenn sie in Fantasie- und Rollenspielen so tun „als ob". Und ihre Redewendung „das ist wohl jetzt ein …" verweist auf die Gedankentätigkeit, etwas zu konstruieren, was tatsächlich hier gar nicht vorhanden ist, wohl aber durch unsichtbare Vorgänge erschaffen wird, beispielsweise das Steuerrad des Treckers, von dem der Wohnwagen gezogen wird. Entweder der Treckerfahrer hält eine runde Scheibe oder womöglich auch nur ein imaginäres Steuerrad in der Hand. Somit bedarf es keiner großen Erklärungen, wenn ich zu einem Kind sage: dieses aufgezeichnete Rechteck „ist jetzt wohl" ein Päckchen Quark. Deswegen tue ich mit ausschließlich naturalistischen Bildchen den Kindern am Vorschultisch keinen rechten Gefallen. Denn im Rahmen von Spielprojekten sind Kinder hoch motiviert und erkennen, dass die Be-

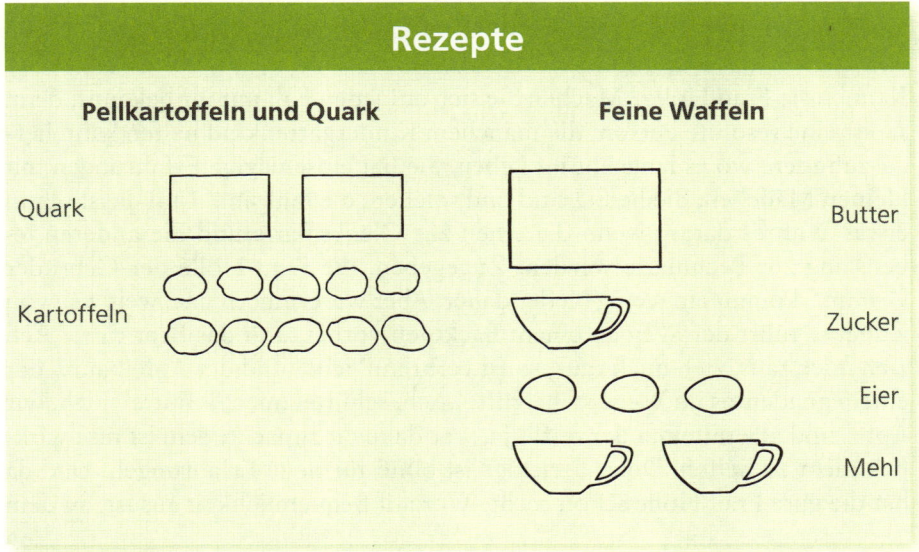

Kasten 82

schäftigung mit Kulturtechniken am Tisch anschlussfähig ist zu ihrem ganzheitlichen Erleben.

Und überhaupt! Kochrezepte machen sich sehr gut im Reisetagebuch (vgl. Kasten 82). Mengen und Symbole gehen darin eine sehr eindrucksvolle Verbindung ein, und Kinder erfahren, dass es nützlich ist, Zeichen zu fixieren, um sie aufzubewahren und später wieder zu benutzen.

Zeichen stehen für Erinnerungen. Deswegen sind Rezepte nicht nur unmittelbar nützlich, um Symbole und Mengen zu rekonstruieren. Sie sind vielmehr sichtbare Erfahrungen im Umgang mit Vergangenheit. Gerade so, wie jedes geschriebene Wort, jede Zeitung, jedes Buch etwas Gewesenes abbildet und Bedeutung für die Zukunft gewinnt, hinterlassen aufgeschriebene Rezepte bleibende Spuren einer vergangenen und vergnüglichen Kindergartenzeit. Deswegen würde ich in dem Spielprojekt „Spaßfamilien auf Reisen" am Vorschultisch zusätzlich dafür sorgen, dass mir jedes Kind kurz vor der Einschulung seine ganz persönlichen Spiel- und Erkundungserlebnisse in die Feder (besser in den PC) diktiert, die in kopierter Form beigefügt, in Verbindung mit informativen Zeichnungen, die das Kind anfertigt, Vergangenheit repräsentieren. Und als Krönung des Bildungsgutes mit dem Fokus auf Orientierung fände ich es ganz vortrefflich, wenn sich in den Reisetagebüchern eine Landkarte aus dem Heimatgebiet der Kinder befände, die Marie verstehen würde zu lesen und zu interpretieren. Denn Kinder lieben eine solche abstrahierte Abbildung der Wirklichkeit.

Kinder spielen „Frau Holle" und erweitern ihren Horizont

Kennen sie Frau Holle? Machen Sie sich auf jeden Fall mit ihr bekannt, denn sie ist eine resolute Person, die manchem Kindergartenkind helfen kann herauszufinden, wo es langgeht im Leben. Sie hat einschlägige Erfahrungen mit kleinen Mädchen, die fleißig sind und solchen, die faul sind. Und da ist schon etwas Wahres daran, wenn die einen zur Glücksmarie und die anderen lebenslang zur Pechmarie werden. Zugegeben, die Frau Holle der Gebrüder Grimm[67] kommt ein wenig bieder daher. Aber wir erinnern uns: weit weg von Zuhause führt der Weg an einem Backofen vorbei, und das Brot ruft: „Ach zieh mich raus, zieh mich raus, sonst verbrenn' ich!" und der Apfelbaum, der einem gnadenlos im Wege steht, ruft: „Ach, schüttel mich, schüttel mich, wir Äpfel sind alle miteinander reif!" Ja, wer da nicht zupackt, dem ist nun wirklich nicht zu helfen. Denn derjenige ist blind für neue Erfahrungen. Und da hat die gute Frau Holle schon recht: Wer auf Bequemlichkeit aus ist, an dem

---

67 Die schönsten Märchen der Gebrüder Grimm, 2001

Spielprojekt:	Spaßfamilien auf Reisen				Gruppe: Rot
Gruppenleiter/in:	Frieda Fröhlich				Datum: 1. April 2003
Bildungsgut:	Orientierung (survival)				
Fokus:	Kulturtechniken, mathematische Vorstellungen mit Mengen				

Lernfeld	wo?	wer?	was?	Impulse	
Stuhlkreis	Gruppen-raum	alle	Gruppen-Differenzie-rung nach spontaner Wahl. Ballon, Wagen Schiff	Programm-Punkte 1 bis 5 mit 3 Kindergrup-pierungen. Wovon habt Ihr mehr: Mädchen oder Jun-gen? Wieviele seid Ihr zusammen?	
Bau-/Rollenspiel	Gruppen-raum	Gruppe: Ballon	Aufräumen	Programm-Punkte 1 bis 5 mit Bau- und Spielmaterial	
Bewegungsspiel					
Mahlzeit	Gruppen-raum	Gruppe: Wohn-wagen	Spaßfamilie beim Picknick	Programm-Punkte 1 bis 5 mit Tellern, Tas-sen, Bechern, Flaschen, Obst, Keksen	
Schöpf. Gestalten					
Exkursion					
Denksport	Gruppen-raum	Vor-schul-kinder	Spaßfamilie beim Picknick	Programm-Punkte 1 bis 5 mit Papier, Stiften und Schere am Beispiel Kochrezept (vgl. Kindermappen)	

Besonderes: Ich mache gute Erfahrungen mit der Frage: „Was stellen wir fest?" Ich erkenne an den Antworten von Tom, dass er Spaß am Denken hat.

Kasten 83

wird das Pech hängen bleiben.

Leider ist es mit einer solchen Belehrung nicht getan. Denn ein Kind lernt nun mal nicht, indem man es belehrt. Allenfalls eine Erzieherin könnte sich an dieser Stelle einmal mehr herausgefordert fühlen, keine Pechmarie im Kindergarten heranwachsen zu lassen, die in Kuschelecken verwöhnt werden und nicht lernen, wie wirklich glücklich sie sein könnten, wenn sie sich tatkräftig mit ihrem sozialen und dinglichen Umfeld auseinander setzen würden.

Und somit stellen wir der Glücksmarie noch so manch' einen Wandergesellen an die Seite, der ebenfalls in die Welt hinaus zieht, um zu lernen. Das folgende Spielprojekt setzt da ganz bewusst Akzente, wo es gilt, den Kindergarten zu öffnen und Lernanreize im Umfeld deutlich werden zu lassen. Denn Interessen sollen entwickelt werden.

Wie ich nicht müde werde zu betonen, ist jedes Kind aus sich selbst heraus interessiert an seinem Umfeld, denn es ist darauf angewiesen, fortwährend etwas Neues zu erfahren und dabei zu lernen. Keine Frage. Das Problem ist nur, dass es die Erwachsenen sind, die es all zu leicht verbilden, wie ich an vielen unbequemen Beispielen immer und immer wieder aufgezeigt habe. Somit gilt es nicht im herkömmlichen Sprachgebrauch darum, Interessen zu *wecken*, sondern Kindern die Möglichkeit zu geben, Interessen zu *zeigen*.

Deswegen setzt dieses Spielprojekt auf Außenorientierung und lenkt den Blick auf Lebenszusammenhänge im Umfeld des Kindergartens. In jedes Spielprojekt gehört zwar immer eine Exkursion (vgl. alle Methoden-Baukästen). Hier nun soll aber gehäuft, nämlich nach Möglichkeit ein- bis zweimal wöchentlich der Kindergarten verlassen werden, damit die Kinder bewusst erleben, worum es in diesem Spielprojekt geht. Für die notwendige Beaufsichtigung der Kinder sollte die Kindergruppe mit Bedacht differenziert und ggf. Eltern als zusätzliche Begleiter mit einbezogen werden. Gleichzeitig soll jedoch die Spielwelt im Gruppenraum weiterhin erhalten bleiben. Dafür gibt „Frau Holle" eine übersichtliche Geschichte her, die besonders die kleineren der Kindergruppe nach Lust und Laune für ihre eigenen Bedürfnisse ausschlachten können. Somit müssen die kleineren Kinder nicht an allen Exkursionen teilnehmen und können sich dennoch durch die Anregungen, die von den größeren Kindern ausgehen, ein erweitertes Weltbild aufbauen.

Für die Erzieherin schafft das Spielprojekt das Bewusstsein, dass Kinder eigentlich immer dort dabei sein wollen, wo die Großen sind. Somit ist der Kindergarten als Einrichtung immer zu eng; er kann sich aber als eine Institution verstehen, die planmäßig Verbindungen zu der Welt der Erwachsenen herstellt und Kindern Einblicke verschafft in eine Wirklichkeit, in der gearbeitet wird. Somit soll auch das Spielprojekt „Frau Holle" Arbeit thematisieren.

Eine solche Sichtweise erscheint mir für Kindergartenkinder wesentlicher als beispielsweise ein vorschulischer Unterricht in Naturwissenschaft. Denn dafür sind Erzieherinnen zurzeit nun wirklich nicht ausgebildet. Und bei aller Liebe für Bildung im Kindergarten frage ich mich, ob es wirklich notwendig ist zu fordern, ein Kindergarten solle ein Labor sein. Die Bemühungen, die ich hinsichtlich naturwissenschaftlicher Lernerfahrungen beobachte, schaden eher als dass sie nutzen. Da wird manches gelernt, was in der Schule wieder umgelernt werden muss und Kinder auf falsche Fährten führt. Oder verführt, irrwitzige Hypothesen aufzustellen auf Fragestellungen, die sie selber gar nicht haben, weil sie die Zusammenhänge nicht überschauen.

Solange ein Kind den Weg zum Rathaus nicht kennt oder von der Kuh zum Milchregal im Supermarkt, muss es weder die unsichtbaren Verdauungswege im eigenen Körper nachvollziehen können noch die Prinzipien der Schwerelosigkeit im All. Und wenn es auch jedem Kind Spaß macht, auszuprobieren, was schwimmt, so kommt es im Kindergarten sicher nicht dahinter, wie das mit physikalischen Zusammenhängen erklärbar ist. Neben dem netten Unterhaltungswert solcher Veranstaltungen werden die Kinder in ihrer Neugier auf wirkliche Erkenntnisse betrogen. Und wenn unter fachlicher Kompetenz dergleichen in der Grundschule sich noch einmal ereignet, dann hat manch' ein Kind irrtümlicherweise die Vorstellung, es kenne dies alles schon.

Selbstverständlich fördern wir wo auch immer die naiven Experimente, die Kinder von selber anstellen oder geben ihnen auch Anregungen, das Erleben in der Natur handelnd und forschend bewusst zu gestalten (vgl. Spielprojekt „Wildnis"). Denn es ist ein hohes Bildungsgut, wenn Kinder Gelegenheiten erhalten, mit all ihren Sinnen in die Natur einzutauchen, sie spüren zu lassen, dass sie dazugehören, wo Pflanzen und Tiere leben, und wo Licht und Schatten, Sonne und Regen, Kälte und Wärme präsent sind. Darüber hinaus habe ich persönlich noch keine angeleiteten, im strengen Sinne naturwissenschaftlichen Experimente kennen gelernt, die aus den eigenen Fragestellungen der Kinder abgeleitet und in Sinnzusammenhänge der kindlichen Wirklichkeit eingebettet worden wären. Denn wo solche Konzepte erprobt werden (für Informationen wäre ich sehr dankbar!), muss hier wie bei allen pädagogischen Ansätzen kritisch hinterfragt werden, in welcher Weise eine Aneinanderreihung von isolierten Erfahrungen einen wirklichen Bildungswert für Kindergartenkinder besitzen. Auf alle Fälle sollten wir den zweiten nicht vor dem ersten Schritt tun und im Kindergarten zunächst erst einmal die Möglichkeit bieten, das Umfeld genau zu beobachten, damit Kinder darauf kommen, selber Fragen zu stellen.

Deswegen halte ich es zunächst doch lieber mit Frau Holle, die auf solide Arbeit setzt, und mit den Handwerksgesellen und Handwerksgesellinnen, die mit offenen Augen die Wirklichkeit erkunden.

Der Methoden-Baukasten „Frau Holle"

Und wieder wird gespielt. Den Auftakt dazu gibt diesmal ein Rundgang im Umfeld des Kindergartens, den der Methoden-Baukasten (vgl. Kasten 84) im *kognitiven* Bereich ausweist. Das heißt: Unterwegs gibt es sachliche Unterhaltungen über das, was Kinder beobachten. Das kann die Baustelle an der nächsten Straßenecke sein, der Gemüseladen, der Frisör, die Tankstelle, die Müllabfuhr, der Bäcker oder der LKW, der gerade vorbei donnert, oder die Polizistin, die einen Parksünder ermahnt. Die Erfahrung zeigt, dass manch' ein Kind angestoßen werden muss, um richtig aufzupassen, denn sein Alltag war bisher vielleicht davon bestimmt, sich von seiner abgehetzten Mutter mitschleifen zu lassen. Bei dem ersten Rundgang gilt es also, häufig stehen zu bleiben und das Terrain zu sondieren: Was siehst du? Was ist das? Was willst du wissen? Mit diesen Grunderfahrungen der Aufmerksamkeit steht und fällt das gesamte Spielprojekt. Denn nicht die Erzieherin hat vorgeplant und will den Kindern bestimmte Ziele der Erkundung vorgeben. Sondern es sind die Kinder, die bestimmen sollen, wo es lang geht. Zurück im Kindergarten, müssen noch am gleichen Tag geordnete Sachgespräche geführt werden. Mit der Frage: „Was interessiert dich?", werden die ersten Weichen gestellt. Und im weiteren Verlauf des Projektes ist das organisatorische Talent der Erzieherin gefragt, gemeinsam mit ihrer Kollegin für eine geschickte Gruppendifferenzierung zu sorgen, wenn es heißt, Interessengruppen zu bilden und dabei gegebenenfalls auch sowohl für Jungen und Mädchen als auch für Kleine und Große abwechselnd unterschiedliche Spiel- und Arbeitsplätze zu schaffen. Denn es kommt im *sozialen* Erlebnis- und Verhaltensbereich darauf an, dass Kinder mit solchen Gefährten zusammenkommen, die gleiche oder ähnliche Interessen zeigen. Und das kann bei der gebotenen Außenperspektive durchaus in den benannten Gruppierungen stark differieren. Für die weiteren Exkursionen an den nachfolgenden Tagen und Wochen wäre es wünschenswert, zunächst die gefundenen Interessengruppen so weit wie irgend möglich zu erhalten und erst später neu aufzumischen, beziehungsweise wieder zu vereinen, wenn es für Naturerleben in den Wald geht, der nicht unbedingt direkt vor der Tür liegt.

Der Wert von Exkursionen in Interessengruppen liegt darin, dass Kinder wiederholt die gleichen Ziele ansteuern und dabei ein gewisses Expertentum über Sachzusammenhänge oder Arbeitsprozesse entwickeln. Dafür muss der Umgang mit Sprache sehr sorgfältig gepflegt werden (vgl. das Spielprojekt „Piraten"). Denn mit treffenden Bezeichnungen wächst auch die Aufmerksamkeit für Objekte und Sachverhalte. Und richtig interessant wird ein Besuch bei der Baustelle oder im Bäckerladen natürlich dann, wenn die Kinder durch wiederholtes Auftauchen dort schon bekannt, vielleicht sogar erwartet werden, und sie sich trauen, Interviewfragen zu stellen, auf die sie sich vorbereitet haben.

Wenn an Tagen, an denen keine Exkursionen stattfinden, im Gruppenraum gespielt wird, dann gehen die gesammelten Kenntnisse in die Spielhandlungen über, wenn nämlich vorrangig Berufe gespielt werden. Eingebunden werden solche Spiele, die sich stark an der beobachteten Realität orientieren,

218

Methoden-Baukasten „Frau Holle"			
Erlebnis- und Verhaltensweisen im System der Autonomie			
somatisch sensorisch + motorisch	**emotional**	**sozial**	**kognitiv**
Bauspiel mit Möbeln und gro- ßem Material: diver- se Arbeitsplätze	**Erlebniserzählung** Ich war auch schon mal woanders. Da möchte ich noch einmal hin.	**Rollenspiel** Bildung von Interes- sengruppen	**Exkursion/ Sachgespräch** Rundgang im Umfeld des Kinder- gartens
Haus-Arbeiten Kochen, Waschen, Putzen, Gartenarbeit	**Lied** „Wer will fleißige Handwerker se- hen?"	**Rollenspiel** Gruppen-Differen- zierung Mädchen/ Jungen für alleinige Raumnutzung	**Spielgeschichte** Grimms Märchen: „Frau Holle"
Werk-Arbeiten Tischlern, Maurern	**Stegreifspiel** „Zieh' mich raus, sonst verbrenn' ich!"	**Rollenspiel** Gruppen-Differen- zierung nach Rollenvorlieben	**Spielgeschichte** Handwerksgesellen auf der Walz
Bewegungsspiele Baustelle	**Stegreifspiel** „Wandergesellen sprechen vor"	**Rollenspiel** Berufe	**Bildbetrachtung und Gespräch** Pixi-Bücher über di- verse Berufe (vgl. Lit.)
Wanderung Unterwegs in der Gemeinde	**Stegreifspiel** Zuhause nach drei Jahren und einem Tag	**Rollenspiel** „Frau Holle"	**Planungsgespräch** Wie organisieren wir unser Spiel?
Ausruhen als bewusstes Programm	**Präsentation** Meine Sammlung	**Rollenspiel** „Wandergesellen auf der Walz"	**Sachgespräch, Erkundung, Dokumentation** Unterwegs in der Gemeinde

Kasten 84

in Spielgeschichten, um den Kindern auch in diesem Projekt den nötigen Zusammenhalt im Wertesystem übermittelter Volksweisheiten zu geben. Der
Methoden-Baukasten weist auch für dieses Spielprojekt als *kognitive* Anregung
Märchen und Geschichten aus, die mit Fantasieinhalten und Identifikationsfi-
guren geeignet sind, die harten Fakten der Realität abzufedern.

Da wäre, wie gesagt, zunächst einmal die Marie, die bei Frau Holle einen
äußerst günstigen Eindruck hinterlässt, weil sie immer erkennt, was es zu ar-

beiten gibt und dies auch gründlich tut. So schüttelt sie beispielsweise fleißig die Betten aus, was sicher ein beliebtes Spielmotiv ist, wenn wirkliches Bettzeug im Kindergarten auftaucht. Und das Interesse für den Bäcker oder Apfelverkäufer in der Straße neben dem Kindergarten wird auch dadurch erhöht, weil niemand wirklich eine Pechmarie sein möchte.

Solche Spielmotive füllen sicher viele kleine Kinder im Gruppenerleben des Projektes aus, auch wenn sie im Außenkontakt noch nicht so fit sein sollten wie die Vorschulkinder. Aber gemeinsam mit diesen werden sie sich *somatisch* noch einmal in der Weise einbringen, indem sie „in echt" in der Rolle der Frau Holle (oder des Herrn Holle!) oder einer fleißigen Helferin oder einem ebenso emsigen Helfer diverse Hausarbeiten erledigen, ganz so wie sie es vielleicht schon von dem Spielprojekt „Dornröschen" kennen. Bei solchen Gelegenheiten sollte aber vorher gut geplant und mit allen Putzutensilien ausgestattet, sehr sorgsam vorgegangen werden, damit ein „So-tun-als-ob" jetzt einmal durch tatsächliche Arbeit ersetzt wird und der Gruppenraum nach einer solchen Aktion wirklich sauberer ist als vorher. Eine Hospitation bei einer Hausfrau oder einem Hausmann oder gar bei einer professionellen Reinigungskraft im Kindergarten wäre da sicher von Vorteil.

Und dann gibt es auch noch die „Handwerksgesellen auf der Walz", die als „Hänschen-klein in Groß" sicher viele Nacheiferer unter den Kindern finden (vgl. Kasten 85). Es ist unschwer zu erkennen, wie viele Spielideen mit Informationen über die Tippelbrüder geliefert werden, wenn es der Erzieherin gelingt, aus ihren Vorkenntnissen eine anregende Erzählung zu machen und mit

Handwerksgesellen auf der Walz

Seit vielen hundert Jahren bis heute gibt es den Brauch, dass junge Handwerker, nachdem sie ihren Beruf gelernt haben, gemeinsam mit Zunftgenossen in die Welt ziehen, um Erfahrungen zu machen. Man nennt sie auch fahrende Gesellen, die man an ihrer besonderen Kluft, ihrem großen Hut und ihrem Bündel erkennt, in dem sie ihr Handwerkszeug und ihre Arbeitsklamotten transportieren. Sie führen meistens einen großen Wanderstab mit sich und klopfen an manch eine Tür, um nach Arbeit zu fragen, oder um Unterkunft und eine Mahlzeit zu bitten. Falls sie darüber in Schwierigkeiten geraten, sprechen sie auch beim Bürgermeister in gereimten Sprüchen vor, der ihnen daraufhin mit einem kleinen Obolus aus der Stadtkasse aushilft. Die Gesellen – und heute sogar auch manch' eine Gesellin – sind angesehene Leute, weil sie gute Arbeit machen, und weil sie Fremden vertrauen, wenn sie auf ein Dach über dem Kopf angewiesen sind. Sie bleiben nie länger als sechs Wochen an einem Ort, und nach drei Jahren und einem Tag kehren sie nach Hause zurück. Bis dahin haben sie sich in manch ein goldenes Buch internationaler Städte eingetragen und auf ihrer Wanderschaft viel dazu gelernt. (vgl. Internet-Info, www.tippelei.de)

Kasten 85

Bildmaterial zu unterstützen (auf dem langen Weg bis hierher hat sie ja sicher viele einschlägige Erfahrungen gesammelt).[68]

Abgesehen von dem großen Wanderstab, dem Hut und dem Bündel, die Spielspaß im täglichen Rollenspiel versprechen, geht es nun auch um Werkarbeiten, die mit zünftigem Werkzeug auszuführen wären (die Werkbank muss her!). Und die Wanderungen durch die Gemeinde oder durch die Landschaft, die auf jeden Fall ganzen Körpereinsatz verlangen, bereichern den Methoden-Baukasten in diesem Spielprojekt im *somatischen* Erleben ganz ungemein und sollten sicher mehrfach wiederholt werden. Denn zu dem Naturerleben[69] unterwegs mit den vielfältigen Möglichkeiten zu forschen und zu entdecken kommt die wichtige Erfahrung für Kinder dazu, sich ganz bewusst nach Anstrengungen auszuruhen. Auch Bewegungsspiele können von den Handwerksgesellen auf der Walz inspiriert werden, wenn in der Turnhalle die Wanderschaft über Stock und Stein und über manche Hindernisse weiter geht.

Wer sich bis hierher in Spielprojekte eingedacht oder besser noch eingearbeitet hat, den werden viele gute Ideen tragen, gemeinsam mit den Kindern den Geist von Lernen auf der Wanderschaft lebendig werden zu lassen.

Tipp

Halten Sie das Interesse der Kinder an Sachkenntnissen wach, indem Sie täglich im Stuhlkreis die Frage stellen: Was hast du gelernt?

Denn darum geht es, wenn Kinder lernen sollen, Interessen zu zeigen und keine Anstrengungen zu scheuen. Und da gilt es auch, das eine oder andere *emotionale* Wagnis einzugehen, wenn in Stegreifspielen Erlebnisse mit Frau Holle und den Wandergesellen nachgestellt werden und Kinder in ihren Rollen ausdrücken, wie es sich anfühlen könnte, wenn man an einer Tür abgewiesen oder herzlich aufgenommen, eine Arbeit getan oder verweigert wird. Auf der Grundlage solcher eingestreuter Erfahrungen als besondere Spielereignisse im Rahmen von Rollenspielen wird sich das spontane Spiel der Kindergruppe sicher ausweiten. Und manch' ein Wandergeselle oder manch' eine Marie wird ein Bündel packen und auf Wanderschaft gehen – mit einem zünftigen Stock ausgerüstet, versteht sich – und unterwegs von Woche zu Woche unterschiedliche Erfahrungen mit den wechselnden Berufsbildern machen, die mit Bau- und Bewegungsspielen sich in bekannten Bahnen weiter entwickeln werden.

68 Tipps für das Erzählen von Geschichten finden Sie bei Erdmute Partecke, 2002
69 vgl. Hans Jürgen Press, 1996

Dabei aber sollte die Erzieherin stets den bewussten Umgang der Kinder mit Interessen pflegen, indem sie die Erfahrungen bei Exkursionen mit Sachbüchern unterstützt und das Gruppenspiel kontinuierlich durch tägliche Gespräche begleitet. Und wenn Kinder von ihren Erkundungen, beispielsweise an regelmäßigen Waldtagen, ihre Funde mit in den Kindergarten bringen, dann ist dies eine vortreffliche Gelegenheit unter Anwendung mathematischer Vorstellungen und Symbolverstehen gewonnene Kenntnisse zu dokumentieren, ganz so wie es das Spielprojekt „Spaßfamilien auf Reisen" vorbereitet hat.

Und nicht zuletzt wird Marie in aller Ruhe die Gelegenheit bekommen mitzuteilen, dass sie auch schon mal woanders war. Und sie wird wissen, dass es Dänemark ist, und dass dort das Wasser der Nordsee sich immer so kalt anfühlt. Denn sie wird Zuhause sich informiert haben und im Kindergarten den Platz auf der Landkarte zeigen können.[70]

Das 4-Punkte-Programm für die Verwirklichung von Interessen

Und so schließt sich der Kreis: Wir richten unseren Blick einmal mehr auf das, was Kinder interessiert, beziehungsweise auf das, was sie interessieren könnte, wenn wir ihnen den Zugang nicht versperren. Moritz, Paul und Tom (vgl. Kasten 1) setzen sich mit solchen Sachverhalten auseinander, die ihren Horizont erweitern. Denn sie sorgen auf ihre Weise dafür, dass sie auch außerhalb des Kinderzimmers Fuß fassen können. Das Grundbedürfnis nach Sicherheit (survival) mit dem Bildungsgut Orientierung führt zu (Sach-)Interessen, die eine solide Grundlage für die zukünftige Lebensgestaltung bilden.

Eingebettet in die Spielgeschichten und den sich im Wochenablauf rhythmisch wiederholenden Exkursionen erfüllt sich das Bildungsgut, so sollte man meinen, ganz von selbst. Ich empfehle jedoch, auch in diesem Spielprojekt, das durch sehr viele Aktivitäten bestimmt ist, sich nach einem *internen* Programm auszurichten, um das Wesentliche niemals aus den Augen zu verlieren (vgl. Kasten 86).

Ganz nach der Wortbedeutung von „Interesse"[71] verlangt dieses Bildungsgut Teilnahme, Aufmerksamkeit, Nutzen und Neigung, was für ein Kindergartenkind nichts anderes bedeutet, als dass es sowohl Zeit und Gelegenheiten braucht, sein Lernen über die Spielwirklichkeit hinaus an dem auszurichten, was die Realität an Herausforderungen bereit hält (Teilnahme und Aufmerksamkeit) als auch die so gemachten Erfahrungen an dem abzugleichen, was es

---

70 Deutschland Atlas, Tessloff 2002
71 vgl. Duden, Das Herkunftswörterbuch, 1989

Das 4-Punkte-Programm
für die Verwirklichung von Interessen

1 Teilnahme
Kinder wollen an dem Leben in der Gesellschaft teilnehmen.
Dafür brauchen sie Zeit und Gelegenheit, Vorstellungen über ihr Umfeld zu entwickeln.

3 Nutzen
Kinder wollen erkennen, was sie für ihre eigenen Vorhaben verwenden können.
Dafür brauchen sie Zeit und Gelegenheit, Wissen in Handlung umzusetzen und aus Handlungen den Bedarf an neuem Wissen abzuleiten.

2 Aufmerksamkeit
Kinder wollen in ihrer Aufmerksamkeit gefesselt werden.
Dafür brauchen sie Zeit und Gelegenheit, Wahrnehmungen als wirkliche Ereignisse zu erkennen.

4 Neigung
Kinder haben Lust, sich wiederholt gleichen oder ähnlichen Anregungen zuzuwenden.
Dafür brauchen sie Zeit und Gelegenheit, sich einem weiten Spektrum von Herausforderungen zu stellen, um herauszufinden, wo ihr Herz schlägt.

Kasten 86

ganz subjektiv voran bringt (Nutzen und Neigung). Aus der Nahtstelle dieser beiden Perspektiven erwachsen dauerhafte Lernerfahrungen.

Etwas von der Welt sehen

Da wo wir Kinder am gesellschaftlichen Leben teilnehmen lassen, werden sie aufmerksam sein, denn sie wollen dazugehören und lernen, was sie benötigen, um groß zu werden. Und all das, was sie lernen, lernen sie ganz sicher nur dann, wenn sie den Nutzen für ihr eigenes zukünftiges Handeln erkennen. Durch Wiederholung ähnlicher Erfahrungen werden ihnen daraufhin

Unterwegs zu Orten, an denen Menschen arbeiten: Inspektion am Bahnübergang

Unterwegs zu Orten, an denen Menschen arbeiten: In der Bücherhalle

223

ihre Neigungen bewusst, wie sie all ihre Fähigkeiten und Begabungen einsetzen können, um ihr eigenes Leben zu gestalten. Rückwirkend werden sie vermehrt den Bedarf an *Teilname* an öffentlichen Belangen anmelden, ihre *Aufmerksamkeit* entsprechend auf Sinnzusammenhänge und Sachverhalte fokussieren, den subjektiven *Nutzen* suchen, um somit wiederum ihre gestalterischen *Neigungen* zu erkennen, die erneut in einer aufsteigenden Spirale die Auswahl dessen bestimmen werden, wo und in welcher Art *Teilnahme* verlangt wird etc.

Was ich hier verdeutlichen möchte ist dies: die Entwicklung von Interessen ist ein komplexes Geschehen von unterschiedlichen Komponenten, die rückbezüglich einander bedingen. Deswegen sollten wir solchen Prozessen unsere ganze pädagogische Beachtung schenken und Kinder in der Weise betreuen, dass der Kreislauf von lebensbejahenden und lebenserhaltenden Erkenntnissen nicht unterbunden, sondern vielmehr immer wieder neu angestoßen wird. Davon handeln alle Spielprojekte. Wenn wir nun aber in einem ersten Durchlauf an dem Ende des Bildungskanons angelangt sind, dann soll mit Unterstützung von Frau Holle und den Handwerksgesellen darauf verwiesen werden, dass Lernen unbedingt verlangt, etwas von der Welt zu sehen. Die Welt beginnt hinter der Pforte, nämlich dort, wo kleine Menschen den (Kinder-)Garten verlassen und Interesse für reale Lebenszusammenhänge zeigen.

Fragestellungen für die Klärung von Teilnahme, Aufmerksamkeit, Nutzen, Neigung

- Wo wollen wir hingehen? Wo willst du dabei sein?
- Was willst du kennen lernen?
- Was hast du erfahren, als du dabei warst?

- Wofür bist du Feuer und Flamme?
- Was muss passieren, damit du zuhörst/zusiehst?
- Wie lange/wie oft willst du das noch hören/sehen/machen?

- Was willst du mit dem machen, was du gesammelt hast?
- Was kannst du besser als vorher machen, wenn du dies gesehen/erlebt hast?
- Wofür brauchst du die Beantwortung deiner Frage?

- Was willst du noch einmal (genauer) sehen/erleben?
- Was willst du selber (noch einmal) machen?
- Was willst du fragen oder selber genauer untersuchen?

Kasten 87

Wie in allen Spielprojekten dargelegt, öffnen wir mit dieser Außenperspektive auch die geistigen Türen. Dafür sind all die Spiel-begleitenden Impulse notwendig, die eine systemisch-konstruktivistische Kindergartenpädagogik auszeichnen. Was jedoch letztlich maßgeblich Bildung im Kindergarten Wirklichkeit werden lässt, ist die innere Haltung der Erzieherin dem Kind gegenüber: Sie ist die Fragende (vgl. Kasten 87).

Denn es sind die vielen kleinen Fragen mit großer Bedeutung, die nur die Kinder selber beantworten können, weil sie es sind, die für ihr eigenes Lernen zuständig zeichnen. Es sind die Fragen, deren Antworten die Erzieherin nicht kennt, die jedoch den Bildungsprozess im Kindergarten gestalten. Deswegen muss sie sich stets dem Kind zugewandt und neugierig zeigen. Selbstverständlich wird sie nicht ohne Unterlass all die vielen Kinder tatsächlich befragen können oder auch sollen. Aber sie blickt fragend in die Gesichter und orientiert ihr pädagogisches Handeln an all den potentiellen Fragen, die sich aus den Interessen der Kinder ableiten. Und wo immer sie ein Kind an ihrer Seite hat, da wird sie sich dafür interessieren, wofür das Kind sich interessiert, beziehungsweise dafür, was sein Interesse leitet (vgl. Kasten 87)

Sie ist nicht die traditionelle Lehrerin, die den Kindern etwas beibringen will, sondern sie zieht gemeinsam mit den Kindern los, um etwas herauszufinden, was *alle* vorher noch nicht genau gewusst haben, beispielsweise: Wie sieht ein Müllauto aus? Was genau arbeitet der Tankwart? Wie geht es bei der Tierärztin zu? Was macht die Polizistin in ihrem Büro? Wo verstecken sich die kleinen Tiere im Wald? Wie viele Tage dauert es, bis aus einer Knospe ein Blättchen geworden ist?

Sehen und verstehen

Wenn Alex auf der Bahnsteinkante herumturnt und sich dabei gefährdet, dann ... kennt er das Exkursionsziel nicht.

Mit dem Spielprojekt „Frau Holle" kann die Erzieherin ganz anschaulich und unmittelbar selber lernen. Sie lernt beispielsweise, dass sie mit den Kindern gemeinsam lernt.[72] Und sie lernt, wie sich die Interessen der Kinder mit ihren eigenen Interessen verbinden, wenn sie in sich die systemisch-konstruktivistische Haltung zulässt, dass alle gemeinsam Lernende sind. Mit einer solchen Orientierung werden ihre Spiel-begleitenden Impulsen immer wieder Lerneinheiten hervorbringen, die auch im folgenden Kindergartenjahr den Bildungskanon zum Klingen bringen, in dem die Kinder mit ihr gemeinsam den Ton angeben.

72 vgl. das Lehrer-Schüler-Verhältnis aus systemisch-konstruktivistischer Sicht in: Heinz von Foerster/ Monika Bröcker, 2002 Reinhard Voß (Hg.), 1998 und Reinhard Voß, 2002

Und wenn viele Fragen (nicht nur) im Kindergarten dennoch zunächst unbeantwortet bleiben, dann liegt dies sicherlich daran, dass die Wege in die Welt und die Wege zur Erkenntnis manchmal verwirrend sind – ganz so wie im Märchen, wo sogar unten und oben, Sommer und Winter durcheinander geraten. Immerhin springt da wohl Marie in einen tiefen Brunnen herab, gelangt auf eine blühende Wiese; und wenn sie die Betten bei Frau Holle fleißig aus dem Fenster heraus ausschüttelt, dann schneit es von oben herab auf die Erde. Da weiß ich gar nicht einmal, ob da die Gebrüder Grimm richtig durchschauten. Und da kann es durchaus nützlich sein, wenn jemand wie Frau Holle eine Marie bei der Hand nimmt und sie durch ein großes Tor führt, damit sie ihren Weg findet – woanders hin oder besser noch: wieder nach Hause.

„Ich war auch schon mal woanders", behauptet Marie, „und überhaupt!" Und überhaupt bleibt Vieles rätselhaft. Und dennoch lohnt sich Bildung im Kindergarten. Einfach, weil Marie eine Goldmarie sein will.

Literatur

Albert, Christine: Lernwerkstatt Kindergarten. Ein Handbuch für die Praxis. 2. Auflage, Beltz, 2002

Arzenbacher, Dagmar u. Springer, Catherine: Experimente mit Ton, Beltz, 2000

Baeten, Lieve: Die kleine Hexe geht auf Reisen, Oetinger, 1999

Beauftragte der Bundesregierung für Ausländerfragen (Hg.): Sprachförderung in Kindertagesstätten, www.bundesauslaenderbeauftragt.de, 1999

Braun, Daniela: Mit Kindern forschen und Erfinden, Herder 2000

Brockhaus. Die Enzyklopädie, Bd. 3, 1996

Bücken, Hajo u. Baum, Heike: Stark, wild, kühn und frei, Ökotopia-Verlag, 2000

Butschko, Ralf: Ich hab einen Freund, der ist …, Pixi Bücher, Carlsen, 2001

Butzkamm, Wolfgang u. Jürgen: Wie Kinder sprechen lernen, Francke Verlag, 1999

Das große bunte Märchenbuch, Loewe, 2001

Delafosse, Claude u. Krawczyk, Sabine: Licht an … Bd. 10, Im Zirkus, Meyers kleine Kinderbibliothek, 2000

Dewey, John: Die Suche nach Gewissheit, suhrkamp taschenbuch wissenschaft, 1998

Die schönsten Märchen der Gebrüder Grimm, Lappan, 2001

Diefenbach, Heike u. Klein, Michael: Soziale Ungleichheit zwischen den Geschlechtern im Bildungssystem …, Zeitschrift für Pädagogik, Heft 6, 2002

Dr. Seuss: The Cat In The Hat, Boston 1957

Dr. Seuss: Fox in Socks, New York, 1965

Duden: Das Herkunftswörterbuch, Dudenverlag 1989

Edelmann, Walter: Lernpsychologie, 6. Auflage, Beltz, 2000

Eggert, Dietrich: Diagnostisches Inventar motorischer Basiskompetenzen, borgman, 1993

Elschenbroich, Donata: Weltwissen der Siebenjährigen, Verlag Antje Kunstmann, 2001

Dies.: Verwandelt Kindergärten in Labors, Ateliers, Wälder, Die Zeit, Nr. 48, 2002

Eliot, Lise: Was geht da drinnen vor?, Berlin Verlag, 1999

Feuser, Georg: Gemeinsame Erziehung behinderter und nicht behinderter Kinder im Kindertagesheim, Bremen, 1984

Foerster, Heinz von u. Bröcker, Monika: Teil der Welt, Carl-Auer-Systeme Verlag, 2002

Frankenburg, William K., Thorton, Susan M. u. Cohrs, Marin E. (Hg.): Entwicklungsdiagnostik bei Kindern, 2. Auflage, Thieme-Verlag, 1992

Fröhlich-Ward, Leonora u. Schmidt-Schönbein, Gisela: Mopsy and me, AOL Verlag, 2002

Gerster, Petra: Der Erziehungsnotstand, Rowohlt Berlin, 2003

Glasersfeld, Ernst von: Was heißt „Lernen" aus konstruktivistischer Sicht? In: Voß, Reinhard (Hg.): Unterricht aus konstruktivistischer Sicht, Luchterhand, 2003

Glasser, William: mündl. Überlieferung, Kongress: „Evolution of Psychotherapy", Hamburg, 1994

Ders.: Coice Theoriy, HarperPerennial, 1998

Ders.: Reality Therapy in action, HarperCollinsPublisher, 2000

Götte, Rose: Sprache und Spiel im Kindergarten. Praxis der ganzheitlichen Sprachförderung in Kindergarten und Vorschule. 9. Auflage, Beltz, 2002

Gopnik, Alison, Kuhl, Patricia u. Meltzoff, Andrew: Forschergeist in Windeln, Ariston, 2001

Herm, Sabine: Gemeinsam spielen, lernen, wachsen. 2. Auflage, Beltz, 2002

Hoenisch, Nancy u. Niggemeyer, Elisabeth: Hallo Kinder, seid Erfinder! Abenteuer mit dem Alltäglichen, Beltz, 2001

Holle, Britta: Die motorische und perzeptuelle Entwicklung des Kindes, Beltz, 1999

Holt, John: Wie kleine Kinder schlau werden. Selbstständiges Lernen im Alltag, Beltz Taschenbuch, 2003

Honecker, Margot (Hg.): Programm für die Bildungs- und Erziehungsarbeit im Kindergarten, Volk und Wissen, 1985

Jürgens, Hans-Ulrich: Deutschland Atlas für Kinder, Tessloff 2002

Kast, Bas: Revolution im Kopf, Berliner Taschenbuch Verlag, 2003

Krapp, Andreas u. Weidemann, Bern (Hg.): Pädagogische Psychologie. 4. Auflage, Beltz 2001

Laewen, Hans-Joachim u. Andres, Beate (Hg.): Bildung und Erziehung in der frühen Kindheit. Bausteine zum Bildungsauftrag von Kindertageseinrichtungen, Beltz, 2002

Lewis, Richard: Leben heißt Staunen, Beltz Taschenbuch, 1999

Mein erster Weltatlas, Dorling Kindesley, 2003

Mettle, René: Der Dschungel, Meyers Lexikonverlag,1993

Mitgusch, Ali: Komm' mit ans Wasser, Ravensburger Buchverlag, 1994

Oelkers, Jürgen: Bildung ist Erinnerung, Vortrag, www.paed.unizh.ch/ap/Erinnerung.rtf

Ders.: Die Idee der Bildung im Zeitalter der Globalisierung, Vortrag 2002, www.paed.unizh.ch/ap/Marburg.rtf

Partecke, Erdmute: Kommt, wir wollen schön spielen. Praxishandbuch zur Spielpädagogik im Kindergarten, Juventa, 2002

Press, Jürgen: Der Natur auf der Spur, Ravensburger Taschenbücher, 1996.

Rohrmann, Tim u. Thoma, Peter: Jungen im Kindergarten, Lambertus, 1998

Retzer, Arnold: Passagen, Klett-Cotta, 2002

Roux, Susanna: Wie sehen Kinder ihren Kindergarten?, Juventa, 2002

Schäfer, Gerd E.: Bildung beginnt mit der Geburt. Förderung von Bildungsprozessen in den ersten sechs Lebensjahren, Beltz, 2003

Schwanitz, Dietrich: Bildung, Eichborn, 1999

Spitzer, Manfred: Lernen, Spektrum Akademischer Verlag, 2002

Textor, Martin R.: Bildung, Erziehung, Betreuung. In: www.kindergarten-paedagogik.de (Online-Handbuch) aus: Unsere Jugend, 1999, 51 (12)

Ders.: Bildung – wie können Erzieher/innen den neuen Erwartungen gerecht werden? In: www.kindergartenpaedagogik.de (Online-Handbuch)

Ders.: Gehirnentwicklung und Lernen im Kleinkindalter – Konsequenzen für die Erziehung im Kindergarten. In: www.kindergartenpaedagogik.de (Online-Handbuch)

Tietze, Wolfgang (Hg.): Wie gut sind unsere Kindergärten?, Luchterhand, 1998

Voß, Reinhard: Schul-Visionen, Carl-Auer-Systeme Verlag 1998

Ders.: Unterricht aus konstruktivistischer Sicht, Luchterhand, 2002

Wendland, Wolfgang: Sprachstörungen im Kindesalter, Georg Thieme Verlag 1995

Bildung hat viele Gesichter

Bayerisches Staatsministerium für Arbeit
und Sozialordnung, Familie und Frauen
Staatsinstitut für Frühpädagogik München
**Der Bayerische Bildungs- und
Erziehungsplan für Kinder in Tages-
einrichtungen bis zur Einschulung**
Entwurf für die Erprobung
2003. 324 Seiten.
Broschiert in Fadenheftung.
€ 14,90 D / sFr 26,20
ISBN 3-407-56241-1

*„Von Bildung und Erziehung wird
es wesentlich abhängen, ob die
heranwachsenden Generationen
den Ansprüchen, Herausforderungen und Belastungen gewachsen sein werden, mit denen sie
in der Welt von morgen konfrontiert sind.
Dies gilt für Kinder und Jugendliche, auch für
das System Familie in gleicher Weise."*
W. E. Fthenakis, 2000

Wie sieht eine zeitgemäße Bildung und
Erziehung von Kindern in Tageseinrichtungen
bis zum Schuleintritt aus? Darauf gibt der
im November 2003 erscheinende Bayerische
Bildungs- und Erziehungsplan eine klare und
umfassende Antwort.

Er beschreibt zum einen die Basiskompetenzen,
die bei Kindern von der Geburt an bis zur Einschulung gefördert werden sollen, z. B. positives
Selbstwertgefühl, soziale Kompetenz, Verant-
wortungsübernahme oder Kooperations- und
Kommunikationsfähigkeit. Zum anderen stehen
ganz neue und aktuelle Förderschwerpunkte im
Mittelpunkt, beispielsweise die interkulturelle
und geschlechtsbewusste Erziehung, die
Förderung von Kindern mit Entwicklungsrisiken
und (drohender) Behinderung, die Vorbereitung
und Begleitung des Kindes beim Übergang in die
Schule, die sprachliche Förderung sowie die mathematische, naturwissenschaftliche und technische
Bildung.

Und last but not least geht es auch um die Aufgaben von ErzieherInnen, die mit der Förderung
von Kindern zusammenhängen, wie z.B. die
Beobachtung und Dokumentation der Lern-
und Entwicklungsprozesse der Kinder, die
Bildungs- und Erziehungspartnerschaft mit den
Eltern oder die Abwendung von Gefahren für
das Kind.

Ab 2005 wird der Bildungs- und Erziehungsplan landesweit in Bayern eingeführt und auch
andere Bundesländer haben großes Interesse
daran bekundet. Erproben Sie ihn und wirken
Sie an seiner Weiterentwicklung mit.

Gerd E. Schäfer
Bildung beginnt mit der Geburt
Ein offener Bildungsplan für
Kindertageseinrichtungen
in Nordrhein-Westfalen
2003. 200 Seiten. Gebunden.
€ 16,90 D / sFr 29,60
ISBN 3-407-56226-8

„Das Buch lädt ErzieherInnen und auch Eltern dazu ein, ihr Bild vom Kind und das eigene pädagogisch intendierte Handeln zu reflektieren. Eine Fundgrube für die Entwicklung einer Kindergarten-Konzeption!"

A. Huss, kigaweb

Frühkindliche Bildung, was kann das sein? Noch immer kursieren ungeeignete Zugänge und Beschreibungen zum frühkindlichen Bildungsprozess. Entsprechend erläutert der Autor, was Bildung nicht ist, z. B. der ausschließliche Erwerb von Kompetenzen. Zudem gibt er Orientierungshilfen, Kinder in ihrem Selbstbildungs-Prozess zu verstehen. Eine herausragende Bedeutung wird dieses Buch aber nicht zuletzt auch dadurch erlangen, als es die wissenschaftliche Basis für die Begründung des offenen Bildungsplanes in Nordrhein-Westfalen darstellt.

Die Arbeiten von Prof. Schäfer und anderen Beteiligten sind eine hervorragende Grundlage nicht nur für die konkrete Orientierung in der Praxis, sondern auch für das Ringen um passende Beschreibungen der Qualität und Gestaltung von Bildungsprozessen in den ersten sechs Lebensjahren.

Bildung in der Praxis

Doris Tophinke

Sprachförderung im Kindergarten –
Julia, Elena und Fatih entdecken gemeinsam die deutsche Sprache

Materialien und praktische Anleitung

Mit Kopiervorlagen!

BELTZ

Gerlinde Lill

Bildungswerkstatt Kita

Bildungsmöglichkeiten im Alltag entdecken

BELTZ

Auf dieses Buch haben ErzieherInnen bereits gewartet. Es bietet ein sprachwissenschaftlich fundiertes und in der Praxis erprobtes Sprachförderprogramm für Kinder im letzten Kindergartenjahr. So entdecken Kinder spielerisch wichtige Muster der deutschen Sprache und werden gleichzeitig auf die schulischen Anforderungen, das Lesen- und Schreibenlernen, vorbereitet. Dem Spiel- und Aufgabenteil des Buches ist eine Einführung vorangestellt, die wichtige Aspekte der Sprachförderung im Kindergarten erläutert. Die Ziele und das methodische Vorgehen der Spiele und Aufgaben werden detailliert beschrieben. Ein Zeit- und Organisationsplan gibt eine Anleitung für die praktische Umsetzung im Kindergarten.

Doris Tophinke
Sprachförderung im Kindergarten –
Julia, Elena und Fatih entdecken gemeinsam
die deutsche Sprache
Materialien und praktische Anleitung
Mit Kopiervorlagen und
50 farbigen Abbildungen
2003. 104 Seiten. DIN A4. Broschiert.
€ 29,90 D / sFr 51,00
ISBN 3-407-56230-6

Kindergärten sollen im Sauseschritt zu Bildungszentren werden, doch gibt es bis heute keine verbindlichen Vorgaben dafür, was Kindergärten genau leisten sollen. Zudem stellt sich immer wieder die Frage nach der Umsetzbarkeit in der Praxis. Dies haben ErzieherInnen zum Anlass genommen, sich selbst auf die Suche nach sinnvollen und für ihre Arbeit praktikablen Bildungsstandards zu begeben. Anhand anschaulicher Erzählungen, Erfahrungsberichte und Übersichten dokumentiert Gerlinde Lill diese Suche und beschreibt praktische Wege, die vielen „unsichtbaren" Bildungsmöglichkeiten im Alltag zu entdecken und zu nutzen.

Gerlinde Lill (Hrsg.)
Bildungswerkstatt KiTa
Bildungsmöglichkeiten im Alltag entdecken
2003. 244 Seiten. Broschiert.
€ 19,90 D / sFr 34,60
ISBN 3-407-56233-0